Sammlung gewöhnlicher Differentialgleichungen

Sammlung gewöhnlicher Differentialgleichungen

von

A.D. Poljanin und V.F. Sajzew

Verlag Harri Deutsch

Für die Autoren bestimmte Zuschriften bitte an:
Verlag Harri Deutsch
Gräfstr. 47
D-60486 Frankfurt am Main
Fax 069-7073739
E-Mail: verlag@harri-deutsch.de
http://www.Germany.EU.net/shop/HD/verlag/

Die Deutsche Bibliothek · CIP-Einheitsaufnahme

Poljanin, Andrej D.:
Sammlung gewöhnlicher Differentialgleichungen /
A. D. Poljanin ; V. F. Sajzew. - Thun ; Frankfurt am Main : Deutsch,
1996
ISBN 3-8171-1389-7
NE: Saicev, Valentin F.:; HST

ISBN 3-8171-1389-7

1. Auflage 1996

Druck: Interdruck Graphischer Großbetrieb GmbH, Leipzig
Printed in Germany

Vorwort

Die genauen Lösungen von Differentialgleichungen spielten immer eine sehr wichtige Rolle beim Ausarbeiten von richtigen Vorstellungen über den Verlauf von verschiedenen in den Naturwissenschaften untersuchten Erscheinungen.
Die in der theoretischen und in der angewandten Physik (und auch in anderen Forschungszweigen) auftretenden Differentialgleichungen erhalten Parameter, die experimentell bestimmt werden und deren Werte folglich nur annähernd bekannt sind. Diese Differentialgleichungen beschreiben aber reelle Erscheinungen und müssen deshalb einfach genug sein, um das Analysieren dieser Vorgänge zu ermöglichen. Ein natürliches Einfachheitskriterium ist die Auflösbarkeit der entsprechenden Differentialgleichung in geschlossener Form.
Es muß hervorgehoben werden, daß sogar partikuläre genaue Lösungen nichtlinearer Differentialgleichungen (darunter auch solche, mit denen keine physikalischen Vorstellungen verbunden werden können und die keinen in der Wirklichkeit vorkommenden Prozessen und Vorgängen entsprechen) eine bedeutende Rolle beim Testieren der Korrektheit und beim Abschätzen der Genauigkeit von numerischen, asymptotischen und approximierenden Verfahren spielen. Außerdem dienen Modellgleichungen und -aufgaben mit exakten Lösungen für die Ausarbeitung neuer numerischer, asymptotischer und approximativer Methoden, die wiederum zur Lösung komplizierterer, genaue analytische Lösungen nicht besitzender Probleme verwendet werden.
Das Buch enthält über 1000 gewöhnliche Differentialgleichungen und deren Lösungen. Bei der Auswahl des Stoffes wurde folgenden drei Typen von Differentialgleichungen der Vorrang gegeben:

1. Gleichungen, die seit jeher die Aufmerksamkeit vieler Forscher auf sich lenkten (Differentialgleichungen, die sehr einfach aussehen, deren Integrieren aber auf erhebliche Schwierigkeiten stößt. Gleichungen von Abel, von Emden und Fowler u.a.). Diese Differentialgleichungen kommen oft in den Anwendungen vor (in der Theorie des Transports von Masse und Wärme, in der Hydrodynamik, in der chemischen Technologie usw.).

2. Auflösbare Gleichungen möglichst allgemeiner Form mit willkürlichen Funktionen. (Ersetzt man sie durch konkrete Funktionen, so kann man eine große Zahl [in geschlossener Form auflösbarer] Differentialgleichungen erhalten, die in der Regel [im Buch] nicht erwähnt sind).

3. Gleichungen höherer Ordnung ($n \geq 3$).

Es ist wichtig hervorzuheben, daß es mit Hilfe der im Buch [5] beschriebenen Methoden gelang, eine große Anzahl neuer Gleichungen zu integrieren.

A. Poljanin, V. Sajzew

Vorwort des Übersetzers

In der Übersetzung wurden alle im Originaltext aufgefundenen Fehler und Ungereimtheiten verbessert. An vielen Stellen des russischen Originals war die Darlegung des Stoffes sehr knapp oder schwer verständlich; in all diesen Fällen wurden in der Übersetzung die nötigen Erklärungen eingeführt. Der deutsche Leser erhält mithin ein berichtigtes zuverlässiges Nachschlagewerk.
In eckigen Klammern stehen die Anmerkungen und Ergänzungen des Übersetzers.
Mein herzlicher Dank gilt dem Verlag Harri Deutsch und seinen erfahrenen Mitarbeitern. Sie haben dem Übersetzer alle Unterstützung gewährt und sind auf seine Wünsche zuvorkommend eingegangen.

Norbert Fleischer

Inhaltsverzeichnis

Kapitel 1

Differentialgleichungen erster Ordnung

1.1 DGl mit beliebigen Funktionen

1. - 87. DGl mit linearer Ableitung:

$$\boldsymbol{f(x,y)y' = g(x,y)}$$

1.1.1. $\boldsymbol{y' = f(x)g(y)}$ (DGL mit getrennten Variablen)

Allg. Lösung: $\displaystyle\int \frac{\mathrm{d}y}{g(y)} = \int f(x)\mathrm{d}x + C$. Außerdem hat diese Gleichung die Lösungen $y = A_k$; die Zahlen A_k sind Wurzeln der Gleichung $g(A) = 0$. Eine Lösung der Form $y = A_k$ kann Partikularlösung oder singuläre Lösung dieser DGl sein.

1.1.2. $\boldsymbol{y' = f(y/x)}$ (homogene DGl).

An Stelle der unbekannten Funktion $y(x)$ führt man eine neue unbekannte Funktion $u = u(x)$ ein, die mit $y(x)$ wie folgt zusammenhängt: $u(x) = y/x$. Dadurch wird die vorgegebene DGl in die DGl mit getrennten Variablen $xu' = f(u) - u$ transformiert. Sie besitzt die allg. Lösung $\displaystyle\int \frac{\mathrm{d}u}{f(u) - u} = \ln|x| + C$. Partikularlösungen: $y = A_k x$; die Zahlen A_k sind Wurzeln der Gleichung $A - f(A) = 0$.

1.1.3. $\boldsymbol{y' + f(x)y = g(x)}$ (lineare DGl erster Ordnung).

Allg. Lösung: $y = e^{-F(x)}\left[C + \displaystyle\int g(x)e^{F(x)}\mathrm{d}x\right]$, mit $F(x) \displaystyle\int f(x)\mathrm{d}x$.

1.1.4. $\boldsymbol{y' = f(x)y + g(x)y^\alpha}$ (Bernoullische DGl).

Mit dem Ansatz $u(x) = [y(x)]^{1-\alpha}$ erhält man eine lineare DGl erster Ordnung: $u' = (1-\alpha)f(x)u + (1-\alpha)g(x)$. Deshalb gilt
$y^{1-\alpha} = e^{F(x)}\left[C + (1-\alpha)\displaystyle\int e^{-F(x)}g(x)\mathrm{d}x\right]$, mit $F(x) = (1-\alpha)\int f(x)\mathrm{d}x$.

1.1.5. $\boldsymbol{y' = f(ax + by + c)}$

Ist $b = 0$, so haben wir eine DGl vom Typ 1.1.1 mit $g = \text{const}$. Ist $b \neq 0$, so wird die vorgegebene DGl durch $u(x) = ax + by + c$ in die DGl mit getrennten Variablen $u' = bf(u)$ transformiert (Typ 1.1.1).

1.1.6. $\boldsymbol{y' = \frac{y}{x} f(x^n y^m)}$ (Verallgemeinerte homogene DGl).

Anstelle der unbekannten Funktion $y(x)$ führt man eine neue unbekannte Funktion $u = u(x)$ ein, die mit $y(x)$ wie folgt zusammenhängt: $u(x) = x^n y^m$. Dadurch wird die gegebene DGl in die DGl mit getrennten Variablen $xu' = nu + muf(u)$ transformiert. Bezeichnen wir die Wurzeln der Gleichung $n + mf(A) = 0$ mit A_k. Die Funktionen $y = A_k x$ sind Lösungen der vorgegebenen Gleichung. Jede dieser Funktionen kann entweder Partikularlösung oder singuläre Lösung sein.

1.1.7. $\boldsymbol{y' = -\frac{n}{m}\frac{y}{x} + y^k f(x) g(x^n y^m)}$

Man führt eine neue unbekannte Funktion $u = u(x)$ ein, die mit $y = y(x)$ wie folgt zusammenhängt: $u(x) = x^n y^m$. Dadurch wird die gegebene DGl in die DGl mit getrennten Variablen $u' = mx^{\frac{n(1-k)}{m}} f(x) u^{\frac{k+m-1}{m}} g(u)$ transformiert.

1.1.8. $\boldsymbol{y' = f\left(\frac{ax + by + c}{\alpha x + \beta y + \gamma}\right)}$

Es sei $\Delta = a\beta - b\alpha \neq 0$. Anstelle der Variablen x und der unbekannten Funktion $y = y(x)$ führt man eine neue Variable z und eine neue unbekannte Funktion $w = w(z)$ ein, die mit x und $y = y(x)$ wie folgt zusammenhängen: $x = z + (b\gamma - c\beta)/\Delta$, $y = w + (c\alpha - a\gamma)/\Delta$. Dadurch wird die vorgegebene DGl in die homogene DGl $w' = f\left(\frac{az + bw}{\alpha z + \beta w}\right) = f\left(\frac{a + bw/z}{\alpha + \beta w/z}\right)$ transformiert. Ist $\Delta = 0$ und $b \neq 0$, so setzt man $v = v(x) = ax + by + c$. Diese Transformation führt auf die DGl mit getrennten Variablen: $v' = a + bf\left(\frac{bv}{\beta v + b\gamma - c\beta}\right)$. Falls $\Delta = 0$ und $\beta \neq 0$ ist, so überführt der Ansatz $u = u(x) = \alpha x + \beta y + \gamma$ die vorgegebene DGl in eine DGl mit getrennten Variablen: $u' = \alpha + \beta f\left(\frac{bu + c\beta - b\gamma}{\beta u}\right)$.

1.1.9. $\boldsymbol{y' = x^{n-1} y^{1-m} f(ax^n + by^m)}$

An Stelle der unbekannten Funktion $y(x)$ führt man eine neue unbekannte Funktion $u = u(x)$ ein, die mit $y(x)$ wie folgt zusammenhängt: $u(x) = ax^n + by^m$. Dadurch wird die gegebene DGl in die DGl mit getrennten Variablen $u' = x^{n-1}[an + bmf(u)]$ transformiert.

1.1.10. $\boldsymbol{y' = f(x)y^2 + g(x)y + h(x)}$ (Allg. Riccatische DGl).

Die Funktion $y = y_0(x)$ sei eine partikuläre Lösung dieser DGl. Anstelle von $y = y(x)$ führt man eine neue unbekannte Funktion $u = u(x)$ ein, die mit $y(x)$ wie folgt zusammenhängt: $u(x) = y - y_0(x)$. Dadurch wird die allgemeine Riccatische DGl in die Bernoullische DGl $u' = [2f(x)y_0(x) + g(x)]\,u + f(x)u^2$ transformiert. Man kann auch anstelle von y eine neue unbekannte Funktion $w = w(x)$ mit Hilfe der Transformation $y = -\dfrac{w'}{f(x)w}$ einführen. Sie überführt die gegebene DGl in die lineare DGl zweiter Ordnung $f(x)w'' - (f'(x) + g(x)f(x)w' + h(x)[f(x)]^2 w = 0$. Im allgemeinen ist die allg. Riccatische DGl nicht durch Quadraturen lösbar, d.h., ihre allg. Lösung läßt sich nicht durch endlich viele hintereinander ausgeführte Integrationen, Grundrechenarten und Verkettungen von Funktionen finden. Ist jedoch eine partikuläre Lösung $y_1(x)$ der Riccati-DGl bekannt, so kann man sie mit Hilfe der Transformation $y = y_1(x) + \dfrac{1}{u(x)}$ ($u(x)$ ist die anstelle von $y(x)$ eingeführte neue unbekannte Funktion) in die lineare DGl $u' + (2f(x)y_1(x) + g(x))\,u + f(x) = 0$ überführen. Ist $y_2(x)$ eine von $y_1(x)$ verschiedene Lösung der allg. Riccati-DGl, so ist die Funktion $(y_2(x) - y_1(x))^{-1}$ eine Partikularlösung der linearen DGl für $u(x)$. In diesem Fall gilt

$$y = y_1(x) + \frac{y_2(x) - y_1(x)}{1 + Ce^{\int f(x)\,[y_2(x) - y_1(x)]\,\mathrm{d}x}}.$$

Sind drei paarweise voneinander verschiedene Lösungen $y_1(x)$, $y_2(x)$ und $y_3(x)$ der gegebenen Riccati-DGl bekannt, so genügt die Funktion $y(x)$ der Gleichung

$$\frac{y - y_2(x)}{y - y_1(x)} : \frac{y_3(x) - y_2(x)}{y_3(x) - y_1(x)} = C;$$

folglich ist

$$y = \frac{y_1(x)\,[y_2(x) - y_3(x)] + Cy_2(x)\,[y_1(x) - y_3(x)]}{y_2(x) - y_3(x) + C\,[y_1(x) - y_3(x)]}$$

die allgemeine Lösung der gegebenen DGl.

1.1.11. $y' = -(k+1)x^k y^2 + \left(x^{k+1}y - 1\right) f(x)$

Riccatische DGl; die Funktion $y_0(x) = x^{-(k+1)}$ ist eine Partikularlösung dieser DGl. Die Transformation $u(x) = y(x) - x^{-(k+1)}$ (u ist die neue unbekannte Funktion) führt die vorgegebene DGl in die Bernoulli-DGl

$$u' = -(k+1)x^k u^2 + \left[x^{k+1} f(x) - 2(k+1)x^{-1}\right] u$$

über.

1.1.12. $y' = f(x)\,[y - g(x)]\,\sqrt{(y-a)(y-b)}$

Die Transformation $u^2 = (y-a)/(y-b)$ ($u = u(x)$ ist die neue, an Stelle von y eingeführte unbekannte Funktion) überführt die vorgegebene DGl in die Riccatische DGl

$$u' = \pm\frac{1}{2} f(x)\left[a - g(x) - (b - g(x))u^2\right].$$

1.1.13. $[f(ax+by)+bxg(ax+by)]\,y' = h(ax+by) - axg(ax+by)$

Der Ansatz $t = ax + by$ ergibt die bezüglich $x = x(t)$ lineare Gleichung

$$[af(t)+bh(t)]\,x'_t = bg(t)x + f(t).$$

Man führt an Stelle der Variablen x eine neue Variable t ein, die mit x wie folgt zusammenhängt: $t = ax + by(x)$. Löst man diese Gleichung nach x auf (dies ist aufgrund des Satzes über die Existenz der Umkehrfunktion immer möglich), so kann $x = x(t)$ als neue unbekannte Funktion eingeführt werden. Dann ist $y' = \frac{1}{b}\left(\frac{1}{x'(t)} - a\right)$, und die vorgegebene DGl geht sofort in die DGl für $x(t)$ über.

1.1.14. $[f(ax+by)+byg(ax+by)]\,y' = h(ax+by) - ayg(ax+by)$

Der Ansatz $t = ax + by$ ergibt die bezüglich $y = y(t)$ lineare DGl $[af(t)+bh(t)]\,y'_t = -ag(t)y + h(t)$. (s. die Erläuterungen zu 1.1.13.) Will man u. a. die Transformationen einer DGl und Lösungen von DGln prüfen, so beachte man folgendes: ist $y = y(x)$ und führt man mit Hilfe der Transformation $t = \varphi(x,y)$, $u = u(x,y)$ die neue Variable t und die Funktion $u = u(t)$ ein, so gilt $y' = (\varphi_x u'_t - \psi_x) : (\psi_y - \varphi_y u'_t)$. Dabei ist das Transformationsgleichungssystem nach x und y aufzulösen, und in φ_x, φ_y, ψ_x und ψ_y sind $x = x(t,u)$, $y = y(t,u)$ einzusetzen.

1.1.15. $x\left[f(x^n y^m) + mx^k g(x^n y^m)\right] y' = y\left[h(x^n y^m) - nx^k g(x^n y^m)\right]$

Die Transformation $t = x^n y^m$, $z = x^{-k}$ ergibt die lineare Gleichung
$t[nf(t)+mh(t)]z' = -kf(t)z - kmg(t)$.

1.1.16. $x\left[f(x^n y^m) + my^k g(x^n y^m)\right] y' = y\left[h(x^n y^m) - ny^k g(x^n y^m)\right]$

Die Transformation $t = x^n y^m$, $z = x^{-k}$ führt zur linearen Gleichung
$t[nf(t)+mh(t)]z' = -kh(t)z + kng(t)$.

1.1.17. $x\left[sf(x^n y^m) - mg(x^k y^s)\right] y' = y\left[ng(x^k y^s) - kf(x^n y^m)\right]$

Die Transformation $t = x^n y^m$, $u = x^k y^s$ führt zur DGl mit getrennten Variablen $tf(t)u' = ug(u)$.

1.1.18. $y' = yf(e^{\alpha x} y^m)$

Die Transformation $u(x) = e^{\alpha x} y^m$ führt zur Gleichung $u' = \alpha u + muf(u)$, in der die Variable x selbst fehlt. [Anm. d. Übers.: Das ist eine DGl mit getrennten Variablen.]

1.1.19. $xy' = f(x^n e^{\alpha y})$

Die Transformation $u(x) = x^n e^{\alpha y}$ führt zur Gleichung mit getrennten Variablen $xu' = nu + \alpha uf(u)$.

1.1.20. $\boldsymbol{y' = f(x)e^{ky} + g(x).}$

Die Transformation $u(x) = e^{-ky}$ führt zur linearen Gleichung

$$u' = -kg(x)u - kf(x).$$

1.1.21. $\boldsymbol{y' = -\frac{n}{x} + f(x)g(x^n e^y)}$

Die Transformation $u(x) = x^n e^y$ führt zur DGl mit getrennten Variablen $u' = f(x)ug(u)$.

1.1.22. $\boldsymbol{y' = -\frac{\alpha}{m}y + y^k f(x)g(e^{\alpha x}y^m)}$

Die Transformation $u(x) = e^{\alpha x}y^m$ führt zur Gleichung mit getrennten Variablen

$$u' = m\exp\left[\frac{\alpha}{m}(1-k)x\right] \cdot f(x)u^{\frac{k+m-1}{m}} g(u).$$

1.1.23. $\boldsymbol{y' = f(x)e^{ky} + g(x) + h(x)e^{-ky}.}$

Die Transformation $u(x) = e^{ky}$ führt zur Riccatischen Gleichung

$$u' = kf(x)u^2 + kg(x)u + kh(x).$$

1.1.24. $\boldsymbol{y' = e^{\alpha x - \beta y} f(ae^{\alpha x} + be^{\beta y}).}$

Die Transformation $u(x) = ae^{\alpha x} + be^{\beta y}$ führt zur Gleichung mit getrennten Variablen

$$u' = e^{\alpha x}\left[a\alpha + b\beta f(u)\right].$$

1.1.25. $\boldsymbol{y' = -\frac{n}{\alpha x} + \frac{f(x^n e^{\alpha y})}{xy}.}$

Die Transformation $t = x^n e^{\alpha y}$ führt zur Gleichung

$$\alpha^2 t f(t) y_t' = -ny + \alpha f(t).$$

Sie ist linear bezüglich der Funktion $y = y(t)$.
Nach dem Satz von der Umkehrfunktion ist die Gleichung $t = x^n e^{\alpha y(x)}$ nach x auflösbar; bezeichnen wir ihre Lösung mit $x = x(t)$. In der letzten DGl ist unter y die Funktion $y(x(t))$ zu verstehen. Die Formel $y' = y't'$ ergibt unter Berücksichtigung der Transformationsgleichung $y' = y'(\frac{n}{x}t + \alpha t y')$, folglich ist $y' = nty'/(x(1 - \alpha t y'))$. Setzt man diesen Ausdruck in die vorgegebene DGl ein, so erhält man die lineare DGl mit der Variablen t.
Allgemeiner Fall: Ist eine beliebige DGl der Form $y' = f(x, y)$ vorgegeben und führt man durch die Transformation $t = \varphi(x, y)$ (die Funktion φ ist nach beiden Variablen differenzierbar) die neue

unabhängige Veränderliche t ein, so gilt, wie mit Hilfe der Kettenregel leicht nachgewiesen werden kann, $y' = \varphi y'/(1 - \varphi y')$ (hier ist $\varphi_x = \partial\varphi/\partial x$, $\varphi_y = \partial\varphi/\partial y$, $y' = \mathrm{d}y(x(t))/\mathrm{d}t$, wobei $x(t)$ die Lösung der Gleichung $\varphi(x, y(x)) = t$ nach x bedeutet). Setzt man in die vorgegebene DGl anstelle von y' den Ausdruck $[\varphi_x y'/(1 - \varphi_y y')]\big|_{x=x(t)}$ ein, so ist sie in eine DGl mit der Variablen t und der unbekannten Funktion $y = y(x(t))$ überführt.

1.1.26. $\boldsymbol{y' = -\dfrac{n}{\alpha x} + \dfrac{f(x^n e^{\alpha y})}{x y^2}.}$

Die Transformation $t = x^n e^{\alpha y}$ (t ist die neue Variable) führt zur Riccati-DGl

$$\alpha^2 t f(t) y_t' = -n y^2 + \alpha f(t).$$

1.1.27. $\boldsymbol{y' = -k e^{kx} y^2 + (e^{kx} y - 1) f(x).}$

Riccati-DGl; $y = e^{-kx}$ ist eine partikuläre Lösung. Die Transformation $y = u(x) + e^{-kx}$ führt zur Bernoullischen DGl

$$u' = -k e^{kx} u^2 + \left[e^{kx} f(x) - 2k\right] u.$$

1.1.28. $\boldsymbol{[f(ax + by) + b e^{\alpha y} g(ax + by)]\, y' = h(ax + by) - a e^{\alpha y} g(ax + by).}$

Die Transformation $t = ax + by$, $u = e^{-\alpha x}$ führt zur linearen DGl

$$[af(t) + bh(t)] u_t' = -\alpha h(t) u + \alpha a g(t).$$

1.1.29. $\boldsymbol{[f(ax + by) + b e^{\alpha x} g(ax + by)]\, y' = h(ax + by) - a e^{\alpha x} g(ax + by).}$

Die Transformation $t = ax + by$, $u = e^{-\alpha x}$ (t ist die neue Variable; $u = u(t)$) führt zur linearen DGl

$$[af(t) + bh(t)]\, u' = -\alpha f(t) u - \alpha b g(t).$$

1.1.30. $\boldsymbol{x\,[f\,(x^n e^{\alpha y}) + \alpha y g\,(x^n e^{\alpha y})]\, y' = h(x^n e^{\alpha y}) - n y g\,(x^n e^{\alpha y})}$

Die Transformation $t = x^n e^{\alpha y}$ (t ist die neue Variable; s. die Anm. zur DGl 1.1.25) führt zur DGl

$$t\,[nf(t) + \alpha h(t)]\, y' = -n g(t) y + h(t),$$

in der $y = y(t)$ nur linear vorkommt.

1.1.31. $\boldsymbol{[f\,(e^{\alpha x} y^m) + m x g\,(e^{\alpha x} y^m)]\, y' = y\,[h\,(e^{\alpha x} y^m) - \alpha x g\,(e^{\alpha x} y^m)]}$

Die Transformation $t = e^{\alpha x} y^m$ führt zur linearen DGl

$$t\,[\alpha f(t) + m h(t)]\, x' = m g(t) x + f(t)$$

mit der unbekannten Funktion $x = x(t)$. Die Gleichung $e^{\alpha x}[y(x)]^m = t$ ist nach x auflösbar; ihre Lösung sei die (differenzierbare) Funktion $x = x(t)$. Differenzieren der Transformationsgleichung ergibt

$$\alpha e^{\alpha x} y^m + m e^{\alpha x} y^{m-1} y' = (x')^{-1},$$

folglich ist

$$y' = \left(m y^{m-1}\right)^{-1} e^{-\alpha x} \left(x'^{-1} - \alpha e^{\alpha x} y^m\right).$$

Setzt man den so gewonnenen Ausdruck in die gegebene DGl anstelle von y' ein, so führen wir diese in die lineare DGl mit der Variablen t über.

1.1.32. $\boldsymbol{y' = x^{-1} y^{m+1} f(y^m \ln x)}$

Die Transformation $t = \ln x$ ergibt die DGl vom Typ 1.1.6

$$y' = \frac{y}{t}\left[t y^m f(t y^m)\right].$$

1.1.33. $\boldsymbol{y' = x^{-n-1} y f(x^n \ln y)}$

Die Transformation $u = \ln y$ ergibt die DGl vom Typ 1.1.6

$$u' = \frac{u}{x} \cdot \frac{f(x^n u)}{x^n u}.$$

1.1.34. $\boldsymbol{y' = x^{-1} e^y f(e^y \ln x)}$

Die Transformation $t = \ln x$ ergibt die DGl vom Typ 1.1.19

$$y' = \frac{1}{t}\left[t e^y f(t e^y)\right].$$

1.1.35. $\boldsymbol{y' = y e^{-x} f(e^x \ln y)}$

Die Transformation $u = \ln y$ ergibt die DGl vom Typ 1.1.18

$$u' = u \cdot \frac{f(e^x u)}{e^x u}.$$

1.1.36. $\boldsymbol{y' = -n x^{-1} y \ln y + y f(x) g(x^n \ln y)}$

Die Transformation $u(x) = x^n \ln y$ ergibt die DGl mit getrennten Variablen

$$u' = x^n f(x) g(u).$$

1.1.37. $\quad y' = -\dfrac{n}{m} \cdot \dfrac{y}{x} + \dfrac{y f(x^n y^m)}{x \ln y}$

Die Transformation $t = x^n y^m$, $u = \ln y$ (s. Anm. zu 1.1.14) ergibt die lineare DGl

$$m^2 t f(t) u' = -nu + m f(t).$$

1.1.38. $\quad y' = -\dfrac{n}{m} \cdot \dfrac{y}{x} + \dfrac{f(x^n y^m)}{(\ln y)^2}$

Die Transformation $t = x^n y^m$, $u = \ln y$ ergibt die Riccatische DGl

$$m^2 t f(t) u' = -nu^2 + m f(t).$$

1.1.39. $\quad x\,[f(x^n y^m) + m g(x^n y^m) \ln y]\, y' = y\,[h(x^n y^m) - n g(x^n y^m) \ln y]$

Die Transformation $t = x^n y^m$, $u = \ln y$ ergibt die lineare DGl

$$t\,[n f(t) + m h(t)]\, u' = -n g(t) u + h(t).$$

1.1.40. $\quad x\,[f(x^n y^m) + m g(x^n y^m) \ln x]\, y' = y\,[h\,(x^n y^m) - n g(x^n y^m) \ln x]$

Die Transformation $t = x^n y^m$, $u = \ln x$ ergibt die lineare DGl

$$t\,[n f(t) + m h(t)]\, u'_t = m g(t) u + f(t).$$

(Ist $x = x(t)$ die Lösung der Gl. $x^n [y(x)]^m = t$, so gilt $u(t) = \ln x(t)$).

1.1.41. $\quad y' = y^{m+1} F(y^m \cos x) \sin x.$

DGl vom Typ 1.1.43; dabei ist $f(\xi) = \xi F(\xi)$.

1.1.42. $\quad y' = y^{m+1} F(y^m \sin x) \cos x$

DGl vom Typ 1.1.44; dabei ist $f(\xi) = \xi F(\xi)$.

1.1.43. $\quad y' = y f(y^m \cos x) \tan x$

Die Transformation $t = \cos x$ ergibt die DGl vom Typ 1.1.6

$$y'_t = -\frac{y}{t} f(t y^m).$$

1.1.44. $\boldsymbol{y' = yf(y^m \sin x)\cot x}$

Die Transformation $t = \sin x$ ergibt die DGl vom Typ 1.1.6

$$y' = \frac{y}{t}f(ty^m).$$

1.1.45. $\boldsymbol{y' = \frac{\tan y}{x}f(x^n \sin y)}$

Die Transformation $t = x^n$, $u = \sin y$ ergibt die DGl vom Typ 1.1.6

$$ntu' = uf(tu).$$

1.1.46. $\boldsymbol{y' = \frac{\cot y}{x}f(x^n \cos y)}$

Die Transformation $t = x^n$, $u = \cos y$ ergibt die DGl vom Typ 1.1.6

$$ntu' = -uf(tu).$$

1.1.47. $\boldsymbol{y' = \frac{\sin 2y}{x}f(x^n \tan y)}$

Die Transformation $t = x^n, u = \tan y$ ergibt die DGl vom Typ 1.1.6

$$ntu'_t = 2uf(tu).$$

1.1.48. $\boldsymbol{y' = \frac{\sin 2y}{x}f(x^n \cot y)}$

Die Transformation $t = x^n, u = \cot y$ ergibt die DGl vom Typ 1.1.6

$$ntu'_t = -2uf(tu).$$

1.1.49. $\boldsymbol{y' = \frac{y}{\sin 2x}f(y^m \tan x)}$

Die Transformation $t = \tan x$ ergibt die DGl vom Typ 1.1.6

$$2ty' = yf(ty^m).$$

1.1.50. $\boldsymbol{y' = \dfrac{y}{\sin 2x} f(y^m \cot x)}$

Die Transformation $t = \cot x$ ergibt die DGl vom Typ 1.1.6

$$2ty' = -yf(ty^m).$$

1.1.51. $\boldsymbol{y' = f(x)\cos \lambda y + g(x) \sin \lambda y + h(x)}$

Die Transformation $u(x) = \tan \dfrac{\lambda y}{2}$ ergibt die Riccatische DGl

$$2u' = \lambda(h(x) - f(x))u^2 + 2\lambda g(x)u + \lambda(h(x) + f(x)).$$

1.1.52. $\boldsymbol{y' = \lambda \sin(\lambda x) \cdot y^2 + f(x)\,[\cos(\lambda x) \cdot y - 1]}$

Riccatische DGl; die Funktion $y = 1/\cos \lambda x$ ist eine partikuläre Lösung dieser DGl. Die Transformation $u(x) = y - \dfrac{1}{\cos \lambda x}$ ergibt die Bernoullische DGl

$$u' = \lambda \sin \lambda x \cdot u^2 + [2\lambda \tan \lambda x + f(x) \cos \lambda x]\, u.$$

Die Transformation $y = \dfrac{1}{v(x)} + \dfrac{1}{\cos \lambda x}$ ergibt die lineare DGl

$$v' + 2\lambda \tan \lambda x \cdot (v + \cos \lambda x).$$

1.1.53. $\boldsymbol{y' = \dfrac{\sin 2y}{\sin 2x} f(\tan x \tan y)}$

Die Transformation $t = \tan x$, $u = \tan y$ ergibt die DGl vom Typ 1.1.6

$$tu' = uf(tu).$$

1.1.54. $\boldsymbol{y' = f(\sin x \sin y) \cot x \tan y}$

Die Transformation $t = \sin x$, $u = \sin y$ ergibt die DGl vom Typ 1.1.6

$$tu' = uf(tu).$$

1.1.55. $\boldsymbol{y' = -\cot x \tan y + \dfrac{f(x)}{\cos y} \cdot g(\sin x \sin y)}$

Die Transformation $u(x) = \sin x \sin y$ ergibt die DGl mit getrennten Variablen

$$u' = \sin x \cdot f(x) g(u).$$

1.1.56. $\boldsymbol{y' = -\dfrac{\sin 2y}{\sin 2x} + f(x)\cdot\cos^2 y\cdot g(\tan x\tan y)}$

Die Transformation $u(x) = \tan x \tan y$ ergibt die DGl mit getrennten Variablen

$$u' = \tan x \cdot f(x)g(u).$$

1.1.57. $\boldsymbol{y' = -nx^{-1}\sin 2y + f(x)\cos^2 y\cdot g(x^{2n}\tan y)}$

Die Transformation $u(x) = x^{2n}\tan y$ ergibt die DGl mit getrennten Variablen

$$u' = x^{2n} f(x)g(u).$$

1.1.58. $\boldsymbol{y' = -\sin 2x + f(x)\cos^2 y\cdot g(e^{2x}\tan y)}$

Die Transformation $u(x) = e^{2x}\tan y$ ergibt die DGl mit getrennten Variablen

$$u' = e^{2x} f(x)g(u).$$

1.1.59. $\boldsymbol{y' = \dfrac{F(e^x\cos y)}{e^x\sin y}}$

DGl vom Typ 1.1.64; dabei ist $f(\xi) = \xi^{-1}F(\xi)$.

1.1.60. $\boldsymbol{y' = \dfrac{F(e^x\sin y)}{e^x\cos y}}$

DGl vom Typ 1.1.63; dabei ist $f(\xi) = \xi^{-1}F(\xi)$.

1.1.61. $\boldsymbol{y' = e^y\sin x\cdot F(e^y\cos x)}$

DGl vom Typ 1.1.65; dabei ist $f(\xi) = \xi F(\xi)$.

1.1.62. $\boldsymbol{y' = e^y\cos x\cdot F(e^y\sin x)}$

DGl vom Typ 1.1.66; dabei ist $f(\xi) = \xi F(\xi)$.

1.1.63. $\boldsymbol{y' = \tan y\cdot f(e^x\sin y)}$

Die Transformation $u(x) = \sin y$ ergibt die DGl vom Typ 1.1.18

$$u' = uf(e^x u).$$

1.1.64. $\boldsymbol{y' = \cot y \cdot f(e^x \cos y)}$

Die Transformation $u(x) = \cos y$ ergibt die DGl vom Typ 1.1.18

$$u' = -uf(e^x u).$$

1.1.65. $\boldsymbol{y' = \tan x \cdot f(e^y \cos x)}$

Die Transformation $t = \cos x$ ergibt die DGl vom Typ 1.1.19

$$ty' = -f(te^y).$$

1.1.66. $\boldsymbol{y' = \cot x \cdot f(e^y \sin x)}$

Die Transformation $t = \sin x$ ergibt die DGl vom Typ 1.1.19

$$ty' = f(te^y).$$

1.1.67. $\boldsymbol{y' = \sin 2y \cdot f(e^x \tan y)}$

Die Transformation $u(x) = \tan y$ ergibt die DGl vom Typ 1.1.18

$$u' = 2uf(e^x u).$$

1.1.68. $\boldsymbol{y' = \sin 2y \cdot f(e^x \cot y)}$

Die Transformation $u(x) = \cot y$ ergibt die DGl vom Typ 1.1.18

$$u' = -2uf(e^x u).$$

1.1.69. $\boldsymbol{y' = \dfrac{f(e^y \tan x)}{\sin 2x}}$

Die Transformation $t = \tan x$ ergibt die DGl vom Typ 1.1.19

$$2ty' = f(te^y).$$

1.1.70. $\boldsymbol{y' = \dfrac{f(e^y \cot x)}{\sin 2x}}$

Die Transformation $t = \cot x$ ergibt die DGl vom Typ 1.1.19

$$2ty' = -f(te^y).$$

1.1.71. $\boldsymbol{y' = \coth x \cdot y f(y^m \sinh x)}$

Die Transformation $t = \sinh x$, $u = y^m$ ergibt die DGl vom Typ 1.1.6

$$tu'_t = muf(tu).$$

1.1.72. $\boldsymbol{y' = x^{-1} \tanh y \cdot f(x^n \sinh y)}$

Die Transformation $t = x^n$, $u = \sinh y$ ergibt die DGl vom Typ 1.1.6

$$ntu' = uf(tu).$$

1.1.73. $\boldsymbol{y' = x^2 f(x) y^2 + x^{-2}}$

Riccatische DGl.; die Transformation $u(x) = -x^{-2}y^{-1} - x^{-1}$ ergibt die Riccatische DGl

$$u' = u^2 + f(x).$$

1.1.74. $\boldsymbol{y' = y^2 + [af(x) + b]\, y - acf(x) - bc - c^2}$

Riccatische DGl; $y = c$ ist eine partikuläre Lösung dieser DGl. Die Transformation $y = c + [u(x)]^{-1}$ ergibt die lineare DGl

$$u' = -\left[af(x) + b + 2c\right] u - 1.$$

1.1.75. $\boldsymbol{y' = f(x)y^2 + g(x)y - a^2 f(x) - ag(x)}$

Riccatische DGl; eine partikuläre Lösung ist $y = a$. Die allgemeine Lösung hat die Form

$$y = a + \Phi(x)\left(C - \int f(x)\Phi(x)\mathrm{d}x\right)^{-1},$$

mit

$$\Phi(x) = \exp\left[\int (2af(x) + g(x))\mathrm{d}x\right].$$

1.1.76. $\boldsymbol{xy' = xf(x)y^2 + ky + a^2 x^{2k+1} f(x)}$

Riccatische DGl; die allgemeine Lösung ist

$$y = ax^k \tan\left(a \int x^k f(x) dx + C\right).$$

1.1.77. $\boldsymbol{y' = f(x)y^2 + \lambda xy + a^2 f(x)\exp(\lambda x^2)}$

Riccatische DGl; die allgemeine Lösung ist

$$y = a\exp(\lambda x') \tan\left(a\int f(x)\exp(\lambda x')\mathrm{d}x + C\right).$$

1.1.78. $\boldsymbol{y' = f(x)y^2 + g(x)y + a^2 f(x)\exp\left[2\int g(x)\mathrm{d}x\right]}$

Riccatische DGl; die allgemeine Lösung ist

$$y = a\Phi(x)\tan\left(a\int f(x)\,\Phi(x)\mathrm{d}x + C\right),$$

mit $\Phi(x) = \exp\left(\int g(x)\mathrm{d}x\right)$.

1.1.79. $\boldsymbol{xy' = f(x)(y + a\ln x)^2 - a}$

Riccatische DGl; die allgemeine Lösung ist

$$y = \left(C - \int \frac{f(x)}{x}\mathrm{d}x\right)^{-1} - a\ln x.$$

1.1.80. $\boldsymbol{y' = y^2 + xf(x)y + f(x)}$

Riccatische DGl; eine partikuläre Lösung ist $y = -\dfrac{1}{x}$. Die Transformation $y = \dfrac{1}{u(x)} - \dfrac{1}{x}$ ergibt die lineare DGl

$$u' + \left[xf(x) - \frac{2}{x}\right]u + 1 = 0.$$

1.1.81. $\boldsymbol{f(x)y^m y' + g(x)y^{m+1} + h(x)y^n = 0}$

Ist $m \neq n-1$, so führt die Transformation $u(x) = y^{m-n+1}$ zur linearen DGl

$$f(x)u' + (m-n+1)\left[g(x)u + h(x)\right] = 0.$$

Der Fall $m = n-1$ entspricht einer DGl mit getrennten Variablen.

1.1.82. $\boldsymbol{\left[f(y) + amx^n y^{m-1}\right]y' + g(x) + anx^{n-1}y^m = 0}$

Lösung:

$$\int f(y)\mathrm{d}y + ax^n y^m + \int g(x)\mathrm{d}x = C.$$

Nach dem Satz über die impliziten Funktionen ist die obige Gleichung nach y auflösbar. Durch sie ist die Lösung der gegebenen DGl in impliziter Form definiert.

1.1.83. $\left[e^{\alpha x} f(y) + a\beta\right] y' + e^{\beta y} g(x) + a\alpha = 0$

Lösung:

$$\int e^{-\beta y} f(y)\mathrm{d}y + \int e^{-\alpha x} g(x)\mathrm{d}x - ae^{-\alpha x - \beta y} = C \quad \text{(s. 1.1.82.).}$$

$$y = Cx + f(C). \tag{1}$$

Die singuläre Lösung ist in Parameterdarstellung durch

$$x = -f'(t), \quad y = -tf'(t) + f(t) \tag{2}$$

gegeben. Die Kurve (2) ist die Einhüllende der Geradenschar (1). Integralkurve der Clairaut-DGl ist auch jede Linie, die man aus (2) erhält, wenn man von dieser Kurve auf einer oder beiden Seiten ein Endstück fortläßt und durch die Halbtangenten in den neu geschaffenen Endpunkten ersetzt.

1.1.84. $y' = \varphi_1(x)y^3 + \varphi_2(x)y^2 + \varphi_3(x)y$

Abelsche DGl erster Art. Die Transformation $u(x) = y^{-1}$ ergibt die Abelsche DGl zweiter Art vom Typ 1.1.86 (dabei ist $g = 0$)

$$uu' = -\varphi_3(x)u^2 - \varphi_2(x)u - \varphi_1(x).$$

1.1.85. $yy' = f(x)y + g(x)$

Abelsche DGl zweiter Art. Die Transformation $t = \int f(x)\mathrm{d}x$ führt diese DGl in die kanonische Form

$$yy_t' = y + \varphi(t) \tag{1}$$

über; dabei ist die Funktion φ mit Hilfe der Gleichungen

$$t = \int f(x)\mathrm{d}x, \quad \varphi = \frac{g(x)}{f(x)}$$

parametrisch darstellt. In einigen Fällen läßt sich die allgemeine Lösung der DGl (1) durch endlich viele hintereinander ausgeführte Integrationen, Grundrechenarten und Verkettungen von Funktionen ausdrücken (s. Abschn. 1.3.).

1.1.86. $\left[y + g(x)\right] y' = f_0(x)y^2 + f_1(x)y + f_2(x)$

Abelsche DGl zweiter Art. Es sei $E(x) = \exp\left(-\int f_0(x)\mathrm{d}x\right)$. Die Transformation $u(x) = E(x)(y + g(x))$ ergibt die DGl vom Typ 1.1.85

$$uu' = [f_1(x) + g'(x) - 2f_0(x)g(x)]\, E(x)u \\ +\Big[f_2(x) - f_1(x)g(x) + f_0(x)(g(x))^2\Big].$$

1.1.87. $\boldsymbol{(g(x))^2y' - g'(x)y^2 + f(x)[y - g(x)] = 0}$ (Riccatische DGl).

Eine partikuläre Lösung ist $y = g(x)$. Die allgemeine Lösung erhält man mit Hilfe der in 1.1.10 angegebenen Formel.

88. – 101. Implizite DGl 1. Ordnung:

$$\boldsymbol{F(x, y, y') = 0.}$$

1.1.88. $\boldsymbol{x = f(y')}$

Die allgemeine Lösung ist in Parameterdarstellung durch $x = f(t), \quad y = C + \int tf'(t)\mathrm{d}t$ gegeben.

1.1.89. $\boldsymbol{y = f(y')}$

Die allg. Lösung ist in Parameterdarstellung durch $x = C + \int f'(t)\frac{\mathrm{d}t}{t}, \quad y = f(t)$ gegeben.

1.1.90. $\boldsymbol{y = xy' + f(y')}$

Clairautsche DGl. Die allg. Lösung ist $y = Cx + f(C)$. Die partikuläre Lösung in parametrischer Form besitzt folgende Gestalt:

$$x = -f'(t), \quad y = -tf'(t) + f(t).$$

1.1.91. $\boldsymbol{y = xf(y') + g(y')}$

Lagrange-d'Alembertsche DGl. Der Fall $f(p) = p$ ist unter 1.1.90 beschrieben. Nach x differenzierend erhält man die lineare DGl mit der unbekannten Funktion $x = x(t)$

$$[t - f(t)]x' = f'(t)x + g'(t); \tag{1}$$

mit $t = y'$.

1.1.92. $\boldsymbol{y = x^n f(y') + xy'}$

Differenziert man nach x, bezeichnet y' mit t und führt $x = x(t)$ als neue unbekannte Funktion ein, so erhält man die Bernoulli-DGl

$$x' - \frac{1}{n}\frac{f'(t)}{f(t)}x - \frac{1}{nf(t)}x^{2-n} = 0.$$

$x(t)$ ist die Lösung der Gleichung $y'(x) = t$.

1.1.93. $\boldsymbol{y = f(xy'^2) + 2xy}$

Allgemeine Lösung:

$$[y - f(C)]^2 = 4Cx.$$

1.1.94. $\boldsymbol{(xy' - y)^n f(y') + yg(y') + xh(y') = 0}$

Bei Anwendung der Legendre-Transformation

$$x = u'(t), \quad y = tu'(t) - u(t), \quad y'(x) = t$$

geht die gegebene DGl über in

$$[tg(t) + h(t)]\, u' = g(t)u + f(t)u^n,$$

d.h. in eine Bernoulli-DGl.

1.1.95. $\boldsymbol{y'^2 + [f(x) + g(x)]y' + f(x)g(x) = 0}$

Die linke Seite dieser DGL kann in Produktform dargestellt werden:

$$[y' + f(x)]\,[y' + g(x)] = 0,$$

d.h., sie zerfällt in zwei einfache DGln $y' + f(x) = 0$ und $y' + g(x) = 0$. Folglich gilt

$$y + \int f(x)dx = C$$

und

$$y + \int g(x)dx = C.$$

Die allgemeine Lösung der vorgegebenen DGl ist

$$\left(y + \int f(x)\mathrm{d}x + C\right)\left(y + \int g(x)\mathrm{d}x + C\right) = 0.$$

1.1.96. $f(y') + ax + by + c = 0$

Die allg. Lösung in Parameterdarstellung ist durch

$$x = C - \int \frac{f'(t)dt}{a + bt} \qquad ax + by + c + f(t) = 0$$

gegeben. Die vorgegebene DGl hat außerdem die singuläre Lösung $y = \alpha x + \beta$, wobei das Zahlenpaar (α, β) Lösung des Gleichungssystems

$$a + b\alpha, f(\alpha) + b\beta + c = 0$$

ist.

1.1.97. $y\sqrt{1 + y'^2} = f(yy' + x)$

Allg. Lösung:

$$(x - C)^2 + y^2 = [f(C)]^2 .$$

1.1.98. $(y')^2 = \lambda y + f(x)$

Ist $\lambda \neq 0$, so führt die Transformation

$$\lambda w = 2\sqrt{\lambda y + f(x)}$$

die vorgegebene DGl in die Abelsche DGl zweiter Art

$$uu' = u + \varphi(x)$$

mit

$$\varphi(x) = 2\lambda^{-2} f'(x)$$

über. Die Abelsche DGl zweiter Art ist unter 1.3 beschrieben.

1.1.99. $(y')^k = F(y) + G(x)$

In gewissen Fällen können die Lösungen solcher DGln mit Hilfe der Theorie der Transformationsgruppen analytisch dargestellt werden.

1.1.100. $y = xy' + ax^2 + f(y'),\ a \neq 0$

Differentiation nach x und darauffolgende Transformation $t = y'$, $u = -2ax$ ergeben die Abelsche DGl (zweiter Art)

$$uu'_t = u + \varphi(t),$$

mit $\varphi(t) = -2af'(t)$. Die Gleichung $y'(x) = t$ ist nach x auflösbar: $x = x(t)$, folglich gilt $u = -2ax(t)$. Die Abelsche DGl zweiter Art ist unter 1.3 beschrieben.

1.1.101. $\boldsymbol{F(x, xy' - y, y') = 0}$

Die Legendre-Transformation $x = u'(t)$, $y = tu'(t) - u$, $y' = t$ ergibt die DGl $F(u', u, t) = 0$. Die inverse Transformation ist

$$t = y'(x), \quad u = xy'(x) - y(x), \quad u'(t) = x.$$

1.2 Die Riccati-DGl:

$$\boldsymbol{g(x)y' = f_0(x)y^2 + f_1(x)y + f_2(x)}$$

Vorbemerkungen.

Für $f_0(x) \equiv 0$ erhält man die lineare DGl erster Ordnung (s. 1.1.3) und für $f_2(x) \equiv 0$ eine Bernoulli-DGl (s. 1.1.4). Weiter unten werden Riccati-DGln, für die $f_0(x)f_2(x) \neq 0$ gilt, betrachtet.
1. Ist eine partikuläre Lösung $y_0 = y_0(x)$ der Riccati-DGl bekannt, so hält man ihre allgemeine Lösung mit Hilfe der Formel

$$y = y_0(x) + \Phi(x)\left[C - \int \Phi(x)\frac{f_0(x)}{g(x)}\mathrm{d}x\right]^{-1},$$

wobei

$$\phi(x) = \exp\left\{\int [2f_0(x)y_0(x) + f_1(x)]\,\frac{\mathrm{d}x}{g(x)}\right\}$$

ist. Die partikuläre Lösung $y_0(x)$ entspricht dem Wert $y_0(x) = \lim_{C\to\infty} y(x)$.
2. Die Transformation

$$u(x) = \exp\left(-\int \frac{f_0(x)}{g(x)}y\mathrm{d}x\right)$$

führt die allgemeine Riccati-DGl in die lineare DGl zweiter Ordnung

$$\begin{aligned}&[g(x)]^2 f_0(x)u'' \\ &\quad + g(x)\,[f_0(x)g'(x) - g(x)f_0'(x) - f_0(x)f_1(x)]\,u' \\ &\quad + [f_0(x)]^2\, f_2(x)u = 0\end{aligned}$$

über. Diese DGl kann leichter zu lösen sein als die DGl 1.2. Die beiden letzten Formeln lassen sich vereinfachen. Man kann annehmen, daß die allgemeine Riccati-DGl die Form $y' = a(x)y^2 + b(x)y + c(x)$ hat. Setzt man in diese DGl $y = -\dfrac{1}{a(x)} \cdot \dfrac{v'}{v}$ ein, so erfüllt die neue unbekannte Funktion $v(x)$ die lineare homogene DGl zweiter Ordnung

$$v'' - \left[\frac{a'(x)}{a(x)} + b(x)\right] v' + a(x)c(x)v = 0.$$

3. Es gelte $g(x) \equiv 1$, $f_0(x) \equiv 1$; $f_1(x)$ und $f_2(x)$ seien Polynome. Ist der Grad des Polynoms

$$\Delta = \Delta(x) = (f_1(x))^2 - 2f_1'(x) - 4f_2(x)$$

eine ungerade Zahl, so kann die Riccati-DGl keine Polynomlösung haben. Ist der Grad von $\Delta(x)$ eine gerade Zahl, so können Polynomlösungen dieser DGl nur die Polynome

$$y = -\frac{1}{2}\left(f_1(x) \pm \left[\sqrt{\Delta(x)}\right]\right)$$

sein; dabei bedeutet $\left[\sqrt{\Delta(x)}\ \right]$ den ganzen Teil der Zerlegung von $\sqrt{\Delta(x)}$ in eine fallende Potenzreihe (es ist z.B. $\left[\sqrt{x^2 - 2x + 3}\right] = x - 1$).
4. Außer den weiter unten angegebenen Riccati-DGln siehe auch folgende DGln mit Funktionen in allgemeiner Form: 1.1.11, 1.1.27, 1.1.52, 1.1.73 bis 1.1.79 und 1.1.87.

[Anm. d. Übers.: R. Bellman hat die allgemeine Lösung der Riccati - DGl analytisch ausgedrückt [11-12]. Um seine Formel anzugeben, benötigen wir folgende Bezeichnungen und Voraussetzungen. Es bezeichne $C(I)$ die Menge aller auf dem Intervall I, das auch mit der Menge $\Re$ aller reellen Zahlen zusammenfallen kann, definierten reellwertigen Funktionen $u = u(t)$; $T = T[u]$ sei eine auf $C(I)$ definierte reelle Funktionale; $\min\limits_{u \in C(I)} T$ bedeute den Minimalwert von T (wir nehmen an, daß die Funktionale ihn erreicht). Es gelte ferner $p(x) \in C(\Re)$, $q(x) \in C(\Re)$. Die DGl

$$y' + y^2 + p(x)y = q(x) \tag{1}$$

möge im Intervall I Lösungen haben. Diese Voraussetzung ist notwendig, da eine Riccati - DGl nicht in jedem Intervall Lösungen hat. Davon zeugt die DGl $y' = y^2 + 1$; ihre der Anfangsbedingung genügende Lösung $y = \tan x$ existiert im ganzen Intervall $[0, a]$ nur, wenn $0 < a < \dfrac{\pi}{2}$ ist. Sind die obigen Voraussetzungen erfüllt, so lautet die allgemeine Lösung der DGl (1):

$$y = \min_{u \in C(I)} \left\{ e^{-\int\limits_0^x (2u(t) + p(t))\mathrm{d}t} \left[C + \int\limits_0^x e^{\int\limits_0^t (2u(s) + p(s))\mathrm{d}s} \cdot [u^2(t) + q(t)]; \mathrm{d}t \right] \right\}.$$

In [11-14] findet man weiteren Aufschluß.]

1. – 48. DGl mit Potenzfunktionen

1.2.1. $\quad y' = ay^2 + bx + c$

Ist $b = 0$, so lassen sich die Variablen trennen. Ist $b \neq 0$, so ergibt die Transformation $bt = bx + c$ folgende DGl vom Typ 1.2.4:

$$y' = ay^2 + bt.$$

1.2.2. $\boldsymbol{y' = ay^2 + bx^{-2}}$

Allg. Lösung:

$$y = \frac{\lambda}{x} - e^{2a\lambda}\left(\frac{ax}{2a\lambda+1}e^{2a\lambda} + C\right)^{-1},$$

wobei λ eine beliebige Wurzel der Gleichung $a\lambda^2 + \lambda + b = 0$ ist.

1.2.3. $\boldsymbol{y' = -y^2 - a^2x^{-4}}$

Allg. Lösung:

$$y = \frac{1}{x} + \frac{a}{x^2}\tan\left(\frac{a}{x} + C\right).$$

1.2.4. $\boldsymbol{y' = ay^2 + bx^n}$ (spezielle Riccati-DGl).

Lösung: $y = -\frac{1}{a}\cdot\frac{u'}{u}$, mit

$$u(x) = \sqrt{x}\left[C_1 J_{\frac{1}{2q}}\left(\frac{1}{q}\sqrt{ab}\,x^q\right) + C_2 Y_{\frac{1}{2q}}\left(\frac{1}{q}\sqrt{ab}\,x^q\right)\right],$$

wobei $q = (n+2)/2$; J_ν und Y_ν die Besselschen Funktionen sind, n ist willkürlich ($n \neq -2$).

1.2.5. $\boldsymbol{y' = y^2 + ax^2 + bx + c}$

Spezieller Fall der DGl 1.2.10.

1.2.6. $\boldsymbol{y' = y^2 - a^2x^2 + a(1-2b) - b(b+1)x^{-2}}$

Partikuläre Lösung:

$$y = ax + bx^{-1}.$$

1.2.7. $\boldsymbol{y' = y^2 + ax^q y + bx^{q-1}}$

Die Transformation $y = -\frac{u'(x)}{u(x)}$ ergibt die lineare DGl zweiter Ordnung vom Typ 2.1.16

$$u'' - ax^q u' + bx^{q-1}u = 0.$$

1.2.8. $\boldsymbol{y' = y^2 + anx^{n-1} - a^2x^{2n}}$

Partikuläre Lösung:

$$y = ax^n.$$

1.2.9. $\boldsymbol{y' = ay^2 + bx^{2n} + cx^{n-1}}$

Ist $n = -1$, so hat diese DGl die Form 1.2.2. Ist $n \neq -1$, so ergibt die Transformation

$$t = \frac{x^{n+1}}{n+1}, \quad u = x^{-n}y$$

die DGl vom Typ 1.2.14

$$tu'(t) + at\,[u(t)]^2 + \frac{n}{n+1}u(t) = bt + \frac{c}{n+1}.$$

1.2.10. $\boldsymbol{y' = y^2 + (\alpha x + \beta)y + ax^2 + bx + c}$

Die Transformation $y = -\dfrac{u'(x)}{u(x)}$ ergibt folgende lineare DGl zweiter Ordnung vom Typ 2.1.15

$$u'' - (\alpha x + \beta)u' + (ax^2 + bx + c)u = 0.$$

1.2.11. $\boldsymbol{y' = y^2 + ax^n y - abx^n - b^2}$

Partikuläre Lösung: $y = b$.

1.2.12. $\boldsymbol{y' = ax^n y^2 + bx^{n-2}}$

Allg. Lösung: $\sqrt{ab}\,\ln x = \displaystyle\int \frac{\mathrm{d}u}{u^2 + \beta u + 1} + C$,
mit $u = \sqrt{\dfrac{a}{b}} \cdot x^{n+1}y$ und $\beta = \dfrac{n+1}{\sqrt{ab}}$

1.2.13. $\boldsymbol{y' = -(k+1)x^k y^2 + ax^{k+m}y - ax^{m-1}}$

Partikuläre Lösung: $y = x^{-k-1}$.

1.2.14. $\boldsymbol{xy' = \alpha xy^2 + \beta y + \gamma x + \delta}$

Die Transformation $ay = -\dfrac{u'(x)}{u(x)}$ ergibt die lineare DGl zeiter Ordnung vom Typ 2.1.20

$$xu'' - \beta u' + \alpha(\gamma x + \delta)u = 0.$$

1.2.15. $\boldsymbol{xy' = ay^2 + by + cx^{2b}}$

Die Transformation $t = x^b$, $u = x^{-b}y$ ergibt die DGl mit getrennten Variablen $bu' = au^2 + c$; $u = u(t)$ ist die neue unbekannte Funktion.

1.2.16. $\boldsymbol{xy' = ay^2 + by + cx^n}$

Die Transformation $t = x^b$, $u = x^{-b}y$ ergibt folgende DGl vom Typ 1.2.4:

$$bu' = au^2 + ct^{(n-2b)/b}$$

mit der unbekannten Funktion $u = u(t)$.

1.2.17. $\boldsymbol{xy' = ay^2 + (n + bx^n)y + cx^{2n}}$

Die Transformation $y = x^n u(x)$ ergibt folgende DGl mit getrennten Variablen

$$u' = x^{n-1}(au^2 + bu + c).$$

1.2.18. $\boldsymbol{xy' = xy^2 + ay + bx^n}$

Die Transformation $y = -\dfrac{u'(x)}{u(x)}$ ergibt folgende lineare DGl zweiter Ordnung vom Typ 2.1.23

$$xu'' - au' + bx^n u = 0.$$

1.2.19. $\boldsymbol{xy' = ax^n y^2 + by + cx^{-n}}$

Die Transformation $u(x) = x^n y$ ergibt folgende DGl mit getrennten Variablen

$$xu' = au^2 + (b + n)u + c.$$

1.2.20. $\boldsymbol{xy' = x^{2a}y^2 + (b - a)y + x^{2b}}$

Allg. Lösung:

$$y = x^{b-a} \tan\left(\frac{x^{a+b}}{a+b} + C\right)$$

für $a + b \neq 0$

1.2.21. $\boldsymbol{xy' = ax^n y^2 + by + cx^m}$

Ist $n \neq -b$, so ergibt die Transformation $t = x^{n-b}$, $u = x^b y$ die spezielle Riccati-DGl 1.2.4

$$(n + b)u' = au^2 + ct^k$$

mit der unbekannten Funktion $u(t)$ und mit $k = (m - n - 2b)/(n + b)$.

1.2.22. $\boldsymbol{xy' = ax^{2n}y^2 + (bx^n - n)y + c}$

Ist $n = 0$, so lassen sich die Variablen trennen. Im Falle $n \neq 0$ ist die allg. Lösung

$$nF(x^n y) = x^n + C$$

mit $F(u) = \int \frac{du}{au^2 + bu + c}$.

1.2.23. $\boldsymbol{xy' = ax^{2n+m}y^2 + (bx^{n+m} - n)y + cx^m}$

Die Transformation $u(x) = x^n y$ ergibt folgende DGl mit getrennten Variablen

$$u' = x^{n+m-1}(au^2 + bu + c).$$

1.2.24. $\boldsymbol{(a_0x + b_0)(y' + \lambda y^2) + (a_1x + b_1)y + a_2x + b_2 = 0}$

Die Transformation $\lambda y = \frac{u'(x)}{u(x)}$ ergibt folgende lineare DGl zweiter Ordnung vom Typ 2.1.20:

$$(a_0x + b_0)u'' + (a_1x + b_1)u' + \lambda(a_2x + b_2)u = 0.$$

1.2.25. $\boldsymbol{2x^2y' = 2y^2 + xy - 2a^2x}$

Partikuläre Lösung:

$$y = a\sqrt{x}.$$

1.2.26. $\boldsymbol{2x^2y' = 2y^2 + 3xy - 2a^2x}$

Partikuläre Lösung:

$$y = a\sqrt{x} - \frac{x}{2}.$$

1.2.27. $\boldsymbol{x^2y' = ax^2y^2 + bxy + c}$

Die Transformation $u(x) = xy$ ergibt folgende DGl mit getrennten Variablen:

$$xu' = au^2 + (b + 1)u + c.$$

1.2.28. $\boldsymbol{x^2y' = cx^2y^2 + (ax^2 + bx)y + \alpha x^2 + \beta x + \gamma}$

Die Transformation $cy = -u'(x)/u(x)$ ergibt folgende lineare DGl zweiter Ordnung vom Typ 2.1.40:

$$x^2u'' - x(ax + b)u' + c(\alpha x^2 + \beta x + \gamma)u = 0.$$

1.2.29. $\boldsymbol{x^2y' = ax^2y^2 + bx^n + c}$

Bezeichnet A eine beliebige Wurzel der quadratischen Gleichung $aA^2 - A + c = 0$, so ergibt die Transformation $u(x) = xy + A$ folgende DGl vom Typ 1.2.16:

$$xu' = au^2 + (1 - 2aA)u + bx^n.$$

1.2.30. $\boldsymbol{x^2y' = \alpha x^2y^2 + \beta xy + \gamma x^m + \delta}$

Die Transformation $\alpha y = -u'(x)/u(x)$ ergibt folgende lineare DGl zweiter Ordnung vom Typ 2.1.42:

$$x^2u'' - \beta xu' + \alpha(\gamma x^m + \delta)u = 0.$$

1.2.31. $\boldsymbol{x^2y' = \alpha x^2y^2 + \beta xy + \gamma x^{2m} + \delta x^m}$

Die Transformation $\alpha y = -u'(x)/u(x)$ ergibt folgende lineare DGl zweiter Ordnung vom Typ 2.1.43:

$$x^2u'' - \beta xu' + \alpha x^m(\gamma x^m + \delta)u = 0.$$

1.2.32. $\boldsymbol{x^2y' = cx^2y^2 + (ax^n + b)xy + \alpha x^{2n} + \beta x^n + \gamma}$

Die Transformation $cy = -u'(x)/u(x)$ ergibt folgende lineare DGl zweiter Ordnung vom Typ 2.1.44

$$x^2u'' - (ax^n + b)xu' + c(\alpha x^{2n} + \beta x^n + \gamma)u = 0.$$

1.2.33. $\boldsymbol{(x^2 - 1)y' + \lambda(y^2 - 2xy + 1) = 0}$

Die Transformation

$$y = \frac{2\lambda - 1}{\lambda}x - \frac{\lambda - 1}{\lambda} \cdot \frac{1}{u(x)}$$

ergibt folgende DGl vom selben Typ:

$$(x^2 - 1)u' + (\lambda - 1)(u^2 - 2xu + 1) = 0.$$

Ist λ eine natürliche Zahl, so ergibt die wiederholte Anwendung dieser Transformation eine DGl vom selben Typ mit $\lambda = 1$, d.h. die DGl 1.1.36 mit $a = 1$, $b = -1$.

1.2.34. $\boldsymbol{(ax^2 + b)y' + \alpha y^2 + \beta xy + \frac{b}{\alpha}(a + \beta) = 0}$

Partikuläre Lösung:

$$y = -\frac{a + \beta}{\alpha}x.$$

1.2.35. $(ax^2+b)y' + \alpha y^2 + \beta xy + \gamma = 0$

Die Transformation

$$y = -\frac{a+\beta}{\alpha}x - \frac{1}{u(x)}$$

ergibt folgende DGl vom selben Typ

$$(ax^2+b)u' + \left(\gamma - \frac{a+\beta}{\alpha}b\right)u^2 + (2a+\beta)xu + \alpha = 0.$$

1.2.36. $(ax^2+b)y' + y^2 - 2xy + (1-a)x^2 - b = 0$

Allg. Lösung:

$$y = x + \left(\int \frac{\mathrm{d}x}{ax^2+b} + C\right)^{-1}.$$

1.2.37. $(a_0x^2+a_1x+a_2)(y'+y^2) + (b_0x+b_1)y + c = 0$

Die Transformation $y = u'(x)/u(x)$ ergibt folgende lineare DGl zweiter Ordnung vom Typ 2.1.55:

$$(a_0x^2+a_1x+a_2)u'' + (b_0x+b_1)u' + cu = 0.$$

1.2.38. $(x-a)(x-b)y' + y^2 + k(y+x-a)(y+x-b) = 0$

Allg. Lösung:

$$\frac{y+k(y+x-a)}{y+k(y+x-b)}\left(\frac{x-a}{x-b}\right)^k = C \quad \text{für} \quad a \neq b,$$

$$\frac{1}{y+k(y+x-a)} + \frac{1}{x-a} = C \quad \text{für} \quad a = b.$$

1.2.39. $x^3y' = \alpha x^3y^2 + (\beta x^2+\gamma)y + \delta x$

Die Transformation $\alpha y = -u'(x)/u(x)$ ergibt folgende lineare DGl zweiter Ordnung vom Typ 2.1.56

$$x^3u'' - (\beta x^2+\gamma)u' + \alpha\delta xu = 0.$$

1.2.40. $x^3y' = ax^3y^2 + x(bx+c)y + \alpha x + \beta$

Die Transformation $ay = -u'(x)/u(x)$ ergibt folgende lineare DGl zweiter Ordnung vom Typ 2.1.58:

$$x^3u'' - x(bx+c)u' + a(\alpha x+\beta)u = 0.$$

1.2.41. $(ax^2 + bx + c)(xy' - y) - y^2 + x^2 = 0$

Allg. Lösung:

$$\ln\left|\frac{y-x}{y+x}\right| = C + 2\int \frac{\mathrm{d}x}{ax^2+bx+c}.$$

1.2.42. $x(a + x^2)(y' + \alpha y^2) + (b + cx^2)y + \beta x = 0$

Die Transformation $\alpha y = u'(x)/u(x)$ ergibt folgende lineare DGl zweiter Ordnung vom Typ 2.1.59:

$$x(a+x^2)u'' + (b+cx^2)u' + \alpha\beta x u = 0.$$

1.2.43. $x^2(x + a)(y' + \lambda y^2) + x(bx + c)y + \alpha x + \beta = 0$

Die Transformation $\lambda y = u'(x)/u(x)$ ergibt folgende lineare DGl zweiter Ordnung vom Typ 2.1.60:

$$x^2(x+a)u'' + x(bx+c)u' + \lambda(\alpha x + \beta) = 0.$$

1.2.44. $x^2(x^2 + a)(y' + \lambda y^2) + x(bx^2 + c)y + \alpha = 0$

Die Transformation $\lambda y = u'(x)/u(x)$ ergibt folgende lineare DGl zweiter Ordnung vom Typ 2.1.69

$$x^2(x^2+a)u'' + x(bx^2+c)u' + \alpha\lambda u = 0.$$

1.2.45. $ax^2(x - 1)^2(y' + \lambda y^2) + \alpha x^2 + \beta x + \gamma = 0$

Die Transformation $\lambda y = u'(x)/u(x)$ ergibt folgende lineare DGl zweiter Ordnung vom Typ 2.1.73

$$ax^2(x-1)^2u'' + \lambda(\alpha x^2 + \beta x + \gamma)u = 0.$$

1.2.46. $a(x^2 - 1)^2(y' + \lambda y^2) + \mu x(x^2 - 1)y + \alpha x^2 + \beta x + \gamma = 0$

Die Transformation $\lambda y = \dfrac{u'(x)}{u(x)}$ ergibt folgende lineare DGl zweiter Ordnung vom Typ 2.1.72:

$$a(x^2-1)^2u'' + \mu x(x^2-1)u' + \lambda(\alpha x^2 + \beta x + \gamma)u = 0.$$

1.2.47. $(ax^2 + bx + c)^2(y' + y^2) + A = 0$

Die Transformation $y = u'(x)/u(x)$ ergibt folgende lineare DGl zweiter Ordnung vom Typ 2.1.68:

$$(ax^2+bx+c)^2u'' + Au = 0.$$

1.2.48. $x^2(ax^m - 1)(y' + \lambda y^2) + (\alpha x^m + \beta)xy + \gamma x^m + \delta = 0$

Die Transformation $\lambda y = u'(x)/u(x)$ ergibt folgende lineare DGl zweiter Ordnung vom Typ 2.1.77:

$$x^2(ax^m-1)u'' + (\alpha x^m + \beta)xu' + \lambda(\gamma x^m + \delta)u = 0.$$

49. – 75. Riccati-DGl mit Exponentialfunktionen.

1.2.49. $\boldsymbol{y' = ay^2 + be^{\lambda x}}$

Die Transformation $t = e^{\lambda x}$ ergibt folgende DGl vom Typ 1.2.16:

$$\lambda t y' = ay^2 + bt.$$

1.2.50. $\boldsymbol{y' = ae^{mx}y^2 + be^{nx}, \quad m \neq 0}$

Die Transformation $t = e^{mx}$ ergibt folgende DGl vom Typ 1.2.4:

$$my' = ay^2 + bt^{(n-m)}.$$

1.2.51. $\boldsymbol{y' = y^2 + a\lambda e^{\lambda x} - a^2 e^{2\lambda x}}$

Partikuläre Lösung: $y = ae^{\lambda x}$.

1.2.52. $\boldsymbol{y' = \lambda y^2 + a + be^{kx} + ce^{2kx}}$

Die Transformation $\lambda y = -u'(x)/u(x)$ ergibt folgende lineare DGl zweiter Ordnung vom Typ 2.1.80:

$$u'' + \lambda(a + be^{kx} + ce^{2kx})u = 0.$$

1.2.53. $\boldsymbol{y' = ay^2 + by + c + pe^x}$

Die Transformation $ay = -u'(x)/u(x)$ ergibt folgende lineare DGl zweiter Ordnung vom Typ 2.1.79

$$u'' - bu' + a(pe^x + c)u = 0.$$

1.2.54. $\boldsymbol{y' = y^2 + ae^{\lambda x}y - abe^{\lambda x} - b^2}$

Partikuläre Lösung: $y = b$.

1.2.55. $\boldsymbol{y' = y^2 + axe^{\lambda x}y + ae^{\lambda x}}$

Partikuläre Lösung: $y = -1/x$.

1.2.56. $\boldsymbol{y' = ae^{\lambda x}y^2 + be^{-\lambda x}}$

Allg. Lösung:

$$F(e^{\lambda x}y) = x + c,$$

mit $F(t) = \displaystyle\int \frac{\mathrm{d}t}{at^2 + \lambda t + b}$.

1.2.57. $\boldsymbol{y' = ae^{\lambda x}y^2 + by + ce^{-\lambda x}}$

Die Transformation $u(x) = e^{\lambda x}y$ ergibt folgende DGl mit getrennten Variablen:

$$u' = au^2 + (b+\lambda)u + c.$$

1.2.58. $\boldsymbol{y' = -\lambda e^{\lambda x}y^2 + ae^{\mu x}y - ae^{(\mu-\lambda)x}}$

Partikuläre Lösung: $y = e^{-\lambda x}$.

1.2.59. $\boldsymbol{y' = ae^{(2\lambda+\mu)x}y^2 + \left[be^{(\lambda+\mu)x} - \lambda\right]y + ce^{\mu x}}$

Die Transformation $u(x) = e^{\lambda x}y$ ergibt folgende DGl mit getrennten Variablen:

$$u' = e^{(\lambda+\mu)x}(au^2 + bu + c).$$

1.2.60. $\boldsymbol{y' = ae^{kx}y^2 + by + pe^{mx} + qe^{-kx}}$

Die Transformation $t = e^{kx}$ ergibt folgende DGl des Typs 1.2.30 mit $y = y(t)$

$$kt^2y' = at^2y^2 + bty + pt^{(k+m)/k} + q.$$

1.2.61. $\boldsymbol{y' = ae^{kx}y^2 + by + pe^{knx} + qe^{k(2n+1)x}}$

Die Transformation $t = e^{kx}$ ergibt folgende DGl vom Typ 1.2.31

$$kt^2y' = at^2y^2 + bty + pt^{n+1} + qt^{2(n+1)}$$

(unter y ist $y\left(\frac{1}{k}\ln t\right)$ zu verstehen).

1.2.62. $\boldsymbol{y' = -ke^{kx}y^2 + ax^ne^{kx}y - ax^n}$

Partikuläre Lösung: $y = e^{-kx}$.

1.2.63. $\boldsymbol{y' = -(k+1)x^ky^2 + ax^{k+1}e^{\lambda x}y - ae^{\lambda x}}$

Partikuläre Lösung: $y = x^{-k-1}$.

1.2.64. $\boldsymbol{y' = ax^ne^{2\lambda x}y^2 + (bx^ne^{\lambda x} - \lambda)y + cx^n}$

Die Transformation $u(x) = e^{\lambda x}y$ ergibt folgende DGl mit getrennten Variablen:

$$u' = x^ne^{\lambda x}(au^2 + bu + c).$$

1.2.65. $\boldsymbol{xy' = ae^{\lambda x}y^2 + ky + ab^2x^{2k}e^{\lambda x}}$

Allg. Lösung:

$$y = |b|\, x^k \tan\left(a\,|b| \int x^{k-1} e^{\lambda x} \mathrm{d}x + C\right).$$

1.2.66. $\boldsymbol{xy' = ax^{2n}e^{\lambda x}y^2 + (bx^n e^{\lambda x} - n)y + ce^{\lambda x}}$

Allg. Lösung:

$$F(x^n y) = \int x^{n-1} e^{\lambda x} \mathrm{d}x + C$$

mit

$$F(u) = \int \frac{\mathrm{d}u}{au^2 + bu + c}.$$

1.2.67. $\boldsymbol{y' = \alpha y^2 + \beta + \gamma \cosh x}$

Die Transformation $x = 2t$, $\alpha y = -\dfrac{u'(x)}{u(x)}$ ergibt folgende modifizierte Mathieusche DGl mit der unabhängigen Variablen t:

$$u'' - (a - 2q \cosh 2t)u = 0$$

und mit $a = -4\alpha\beta$, $q = 2\alpha\gamma$.

1.2.68. $\boldsymbol{y' = y^2 + a\lambda - a(a + \lambda) \tanh^2(\lambda x)}$

Partikuläre Lösung:

$$y = a \tanh(\lambda x).$$

1.2.69. $\boldsymbol{y' = y^2 + 3a\lambda - \lambda^2 - a(a + \lambda) \tanh^2(\lambda x)}$

Partikuläre Lösung:

$$y = a \tanh(\lambda x) - \lambda \coth(\lambda x).$$

1.2.70. $\boldsymbol{y' = y^2 + a\lambda - a(a + \lambda) \coth^2(\lambda x)}$

Partikuläre Lösung:

$$y = a \coth(\lambda x).$$

1.2.71. $\boldsymbol{y' = y^2 - \lambda^2 + 3a\lambda - a(a+\lambda)\coth^2(\lambda x)}$

Partikuläre Lösung:

$$y = a\coth(\lambda x) - \lambda\tanh(\lambda x).$$

1.2.72. $\boldsymbol{y' = y^2 - 2\lambda^2\tanh^2(\lambda x) - 2\lambda^2\coth^2(\lambda x)}$

Partikuläre Lösung:

$$y = \lambda\tanh(\lambda x) + \lambda\coth(\lambda x).$$

1.2.73. $\boldsymbol{y' = y^2 + \lambda(a+b) - 2ab - a(a+\lambda)\tanh^2(\lambda x) - b(b+\lambda)\coth^2(\lambda x)}$

Partikuläre Lösung:

$$y = a\tanh(\lambda x) + b\coth(\lambda x).$$

1.2.74. $\boldsymbol{y' = ae^{-\lambda x^2}y^2 + \lambda xy + ab^2}$

Allg. Lösung:

$$y = |b|\,e^{(\lambda x^2)/2}\tan\left(a\,|b|\int e^{-(\lambda x^2)/2}\mathrm{d}x + C\right).$$

1.2.75. $\boldsymbol{y' = ax^n y^2 + \lambda xy + ab^2x^ne^{\lambda x^2}}$

Allg. Lösung:

$$y = |b|e^{(\lambda x^2)/2}\tan\left(a\,|b|\int x^n e^{(\lambda x^2)/2}\mathrm{d}x + C\right).$$

76. – 102. Riccati-DGl mit trigonometrischen Funktionen

1.2.76. $\boldsymbol{y' = \alpha y^2 + \beta + \gamma\sin\lambda x}$

Die Transformation $2t = 2\lambda x + \pi$ ergibt folgende DGl vom Typ 1.2.77 mit der unabhängigen Variablen t:

$$\lambda y' = \alpha y^2 + \beta + \gamma\cos t.$$

1.2.77. $\boldsymbol{y' = \alpha y^2 + \beta + \gamma\cos x}$

Die Transformation $x = 2t$, $\alpha y = -u'(x)/u(x)$ ergibt die Mathieusche DGl (s. 2.1.90)

$$u'' + (a - 2q\cos 2t)u = 0$$

mit der unabhängigen Variablen t und mit $a = 4\alpha\beta$, $q = -2\alpha q$.

1.2.78. $\boldsymbol{y' = y^2 - A\lambda \sin(\lambda x) - A^2 \cos^2(\lambda x)}$

Partikuläre Lösung: $y = A\cos(\lambda x)$.

1.2.79. $\boldsymbol{y' = y^2 + a\sin(\beta x) \cdot y - ab\sin(\beta x) - b^2}$

Partikuläre Lösung: $y = b$.

1.2.80. $\boldsymbol{y' = y^2 + A\lambda \cos(\lambda x) - A^2 \sin^2(\lambda x)}$

Partikuläre Lösung:

$$y = A\sin(\lambda x).$$

1.2.81. $\boldsymbol{y' = y^2 + ax\sin^m(\lambda x) \cdot y + a\sin^m(\lambda x)}$

Partikuläre Lösung:

$$y = -1/x.$$

1.2.82. $\boldsymbol{y' = \lambda \sin(\lambda x) \cdot y^2 + a\cos^n(\lambda x) \cdot y - a\cos^{n-1}(\lambda x)}$

Partikuläre Lösung:

$$y = 1/\cos(\lambda x).$$

1.2.83. $\boldsymbol{y' = \lambda \sin(\lambda x) \cdot y^2 + ax^n \cos(\lambda x) \cdot y - ax^n}$

Partikuläre Lösung:

$$y = 1/\cos(\lambda x).$$

1.2.84. $\boldsymbol{xy' = a\sin^m(\lambda x) \cdot y^2 + ky + ab^2x^{2k}\sin^m(\lambda x)}$

Allg. Lösung:

$$y = |b|x^k \tan\left[a|b| \int x^{k-1}\sin^m(\lambda x)\mathrm{d}x + C\right].$$

1.2.85. $\boldsymbol{y' = ay^2 + b(\tan x)y + c}$

Die Transformation $ay = -u'(x)/u(x)$ ergibt folgende lineare DGl zweiter Ordnung vom Typ 2.1.98:

$$u'' - b\tan x \cdot u' + acu = 0.$$

1.2.86. $\boldsymbol{y' = y^2 - m(\tan x)y + b^2(\cos x)^{2m}}$

Partikuläre Lösung:

$$y = -|b| \cos^m x \cot(|b|\, u)$$

mit $u = \int \cos^m x \, dx$.

1.2.87. $\boldsymbol{y' = \lambda \sin(\lambda x) \cdot y^2 + a \sin(\lambda x) \cdot y - a \tan(\lambda x)}$

Partikuläre Lösung:

$$y = 1/\cos(\lambda x).$$

1.2.88. $\boldsymbol{y' = -(k+1)x^k y^2 + a x^{k+1} \sin^m(\lambda x) y - a \sin^m(\lambda x)}$

Partikuläre Lösung:

$$y = x^{-k-1}.$$

1.2.89. $\boldsymbol{y' = y^2 + a\lambda + a(\lambda - a)\tan^2(\lambda x)}$

Partikuläre Lösung:

$$y = a \tan(\lambda x).$$

1.2.90. $\boldsymbol{y' = y^2 + \lambda^2 + 3a\lambda + a(\lambda - a)\tan^2(\lambda x)}$

Partikuläre Lösung:

$$y = a \tan(\lambda x) - \lambda \cot(\lambda x).$$

1.2.91. $\boldsymbol{y' = y^2 + a\lambda + a(\lambda - a)\cot^2(\lambda x)}$

Partikuläre Lösung:

$$y = -a \cot(\lambda x).$$

1.2.92. $\boldsymbol{y' = y^2 + \lambda^2 + 3a\lambda + a(\lambda - a)\cot^2(\lambda x)}$

Partikuläre Lösung:

$$y = \lambda \tan(\lambda x) - a \cot(\lambda x).$$

1.2.93. $\boldsymbol{y' = y^2 - 2a\cot(ax)y + b^2 - a^2}$

Partikuläre Lösung:

$$y = a\cot(ax) - b\cot(bx).$$

1.2.94. $\boldsymbol{y' = y^2 - y\tan x + a(1-a)\cot^2 x}$

Partikuläre Lösung:

$$y = -a\cot x.$$

1.2.95. $\boldsymbol{y' = y^2 - 2\lambda^2\tan^2(\lambda x) - 2\lambda^2\cot^2(\lambda x)}$

Partikuläre Lösung:

$$y = \lambda\cot(\lambda x) - \lambda\tan(\lambda x).$$

1.2.96. $\boldsymbol{y' = y^2 + \lambda a + \lambda b + 2ab + a(\lambda - a)\tan^2(\lambda x) + b(\lambda - b)\cot^2(\lambda x)}$

Partikuläre Lösung:

$$y = a\tan(\lambda x) - b\cot(\lambda x).$$

1.2.97. $\boldsymbol{y' = -(k+1)x^k y^2 + ax^{k+1}\tan^m(\lambda x)y - a\tan^m(\lambda x)}$

Partikuläre Lösung:

$$y = x^{-k-1}.$$

1.2.98. $\boldsymbol{xy' = a\tan^m(\lambda x)y^2 + ky + ab^2x^{2k}\tan^m(\lambda x)}$

Allg. Lösung:

$$y = bx^k\tan\left[ab\int x^{k-1}\tan^m(\lambda x)\,dx + C\right].$$

1.2.99. $\boldsymbol{y' = y^2 + my\cot x + b^2(\sin x)^{2m}}$

Partikuläre Lösung:

$$y = -b\sin^m x\cot\left(b\int\sin^m x\mathrm{d}x\right).$$

1.2.100. $\boldsymbol{y' = y^2 + ax\tan^m(\lambda x)y + a\tan^m(\lambda x)}$

Partikuläre Lösung:

$$y = -1/x.$$

1.2.101. $\boldsymbol{xy' = \alpha(\arcsin x)y^2 + ky + \alpha\beta^2 x^{2k}\arcsin x}$

Allg. Lösung:

$$y = \beta x^k \tan\left(\alpha\beta \int x^{k-1}\arcsin x dx + C\right).$$

1.2.102. $\boldsymbol{xy' = \alpha(\arctan x)y^2 + ky + \alpha\beta^2 x^{2k}\arctan x}$

Allg. Lösung:

$$y = \beta x^k \tan\left(\alpha\beta \int x^{k-1}\arctan x dx + C\right).$$

103. – 115. Riccati-DGl mit logarithmischen Funktionen

1.2.103. $\boldsymbol{y' = y^2 + a\ln(\beta x)y - ab\ln(\beta x) - b^2}$

Partikuläre Lösung:

$$y = b.$$

1.2.104. $\boldsymbol{y' = y^2 + ax\ln^m(bx)y + ax\ln^m(bx)}$

Partikuläre Lösung:

$$y = -1/x.$$

1.2.105. $\boldsymbol{y' = -(k+1)x^k y^2 + ax^{k+1}(\ln x)^m y - a(\ln x)^m}$

Partikuläre Lösung:

$$y = x^{-k-1}.$$

1.2.106. $\boldsymbol{xy' = ay^2 + b\ln x + c}$

Die Transformation $x = e^t$ ergibt folgende DGl vom Typ 1.2.1:

$$y' = ay^2 + bt + c.$$

1.2.107. $\boldsymbol{xy' = xy^2 + A - A^2 x \ln^2(\beta x)}$

Partikuläre Lösung

$$y = A \ln(\beta x).$$

1.2.108. $\boldsymbol{xy' = (ay + b \ln x)^2}$

Allg. Lösung:

$$\ln y = \int \frac{\mathrm{d}z}{az^2 + b} + C,$$

mit $z = ay + b \ln x$.

1.2.109. $\boldsymbol{xy' = ax^k (y + b \ln x)^2 - b}$

Allg. Lösung:

$$\frac{1}{y + b \ln x} + \frac{a}{k} x^k = C.$$

1.2.110. $\boldsymbol{xy' = ay^2 + b \ln^k x + c \ln^{2(k+1)} x}$

Die Transformation $t = \ln x$ ergibt folgende DGl vom Typ 1.2.9:

$$y' = ay^2 + bt^k + ct^{2(k+1)}$$

mit $k = n - 1$.

1.2.111. $\boldsymbol{xy' = xy^2 + Ak \left[\ln(\beta x)\right]^{k-1} - A^2 x \left[\ln(\beta x)\right]^{2k}}$

Partikuläre Lösung:

$$y = A \left[\ln(\beta x)\right]^k.$$

1.2.112. $\boldsymbol{xy' = ax^{2n} (\ln x) y^2 + (bx^n \ln x - n) y + c \ln x}$

Allg. Lösung:

$$\int \frac{\mathrm{d}\omega}{a\omega^2 + b\omega + c} = \int x^{n-1} \ln x \mathrm{d}x + C,$$

mit $\omega = x^n y$. Die endgültige Form der Lösung ist

$$F(x^n y) = \frac{x^n}{n} \left(\ln x - \frac{1}{n} \right) + C$$

mit

$$F(u) = \int \frac{du}{au^2 + bu + c}.$$

1.2.113. $\boldsymbol{xy' = a \ln^m(\lambda x) y^2 + ky + ab^2 x^{2k} \ln^m(\lambda x)}$

Allg. Lösung:

$$y = bx^k \tan \left[ab \int x^{k-1} \ln^m(\lambda x) dx + C \right].$$

1.2.114. $\boldsymbol{x^2 y' = a^2 x^2 y^2 - xy + b^2 \ln^m x}$

Die Transformation $a^2 y = -u'(x)/u(x)$ ergibt folgende lineare DGl zweiter Ordnung vom Typ 2.1.108:

$$x^2 u'' + xu' + (ab)^2 \ln^m x \cdot u = 0.$$

1.2.115. $\boldsymbol{x^2 \ln(ax)(y' - y^2) = 1}$

Partikuläre Lösung:

$$y = [x \ln(ax)]^{-1}.$$

1.3 Die Abelsche DGl 2. Art:

$$yy' - y = f(x)$$

Vorbemerkungen Die Tabellen 1 – 4 enthalten alle im Abschnitt 2.1 betrachteten Abelschen DGl. Das wird dem Leser die Arbeit erleichtern. Jede der ersten drei Tabellen enthält Abelsche DGln mit ein und derselben Funktion $f(x) = sx + Ax^m$ (nur die Parameter s und m sind verschieden). Die vierte Tabelle beinhaltet die restlichen weiter unten vorkommenden Abelschen DGln zweiter Art.

Tabelle 1

DGln der Form $yy' - y = sx + Ax^m$ (A ist eine willkürliche Konstante)

Parameter der DGl		Nummer	Parameter der DGl		Nummer
m	s	der DGl	m	s	der DGl
beliebig	$-\dfrac{2(m+1)}{(m+3)^2}$	1.3.10	-1	0	1.3.16
-7	$15/4$	1.3.56	$-1/2$	$-2/9$	1.3.26
-4	6	1.3.54	$-1/2$	$-4/25$	1.3.22
$-5/2$	12	1.3.47	$-1/2$	0	1.3.32
-2	0	1.3.33	$-1/2$	20	1.3.55
-2	2	1.3.19	0	beliebig	1.3.2
$-5/3$	$-3/16$	1.3.30	0	0	1.3.1
$-5/3$	$-9/100$	1.3.23	$1/2$	$-12/49$	1.3.53
$-5/3$	$63/4$	1.3.48	2	$-6/25$	1.3.45
$-7/5$	$-5/36$	1.3.27	2	$6/25$	1.3.46

Tabelle 2

DGln der Form $yy' - y = sx + \sigma A(\alpha A^2 x^{-1/2} + \beta A + \gamma x^{1/2})$ (*A* ist eine willkürliche Konstante)

Werte der Parameter der DGl					Nr. DGl
s	σ	α	β	γ	
beliebig $\neq 0$	beliebig	0	beliebig	0	1.3.2
$\frac{2(m-1)}{(m-3)^2}$	$\frac{2}{(m-3)^2}$	$3m(m+3)$	$4m^2+3m+9$	$m(m+3)$	1.3.12
$-1/4$	$1/4$	3	5	1	1.3.17
$-30/121$	$3/242$	6	35	21	1.3.29
$-12/49$	beliebig	0	0	beliebig	1.3.53
$-12/49$	$1/49$	10	41	25	1.3.25
$-12/49$	$6/49$	5	8	1	1.3.38
$-12/49$	$2/49$	15	34	5	1.3.24
$-12/49$	$4/49$	10	27	-10	1.3.31
$-12/49$	$1/49$	65	262	5	1.3.52
$-12/49$	$6/49$	12	23	-3	1.3.28
$-12/49$	$2/49$	55	166	1	1.3.58
$-6/25$	$2/25$	6	19	2	1.3.20
$-6/25$	$6/25$	4	7	2	1.3.39
$-28/121$	$2/121$	15	106	5	1.3.51
$-2/9$	beliebig	beliebig	beliebig	0	1.3.3
$-2/9$	beliebig	beliebig	0	0	1.3.26
$-2/9$	6	2	1	0	1.3.11
$-10/49$	$2/49$	12	61	4	1.3.57
$-4/25$	beliebig	beliebig	0	0	1.3.22
$-4/25$	$1/50$	6	49	7	1.3.59
0	beliebig	beliebig	0	0	1.3.32
0	beliebig	beliebig	2	1	1.3.36
0	$n+2$	$(n+1)(n+3)$	$2(n+2)$	1	1.3.34
0	$m+2$	$2m+3$	$2(m+2)$	1	1.3.35
0	1	0	2	-1	1.3.37
0	2	3	4	1	1.3.4
0	beliebig	0	beliebig	0	1.3.1
2	2	30	19	-10	1.3.50
2	2	30	31	10	1.3.49
20	beliebig	beliebig	0	0	1.3.55

Tabelle 3

DGln der Form $\boldsymbol{yy' - y = sx + \alpha A x^p + \beta A^2 x^q}$ (A ist eine willkürliche Konstante)

Werte der Parameter der DGl					Nr. der
s	p	q	α	β	DGl
beliebig	-1	-3	1	-1	1.3.5
$\frac{2m+1}{4m^2}$	-1	-3	1	-1	1.3.13
0	-1	-3	1	-1	1.3.7
$-3/16$	$-1/3$	$-5/3$	3	-12	1.3.40
$-3/16$	$-1/3$	$-5/3$	5	-12	1.3.15
$-3/16$	$-1/3$	$-5/3$	beliebig	beliebig	1.3.62
$15/4$	$-1/3$	$-5/3$	6	-3	1.3.60
$4/9$	2	3	2	2	1.3.14
$-5/36$	$-3/5$	$-7/5$	beliebig	beliebig	1.3.63

Tabelle 4

Andere DGl der Form $\boldsymbol{yy' - y = f(x)}$

$f(x)$	Nummer der DGl
$Ax^{k-1} - kBx^k + kB^2x^{2k-1}$	1.3.6 (partikuläre Lösung)
$Ax^2 - \frac{9}{625A}$	1.3.44
$\frac{A}{\sqrt{x^2+4A}}$	1.3.18
$-\frac{3}{32}x + \frac{3a^2-6x^2}{64\sqrt{x^2+a^2}}$	1.3.43
$\frac{3}{8}x + \frac{6x^2+5a^2}{64\sqrt{x^2+a^2}}$	1.3.21
$\frac{3}{8}x + \frac{6x^2+9A}{16\sqrt{x^2+A}}$	1.3.41
$\frac{9}{32}x + \frac{30x^2+9A}{64\sqrt{x^2+A}}$	1.3.42
$A + B\exp\left(-\frac{2x}{A}\right)$	1.3.8
$A\left[\exp\left(\frac{2x}{A}\right) - 1\right]$	1.3.9
$-\frac{16}{25}x\left[\frac{9}{64} + \frac{32}{9}\ln(Ax)\right]$	1.3.64

Die weiter unten behandelten Abelschen DGln sind in Gruppen zusammengefaßt. Innerhalb jeder Gruppe lassen sich die Lösungen durch ein und dieselben Funktionen ausdrücken. Vor jeder Gruppe sind die entsprechenden Abkürzungen angegeben. Bei der Mehrheit der Fälle sind die Lösungen in parametrischer Form

$$x = F_1(\tau, C), \; y = F_2(\tau, C)$$

ausgedrückt; dabei ist τ der Parameter und C eine willkürliche Konstante.

1.3.1. $yy' - y = A$

Allg. Lösung: $\begin{cases} y = \tau, \\ x = \tau - A\ln|\tau + A| + C. \end{cases}$

1.3.2. $yy' - y = Ax + B, A \neq 0$

Allg. Lösung: $\begin{cases} y = C\tau E, \\ x = CE - \dfrac{B}{A}, \; E = \exp\left(-\displaystyle\int \frac{\tau d\tau}{\tau^2 - \tau - A}\right). \end{cases}$

1.3.3. $yy' - y = -\frac{2}{9}x + A + Bx^{-1/2}$

Allg. Lösung:
Für $A > 0$:

$$\begin{cases} y = -6a\dfrac{(k-1)^2C\tau^{k+1} + k^2C\tau^k + \tau}{C\tau^k + \tau + 1} \\ x = a\left[\dfrac{(2k-1)C\tau^k - (k-2)\tau - (k+1)}{C\tau^k + \tau + 1}\right]^2, \end{cases}$$

mit $A = \dfrac{2a}{3}(k^2 - k + 1), \; B = \dfrac{2a^{3/2}}{3}(2k-1)(k+1).$
Für $A < 0$:

$$\begin{cases} y = 6\xi(C_1^2 + C_2^2)\omega^2 - [C_1(\lambda^2 - \omega^2) - 2C_2\omega\lambda]e^{-\lambda\tau}\sin\omega\tau - [2C_1\omega\lambda \\ \qquad +C_2(\lambda^2 - \omega^2)]e^{-\lambda\tau}\cos\omega\tau \\ x = \xi\left[2\lambda e^{-\lambda\tau} - (C_1\lambda - 3C_2\omega)\sin\omega\tau - (3C_1\omega + C_2\lambda)\cos\omega\tau\right]^2, \end{cases}$$

mit

$$A = \frac{a}{9}(3\omega^2 - \lambda^2), B = \frac{2a\lambda}{27}(9\omega^2 + 5\lambda^2), \; \xi = a(e^{-\lambda\tau} + +C_1\sin\omega\tau + C_2\cos\omega\tau)^{-2}.$$

Der Fall $A = 0$ ist unter Nr. 1.3.26 behandelt.

1.3.4. $\boldsymbol{yy' - y = 2A(3A^2x^{-1/2} + 4A + x^{1/2})}$

Allg. Lösung:

$$\begin{cases} y = \pm a L_\pm (R_\pm^2 L_\pm + \tau), \\ x = \frac{a}{4}(3 \pm 2\tau L_\pm)^2, \; A = -\frac{1}{2}a^{1/2}, \end{cases}$$

$$L_+ = \begin{cases} \int \frac{\mathrm{d}\tau}{1+\tau^2} = \arctan\tau - C, & R_+ = \sqrt{1+\tau^2}, \\ \int \frac{\mathrm{d}\tau}{\tau^2-1} = \operatorname{Arcoth}\tau - C = \frac{1}{2}\ln\left|\frac{\tau-1}{\tau+1}\right| - C, & R_+ = \sqrt{\tau^2-1}, \end{cases}$$

$$L_- = \int \frac{\mathrm{d}\tau}{1-\tau^2} = \operatorname{Artanh}\tau - C = \frac{1}{2}\ln\left|\frac{1+\tau}{1-\tau}\right| - C, \quad R_-\sqrt{1-\tau^2}.$$

[Das obere (untere) Vorzeichen entspricht dem Fall $|\tau| > 1$ ($|\tau| < 1$).]

1.3.5. $\boldsymbol{yy' - y = Ax + Bx^{-1} - B^2x^{-3}}$

Allg. Lösung:

$$\begin{cases} y = (\tau+1)(\frac{V}{W})^{-1/2} - B(\frac{V}{W})^{1/2}, \\ x = (\frac{V}{W})^{-1/2}. \end{cases}$$

$$V = \begin{cases} (\tau^2+\tau-A)\exp\left[\frac{2}{\sqrt{-\Delta}}\arctan\frac{2\tau+1}{\sqrt{-\Delta}}\right], & \Delta < 0, \\ (\tau^2+\tau-A)e^{-\frac{2}{2\tau+1}}, & \Delta = 0, \\ (\tau^2+\tau-A)\left[\frac{2\tau+1-\sqrt{\Delta}}{2\tau+1+\sqrt{\Delta}}\right]^{\frac{1}{\sqrt{\Delta}}}, & \Delta > 0 \end{cases}$$

$$W = \begin{cases} C + 2B\int \exp\left[\frac{2}{\sqrt{-\Delta}}\arctan\frac{2\tau+1}{\sqrt{-\Delta}}\right]\mathrm{d}\tau, & \Delta < 0, \\ C + B(2\tau+1)e^{-\frac{2}{2\tau+1}} + 2B\operatorname{Ei}\left(-\frac{2}{2\tau+1}\right), & \Delta = 0, \\ C + 2B\int\left[\frac{2\tau+1-\sqrt{\Delta}}{2\tau+1+\sqrt{\Delta}}\right]^{\frac{1}{\sqrt{\Delta}}}\mathrm{d}\tau, & \Delta > 0, \end{cases}$$

dabei ist $\Delta = 4A + 1$ und Ei bezeichnet die Integralexponentialfunktion.

1.3.6. $\boldsymbol{yy' - y = Ax^{k-1} - kBx^k + kB^2x^{2k-1}}$

Partikuläre Lösung:

$$y(x) = x - Bx^k - \frac{A}{kB}.$$

1.3.7. $\boldsymbol{yy' - y = Ax^{-1} - A^2x^{-3}}$

Allg. Lösung:

$$\begin{cases} y = aL^{-1/2}\left(\dfrac{1+\tau}{\tau}L - \dfrac{1}{2}\tau\right), \\ x = a\tau^{-1}L^{1/2}, \end{cases}$$

mit $A = a^2/2,\ L = \tau - \ln|1+\tau| - C$.

1.3.8. $\boldsymbol{yy' - y = A + Be^{-\frac{2x}{A}}}$

Allg. Lösung:

$$\begin{cases} y = \tau\dfrac{A\ln|\tau + \sqrt{\tau^2+AB}| + C}{\sqrt{\tau^2+AB}} - A, \\ x = A\ln\left|\dfrac{\sqrt{\tau^2+AB}}{A\ln|\tau+\sqrt{\tau^2+AB}|+C}\right|. \end{cases}$$

1.3.9. $\boldsymbol{yy' - y = A\left(e^{\frac{2x}{A}} - 1\right)}$

Allg. Lösung:

$$\begin{cases} y = \dfrac{A}{\tau}|\tau + (\tau^2-1)(\arctan\tau - C)|, \\ x = A\ln\left|\dfrac{\tau^2+1}{\tau}(\arctan\tau - C)\right|. \end{cases}$$

Die Lösungen der DGln 1.3.10 bis 1.3.15 sind mit Hilfe folgender Funktionen ausgedrückt:

$$\begin{aligned} E_{ml} &= \int(1\pm\tau^{m+1})^{\frac{1}{l-2}}\mathrm{d}\tau - C, \\ E_m &= E_{m_0} = \int(1\pm\tau^{m+1})^{-1/2}\mathrm{d}\tau - C, \\ R_m &= \sqrt{1\pm\tau^{m+1}},\ F_m = R_mE_m - \tau. \end{aligned}$$

1.3.10. $\boldsymbol{yy' - y = -\dfrac{2(m+1)}{m+3)^2}x + Ax^m}$

Allg. Lösung:

$$\begin{cases} y = aE_m^{\frac{2}{m-1}}\left(R_mE_m + \dfrac{2}{m-1}\tau\right), \\ x = \dfrac{m+3}{m-1}aE_m^{\frac{2}{m-1}}\tau,\ A = \pm\dfrac{m+1}{2}\left(\dfrac{m-1}{m+3}\right)^{m+1}a^{1-m}. \end{cases}$$

1.3.11. $\boldsymbol{yy' - y = -\frac{2}{9}x + 6A^2(2Ax^{-1/2} + 1), \quad A > 0}$

Allg. Lösung:

$$\begin{cases} y = -12A^2R^{-4}E^{-2}(R^2E - 2\tau), \\ x = A^2R^{-4}E^{-2}(R^2E \pm 6\tau^{1/2})^2, \end{cases}$$

mit $E = E_{-1/2,3/2}$, $R = R_{-1/2}$.

1.3.12. $\boldsymbol{yy' - y = \frac{2(m-1)}{(m-3)^2}x + \frac{2A}{(m-3)^2}[3m(m+3)A^2x^{-1/2} + (4m^2+3m+9)A + m(m+3)x^{1/2}]}$

Allg. Lösung:

$$\begin{cases} y = \frac{a}{m-3}\tau^{-2}E_m[\pm(m-1)\tau^{m+1}E_m - 2E_m + 2\tau R_m], \\ x = \frac{a}{(m-3)^2}\tau^{-2}[(m-3)R_mE_m + 3\tau]^2, \ A = -\frac{a^{1/2}}{m-3}. \end{cases}$$

1.3.13. $\boldsymbol{yy' - y = \frac{2m+1}{4m^2}x + Ax^{-1} - A^2x^{-3}}$

Allg. Lösung:

$$\begin{cases} y = \frac{1}{2ma}\tau^{-1/2}R_m^{-2}E^{-1/2}\tau - \left\{1 \mp (2m+1)\tau^{m+1}]R_m^2ET\right\}, \\ x = \frac{1}{a}\tau^{-1/2}R_m^{-2}E^{1/2}, \end{cases}$$

mit $a^2 = -2mA$, $E = E_{m,3/2}$.

1.3.14. $\boldsymbol{yy' - y = \frac{4}{9}x + 2Ax^2 + 2A^2x^3}$

Allg. Lösung:

$$\begin{cases} y = \frac{1}{9A}\tau^{-2}E_3(\tau R_3 - E_3 \pm \tau^4E_3), \\ x = \frac{1}{3A}\tau^{-1}F_3. \end{cases}$$

1.3.15. $\boldsymbol{y' - y = -\frac{3}{16}x + 5Ax^{-1/3} - 12A^2x^{-5/3}}$

Allg. Lösung:

$$\begin{cases} y = \frac{a}{4}\tau^{1/2}E^{-3/2}F^{-1/2}(F^2 - 2\tau F - \tau^{-2/3}E^2), \\ x = a\tau^{1/2}E^{-3/2}F^{3/2}, \end{cases}$$

mit $A = a^{4/3}/24$, $E = E_{-5/3}$, $F = F_{5/3}$.

Die Lösungen der DGln 1.3.16 – 1.3.18 sind durch folgende Funktionen ausgedrückt:

$$\begin{aligned} E_{\mp} &= \int e^{\mp\tau^2}\mathrm{d}\tau - C, \\ F_{\mp} &= 2\tau E_{\mp} \pm e^{\mp\tau^2}. \end{aligned}$$

1.3.16. $\boldsymbol{yy' - y = Ax^{-1}}$

Allg. Lösung:

$$\begin{cases} y = aE_{\mp}^{-1}(e^{\mp\tau^2} \pm 2\tau E_{\mp}), \\ x = aE_{\mp}^{-1}e^{\mp\tau^2}, \ A = \mp 2a^2. \end{cases}$$

1.3.17. $\boldsymbol{yy' - y = -\frac{1}{4}x + \frac{A}{4}(3A^2x^{-1/2} + 5A + x^{1/2})}$

Allg. Lösung:

$$\begin{cases} y = aE_{\mp}e^{\pm\tau^2}\left[(2\tau^2 \pm 1)E_{\mp}e^{\pm\tau^2} \pm \tau\right], \\ x = \frac{a}{16}(3 \pm 8\tau E_{\mp}e^{\pm\tau^2})^2, \ A = \frac{a^{1/2}}{4}. \end{cases}$$

1.3.18. $\boldsymbol{yy' - y = \pm\frac{2a^2}{\sqrt{x^2 \pm 8a^2}}}$

Allg. Lösung:

$$\begin{cases} y = aE_{\mp}^{-1}F_{\mp}^{-1}(e^{\mp\tau^2}f_{\mp} - 2E_{\mp}^2), \\ x = \pm aE_{\mp}^{-1}F_{\mp}^{-1}(F_{\mp}^2 \mp 2E_{\mp}^2). \end{cases}$$

Die Lösungen der DGln 1.3.19 – 1.3.21 sind durch folgende Funktionen ausgedrückt:

$$E_* = \sqrt{\tau(\tau+1)} - \ln\left|C\left(\sqrt{\tau}+\sqrt{\tau+1}\right)\right|,$$
$$R_* = \sqrt{\frac{\tau+1}{\tau}},$$
$$F_* = 1 - \sqrt{\frac{\tau+1}{\tau}}\ln\left|C\left(\sqrt{\tau}+\sqrt{\tau+1}\right)\right|.$$

1.3.19. $\boldsymbol{yy' - y = 2x + Ax^{-2}}$

Allg. Lösung:

$$\begin{cases} y = aE_*^{-2/3}\left(\frac{2}{3}\tau - R_*E_*\right), \\ x = \frac{a}{3}E_*^{-2/3}\tau, \quad A = -\frac{243}{2}a^3. \end{cases}$$

1.3.20. $\boldsymbol{yy' - y = -\frac{6}{25}x + \frac{2A}{25}(6A^2x^{-1/2} + 19A + 2x^{1/2})}$

Allg. Lösung:

$$\begin{cases} y = 5a\tau^{-3}E_*[(2\tau+3)E_* - 2\tau^2R_*], \\ x = a\tau^{-2}(5R_*E_* - 3\tau)^2, \quad A = -a^{1/2}. \end{cases}$$

1.3.21. $\boldsymbol{yy' - y = \frac{3}{8}x + \frac{3}{8}\sqrt{x^2+a^2} - \frac{a^2}{16\sqrt{x^2+a^2}}}$

Allg. Lösung:

$$\begin{cases} y = \frac{a}{4\sqrt{2}}\tau^{-1}E_*^{-1}F_*^{-1/2}(4\tau F_*^2 - E_*^2), \\ x = \frac{a}{2\sqrt{2}}\tau^{-1}E_*^{-1}F_*^{-1/2}(E_*^2 - 2\tau^2F_*). \end{cases}$$

Die Lösungen der DGln 1.3.22–1.3.25 sind durch folgende Funktionen ausgedrückt:

$$P_2 = \pm(\tau^2-1), P_3 = \tau^3 - 3\tau + C, P_4 = \pm(\tau^4 - 6\tau^2 + 4C\tau - 3).$$

1.3.22. $\boldsymbol{yy' - y = -\frac{4}{25}x + Ax^{-1/2}}$

Allg. Lösung:

$$\begin{cases} y = 4aP_3^{-4/3}(P_2^2 - \tau P_3), \\ x = 5aP_2^2P_3^{-4/3}, \ A = \pm\frac{4a}{5}(5a)^{1/2}. \end{cases}$$

1.3.23. $\boldsymbol{yy' - y = -\frac{9}{100}x + Ax^{-5/3}}$

Allg. Lösung:

$$\begin{cases} y = 9aP_3^{-1/2}P_4^{-9/8}(P_3^2 - P_2P_4), \\ x = 10aP_3^{3/2}P_4^{-9/8}, \ A = \pm 9a^2(10a)^{2/3}. \end{cases}$$

1.3.24. $\boldsymbol{yy' - y = -\frac{12}{49}x + \frac{2A}{49}(15A^2x^{-1/2} + 34A + 5x^{1/2})}$

Allg. Lösung:

$$\begin{cases} y = 28aP_2^{-4}P_3(4\tau^2P_3 - 3\tau P_2^2 \mp P_2P_3), \\ x = aP_2^{-4}(14\tau P_3 - 9P_2^2)^2, \ A = -3a^{1/2}. \end{cases}$$

1.3.25. $\boldsymbol{yy' - y = -\frac{12}{49}x + \frac{A}{98}(10A^2x^{-1/2} + 41A + 25x^{1/2})}$

Allg. Lösung:

$$\begin{cases} y = 21aP_3^{-4}P_4\left(9P_2^2P_4 \mp P_4^2 - 8P_2P_3^2\right), \\ x = aP_3^{-4}\left(21P_2P_4 - 16P_3^2\right)^2, \ A = -8a^{1/2}. \end{cases}$$

Die Lösungen der DGln 1.3.26 – 1.3.29 sind durch folgende Funktionen ausgedrückt:

$$E = e^{\sqrt{3}\tau}, S_1 = E + C\sin\tau, S_2 = 2E - C\sin\tau + \sqrt{3}C\cos\tau,$$

$$S_3 = 2E - C\sin\tau - \sqrt{3}C\cos\tau, S_4 = 4S_1S_3 - S_2^2.$$

1.3.26. $\boldsymbol{yy' - y = -\frac{2}{9}x + Ax^{-1/2}}$

Allg. Lösung:

$$\begin{cases} y = 2aS_1^{-2}(S_2^2 - 2S_1S_3), \\ x = 3aS_1^{-2}S_2^2, \ A = 16(3a)^{3/2}. \end{cases}$$

1.3.27. $\boldsymbol{yy' - y = -\frac{5}{36}x + Ax^{-7/5}}$

Allg. Lösung:

$$\begin{cases} y = 5aS_1^{-1/2}S_4^{-5/4}(8S_1^3 - S_2S_4), \\ x = 48aS_1^{5/2}S_4^{-5/4}, \ A = (48a)^{2/5}a^2. \end{cases}$$

1.3.28. $\boldsymbol{yy' - y = -\frac{12}{49}x + \frac{6A}{49}(12A^2x^{-1/2} + 23A - 3x^{1/2})}$

Allg. Lösung:

$$\begin{cases} y = -7aS_1S_2^{-4}(4S_1^2S_2 - 4S_1S_3^2 + S_2^2S_3), \\ x = aS_2^{-4}(7S_1S_3 - 2S_2^2)^2, \ A = \frac{1}{2}a^{1/2}. \end{cases}$$

1.3.29. $\boldsymbol{yy' - y = -\frac{30}{121}x + \frac{3A}{242}(6A^2x^{-1/2} + 35A + 21x^{1/2})}$

Allg. Lösung:

$$\begin{cases} y = -11aS_1^{-6}S_4(S_4^2 - 5S_2^2S_4 + 32S_1^3S_2), \\ x = aS_1^{-6}(11S_2S_4 - 64S_1^3)^2, \ A = -32a^{1/2}. \end{cases}$$

Die Lösungen der DGln 1.3.30–1.3.31 sind durch folgende Funktionen ausgedrückt:

$$T_1 = \tan(\tau + C) + \tan\tau, \ T_2 = \tan(\tau + C) - \tan\tau,$$

$$\Theta_1 = \cosh\tau - \sin(\tau + C), \ \Theta_2 = \sinh\tau + \cos(\tau + C),$$

$$\Theta_3 = \sinh\tau - \cos(\tau + C).$$

1.3.30. $\boldsymbol{yy' - y = -\frac{3}{16}x + Ax^{-5/3}}$

Allg. Lösung:

$$A < 0 : \begin{cases} y = 3aT_1^{-3/2}(2 - T_1T_2), \\ x = 8aT_1^{-3/2}, \ A = -12a^{8/3}; \end{cases}$$

$$A > 0 : \begin{cases} y = 3a\Theta_1^{-1/2}\Theta_2^{-3/2}(\Theta_1^2 - \Theta_2\Theta_3), \\ x = 4a\Theta_1^{3/2}\Theta_2^{-3/2}, \ A = 3a^2(4a)^{2/3}. \end{cases}$$

1.3.31. $\boldsymbol{yy' - y = -\frac{12}{49}x + \frac{4}{49}A(10A^2x^{-1/2} + 27A - 10x^{1/2})}$

Allg. Lösung:

$$A < 0 : \begin{cases} y = 7aT_1(T_1^3 + 3T_1T_2^2 - 4T_2), \\ x = a(10 - 7T_1T_2)^2, \ A = -2a^{1/2}; \end{cases}$$

$$A > 0 : \begin{cases} y = -7a\Theta_1^{-4}\Theta_2(\Theta_2^3 - 3\Theta_2\Theta_3^2 + 2\Theta_1^2\Theta_3), \\ x = a\Theta_1^{-4}(7\Theta_2\Theta_3 - 5\Theta_1^2), \ A = a^{1/2}. \end{cases}$$

Die Lösungen der DGln 1.3.32 – 1.3.43 sind durch folgende Funktionen ausgedrückt:

$$Z_\nu = \begin{cases} C_1J_\nu + C_2Y_\nu & \text{obere Vorz.} \ -\text{:(Bessel-Funktionen)}, \\ C_1I_\nu + C_2K_\nu & \text{untere Vorz.} \ -\text{:(mod. Bessel-Funktionen)}, \end{cases}$$

$J_\nu(x)$ ist die Besselsche Funktion (Zylinderfunktion) erster Gattung zum Index ν, $Y_\nu(x)$ die Webersche Funktion, $I_\nu(x)$ die modifizierte Bessel-Funktion erster Gattung und $K_\nu(x)$ die Macdonaldsche Funktion.

$$f_\nu = \tau(Z_\nu)'_\tau + \nu Z_\nu, \qquad Z = Z_{1/3},$$
$$U_1 = \tau Z'_\tau + \frac{1}{3}Z, \qquad U_2 = U_1^2 \pm \tau^2 Z^2,$$
$$U_3 = \pm(2/3)\tau^2 Z^3 - 2U_1U_2.$$

1.3.32. $\boldsymbol{yy' - y = Ax^{-1/2}}$

Allgem. Lösung:

$$\begin{cases} y = a\tau^{-4/3}Z^{-2}U_2, \\ x = a\tau^{-4/3}Z^{-2}U_1^2, \ A = \mp\dfrac{1}{3}a^{3/2}. \end{cases}$$

1.3.33. $\boldsymbol{yy' - y = Ax^{-2}}$

Allg. Lösung:

$$\begin{cases} y = \pm 3a\tau^{-2/3}Z^{-1}U_2^{-1}U_3, \\ x = 2a\tau^{4/3}Z^2U_2^{-1}, \ A = -36a^3. \end{cases}$$

1.3.34. $\boldsymbol{yy' - y = A(n+2)\left[(n+1)(n+3)A^2x^{-1/2} + 2(n+2)A + x^{1/2}\right]}$

Allgem. Lösung:

$$\begin{cases} y = aZ_\nu^{-2}(f_\nu^2 - 2\nu Z_\nu f_\nu \pm \tau^2 Z_\nu^2), \\ x = aZ_\nu^{-2}[f_\nu - (\nu+1)Z_\nu]^2, \end{cases}$$

mit $A = \nu a^{1/2}$, $\nu = \dfrac{1}{n+2}$.

1.3.35. $\boldsymbol{yy' - y = A(m+2)\left[(2m+3)A^2x^{-1/2} + (2m+2)A + x^{1/2}\right]}$

Allgem. Lösung:

$$\begin{cases} y = \pm a\tau^2 f_\nu^{-2}\left[f_\nu^2 + 2(1-\nu)Z_\nu f_\nu \pm \tau^2 Z_\nu^2\right], \\ x = af_\nu^{-2}\left[\tau^2 Z_\nu \pm (2-\nu)f_\nu\right]^2, \end{cases}$$

mit $A = \mp\nu a^{1/2}$, $\nu = \dfrac{1}{m+2}$.

1.3.36. $\boldsymbol{yy' - y = Ax^{-1/2} + 2B^2 + Bx^{1/2}}$

Allg. Lösung:

$$\begin{cases} y = B^2 Z_\nu^{-2}\left[\tau^2 Z_\nu'^2 - (\nu^2 \mp \tau^2)Z_\nu^2\right], \\ x = B^2 Z_\nu^{-2}(\tau Z_\nu' - Z_\nu)^2, \ A = (1-\nu^2)B^3. \end{cases}$$

1.3.37. $\boldsymbol{yy' - y = 2A^2 - Ax^{1/2}}$

Allg. Lösung:

$$\begin{cases} y = \pm a\tau Z_0'^{-2}\left[\tau Z_0'^2 + 2Z_0 Z_0' \pm \tau Z_0^2\right], \\ x = aZ_0'^{-2}(\tau Z_0 \pm 2Z_0')^2, \ A = a^{1/2}. \end{cases}$$

1.3.38. $\boldsymbol{yy' - y = -\frac{12}{49}x + \frac{6A}{49}(5A^2x^{-1/2} + 8A + x^{1/2})}$

All. Lösung:

$$\begin{cases} y = 28a\tau^2 Z^2 U_1^{-4}(3\tau^2 Z^2 - ZU_1 - 3U_1^2), \\ x = 3aU_1^{-4}(5U_1^2 - 7\tau^2 Z^2)^2, \ A = 2(3a)^{1/2}, \end{cases}$$

dabei lassen sich Z und U_1 durch die modifizierten Bessel-Funktionen ausdrücken: die entsprechenden Formeln sind vor der DGl 1.3.32 angegeben.

1.3.39. $\boldsymbol{yy' - y = -\frac{6}{25}x + \frac{6A}{25}(4A^2x^{-1/2} + 7A + 2x^{1/2})}$

Allg. Lösung:

$$\begin{cases} y = 5a\tau^{-4}Z^{-6}U_2(U_2^2 - U_1U_3), \\ x = a\tau^{-4}Z^{-6}(U_1U_2 - 2U_3)^2, \ A = -\frac{1}{2}a^{1/2}. \end{cases}$$

1.3.40. $\boldsymbol{yy' - y = -\frac{3}{16}x + 3Ax^{-1/3} - 12A^2x^{-5/3})}$

Allg Lösung:

$$\begin{cases} y = \frac{3a}{4}\tau^{-3/2}Z_{3/2}^{-3/2}f_{3/2}^{-1/2}(f_{3/2}^2 - 2Z_{3/2}f_{3/2} - \tau^2 Z_{3/2}^2), \\ x = a\tau^{-3/2}Z_{3/2}^{-3/2}f_{3/2}^{3/2}, \ A = \frac{1}{8}a^{4/3}, \end{cases}$$

dabei lassen sich $Z_{3/2}$ und $f_{3/2}$ durch die modifizierten Bessel-Funktionen ausdrücken: die entsprechenden Formeln sind vor der DGl 1.3.32 angegeben.

1.3.41. $\boldsymbol{yy' - y = \frac{3}{8}x + \frac{3}{8}\sqrt{x^2 \pm b^2} \pm \frac{3b^2}{16\sqrt{x^2 \pm b^2}}}$

Allg. Lösung:

$$\begin{cases} y = \mp\frac{a}{8}\tau^{-1}Z^{-3/2}U_1^{-1/2}U_2^{-1}(3U_2^2 - 12U_1^2U_2 \pm 4\tau^2 Z^3 U_1), \\ x = -\frac{a}{4}\tau^{-1}Z^{-3/2}U_1^{-1/2}U_2^{-1}(2\tau^2 Z^3 U_1 \mp 3U_2^2), \ b^2 = \frac{3}{2}a^2. \end{cases}$$

1.3.42. $\boldsymbol{yy' - y = \frac{9}{32}x + \frac{15}{32}\sqrt{x^2 \mp b^2} \pm \frac{3b^2}{64\sqrt{x^2 \mp b^2}}}$

Allg. Lösung:

$$\begin{cases} y = \pm\frac{a}{4}\tau^{-1}Z^{-3/2}U_2^{-3/2}U_3^{-1/2}(3U_2^3 \mp \tau^2 Z^3 U_3 - 3u_3^2), \\ x = -\frac{a}{2}\tau^{-1}Z^{-3/2}U_2^{-3/2}U_3^{-1/2}(2\tau^2 Z^3 U_3 \pm 3U_2^3), \ b^2 = 6a^2. \end{cases}$$

1.3.43. $\boldsymbol{yy' - y = \frac{3}{32}x - \frac{3}{32}\sqrt{x^2 + a^2} + \frac{15a^2}{64\sqrt{x^2 + a^2}}}$

Allg. Lösung:

$$\begin{cases} y = \frac{a}{24}U_2^{-3/2}U_3^{-1}(3U_3^2 - 12U_2^3 \pm 4\tau^2 Z^3 U_3), \\ x = \frac{a}{2}U_2^{-3/2}U_3^{-1}(U_3^2 - U_2^3). \end{cases}$$

Die Lösungen der DGln 1.3.44 – 1.3.52 sind durch folgende Funktionen ausgedrückt: $\wp'' = \pm 6\wp^2$, im Fall des oberen Vorzeichens bedeutet $\wp$ die Weierstraßsche elliptische Funktion; unter $\wp$ ist $\wp(\tau)$ zu verstehen.
$E_{11} = \tau^3\wp' + 3\tau^2\wp \mp 1, \quad E_{21}\wp' = \pm 2\tau\wp^2, \quad E_{12} = \tau^2\wp \mp 1, \quad E_{22} = \tau\wp' + 2\wp.$

1.3.44. $\boldsymbol{yy' - y = Ax^2 - \frac{9}{625}A^{-1}}$

Allg. Lösung:

$$\begin{cases} y = a\tau^2 E_{22}, \\ x = 5a\left(\tau^2\wp \mp \frac{1}{2}\right), \ A = \pm\frac{6}{125}a^{-1}. \end{cases}$$

1.3.45. $\boldsymbol{yy' - y = -\frac{6}{25}x + Ax^2}$

Allg. Lösung:

$$\begin{cases} y = a\tau^2 E_{22}, \\ x = 5a\tau^2\wp, \ A = \pm\frac{6}{125}a^{-1}. \end{cases}$$

1.3.46. $\boldsymbol{yy' - y = \frac{6}{25}x + Ax^2}$

Allg. Lösung:

$$\begin{cases} y = a\tau^2 E_{22}, \\ x = 5aE_{12}, \ A = \pm\frac{6}{125}a^{-1}. \end{cases}$$

1.3.47. $\boldsymbol{yy' - y = 12x + Ax^{-5/2}}$

Allg. Lösung:

$$\begin{cases} y = a\wp^{-6/7}E_{21}^{-4/7}(14\wp^2 E_{22} - 3), \\ x = a\wp^{-6/7}E_{21}^{-4/7}, \ A = \mp 147a^{7/2}. \end{cases}$$

1.3.48. $\boldsymbol{yy' - y = \frac{63}{4}x + Ax^{-5/3}}$

Allg. Lösung:

$$\begin{cases} y = aE_{21}^{-1/2}E_{22}^{-9/8}(9E_{21}^2 \mp 12\wp E_{22}^2), \\ x = 2aE_{21}^{3/2}E_{22}^{-9/8}, \ A = -\frac{128}{3}a^2(2a)^{2/3}. \end{cases}$$

1.3.49. $\boldsymbol{yy' - y = 2x + 2A(30A^2x^{-1/2} + 31A + 10x^{1/2})}$

Allg. Lösung:

$$\begin{cases} y = -2a\tau\wp^{-2}(\wp\wp' \pm 2\tau\wp^3 \pm \tau), \\ ssx = a\wp^{-2}(\tau\wp' - 3\wp)^2, \ A = a^{1/2}. \end{cases}$$

1.3.50. $\boldsymbol{yy' - y = 2x + 2A\left(30A^2x^{-1/2} + 19A - 10x^{1/2}\right)}$

Allg. Lösung:

$$\begin{cases} y = -2aE_{12}^{-2}\left(\pm 6E_{12}^3 - E_{11}^2 + 7E_{11}E_{12}\right), \\ x = aE_{12}^{-2}\left(E_{11} - 6E_{12}\right)^2, \ A = -a^{1/2}. \end{cases}$$

1.3.51. $\boldsymbol{yy' - y = \frac{28}{121}x + \frac{2A}{121}(15A^2x^{-1/2} + 106A + 5x^{1/2})}$

Allg. Lösung:

$$\begin{cases} y = \pm 44a\wp^2 E_{21}(7\wp E_{21} \mp 2\tau), \\ x = a(22\wp^2 E_{22} - 5)^2, \ A = \pm 2a^{1/2}. \end{cases}$$

1.3.52. $\boldsymbol{yy' - y = -\frac{12}{49}x + \frac{A}{49}(65A^2x^{-1/2} + 262A + 5x^{1/2})}$

Allg. Lösung:

$$\begin{cases} y = 56aE_{21}^{-4}E_{22}^2(6\wp E_{12} + E_{22}), \\ x = aE_{21}^{-4}(28\wp E_{22}^2 \mp 15E_{21}^2)^2, \ A = \mp 3a^{1/2}. \end{cases}$$

Die Lösungen der DGln 1.3.53 – 1.3.60 sind durch folgende Funktionen ausdrückt:

$$I = \int \frac{\tau \mathrm{d}\tau}{\sqrt{\pm(4\tau^3 - 1)}}$$

ist das unvollständige elliptische Integral zweiter Gattung in der Weierstraßschen Form; die Standardform dieses Integrals (Weierstraßsche kanonische Form) lautet

$$\int_z^\infty \frac{t\mathrm{d}t}{\sqrt{4t^3 - g_2t - g_3}}$$

mit g_2, $g_3 = \mathrm{const}$;

$$R = \sqrt{\pm(4\tau^3 - 1)}, \ I_1 = \tau(2I \mp \tau^{-1}R + C),$$

$$I_2 = \tau^{-1}(RI_1 - 1), \ I_3 = 4\tau I_1^2 \mp I_2^2.$$

1.3.53. $\boldsymbol{yy' - y = -\frac{12}{49}x + Ax^{1/2}}$

Allg. Lösung:

$$\begin{cases} y = -2aI^{-4}(RI - 2\tau^2), \\ x = 7a\tau^2I^{-4}, \ A = \pm\frac{12}{49}(7a)^{1/2}. \end{cases}$$

1.3.54. $\boldsymbol{yy' - y = 6x + Ax^{-4}}$

Allg. Lösung:

$$\begin{cases} y = a\tau^{-3/5} I_1^{-2/5}(5RI_1 - 2), \\ x = a\tau^{-3/5} I_1^{-2/5}, \ A = \mp 150a^5. \end{cases}$$

1.3.55. $\boldsymbol{yy' - y = 20x + Ax^{-1/2}}$

Allg. Lösung:

$$\begin{cases} y = -4aI_1^{-4/3}(I_2^2 \mp 9\tau I_1^2), \\ x = aI_1^{-4/3} I_2^2, \ A = \pm 108a^{3/2}. \end{cases}$$

1.3.56. $\boldsymbol{yy' - y = \frac{15}{4}x + Ax^{-7}}$

Allg. Lösung:

$$\begin{cases} y = \frac{a}{2} I_1^{-3/2} I_3^{-3/8}(I_2 I_3 - 3I_1^2), \\ x = aI_1^{1/2} I_3^{-3/8}, \ A = \pm \frac{3}{4}a^8. \end{cases}$$

1.3.57. $\boldsymbol{yy' - y = -\frac{10}{49}x + \frac{2A}{49}(12A^2x^{-1/2} + 61A + 4x^{1/2})}$

Allg. Lösung:

$$\begin{cases} y = 14aI_1\left[\pm(10\tau^3 - 1)I_1 - R\right], \\ x = a(7RI_1 - 3)^2, \ A = a^{1/2}. \end{cases}$$

1.3.58. $\boldsymbol{yy' - y = -\frac{12}{49}x + \frac{2A}{49}(55A^2x^{-1/2} + 166A + x^{1/2})}$

Allg. Lösung:

$$\begin{cases} y = \mp 84aI_1^2 I_2^{-4}(3\tau I_2^2 + I_2 \mp 12\tau^2 I_1^2), \\ x = aI_2^{-4}(42\tau I_1^2 \mp 5I_2^2)^2, \ A = \pm a^{1/2}. \end{cases}$$

1.3.59. $\boldsymbol{yy' - y = -\frac{4}{25}x + \frac{A}{50}(6A^2x^{-1/2} + 49A + 7x^{1/2})}$

Allg. Lösung:

$$\begin{cases} y = -5aI_1^{-4}I_3(\pm 3I_3^2 - I_2^2 I_3 + 8I_1^2 I_3), \\ x = aI_1^{-4}(5I_2I_3 - 16I_1^2)^2, \ A = 8a^{1/2}. \end{cases}$$

1.3.60. $\boldsymbol{yy' - y = \frac{15}{4}x + 6Ax^{-1/3} - 3A^2x^{-5/3}}$

Allg. Lösung:

$$\begin{cases} y = a\tau^{-1/2}I_1^{-1/2}I_2^{-3/4}(2\tau I_2^2 + I_2 - 3\tau^2 I_1^2), \\ x = 2a\tau^{3/2}I_1^{3/2}I_2^{-3/4}, \ A = -\frac{a}{3}(2a)^{1/3}. \end{cases}$$

1.3.61. $\boldsymbol{yy' - y = -\frac{16}{9}A^2 + \frac{10}{9}A^3x^{-1/2}}$

Die Transformation $x = A\left(u + \frac{1}{2}\right)^2$, $y = A^2\left(u^2 + u - \frac{4}{3}\xi\right)$
ergibt folgende DGl vom Typ 1.4.1 mit der unbekannten Funktion $u = u(\xi)$

$$(8u - 1)u' = 3u(u + 1) - 4\xi.$$

1.3.62. $\boldsymbol{yy' - y = -\frac{3}{16}x + Ax^{-1/3} + Bx^{-5/3}}$

Die Transformation $x = \tau^{-3/2}$ ergibt folgende DGl mit der Variablen τ:

$$yy' = -\frac{3}{2}\tau^{-5/2}y + \frac{9}{32}\tau^{-4} - \frac{3}{2}A\tau^{-2} - \frac{3}{2}B.$$

Diese DGl fällt mit Gl. 1.4.12 zusammen, wenn die Parameter folgende Werte haben: $n = -1/2$, $c = 0$, $b = 3/4$, $d = 3A/2$, $a^2 = -3B$.

1.3.63. $\boldsymbol{yy' - y = -\frac{5}{36}x + Ax^{-3/5} - Bx^{-7/5}, \ B > 0}$

Die Transformation

$$x = \left(w + \frac{A}{B} - \frac{1}{3}\sqrt{\tau}\right)^{-5/4}, \ y = \frac{5}{6}x + \left(\frac{5}{3}B\right)^{1/2}\sqrt{\tau}x^{1/5}$$

ergibt folgende DGl vom Typ 1.3.3 mit der unbekannten Funktion $w = w(\tau)$

$$ww' = w - \frac{2}{9}\tau + \frac{2A}{3B} + \left(\frac{5}{27B}\right)^{1/2} \frac{1}{\sqrt{\tau}}.$$

1.3.64. $\boldsymbol{yy' - y = -\frac{16}{25}x\left[\frac{9}{64} + \frac{32}{9}\ln(Ax)\right]}$

Die Transformation

$$x = \frac{1}{A}\exp\left(-\frac{3}{8}\xi\right), \; y = \frac{1}{A}\left(\frac{1}{10} - \frac{4}{5}w\right)\exp\left(-\frac{3}{8}\xi\right)$$

ergibt folgende DGl vom Typ 1.4.1 mit der unbekannten Funktion $w = w(\xi)$

$$(8w - 1)w' = 3w(w + 1) - 4\xi.$$

1.4 Sonstige DGl mit lin. Ableitungen:

$$\boldsymbol{f(x, y)y' = g(x, y).}$$

1. – 19. DGl mit Potenzfunktionen

1.4.1. $\boldsymbol{(8y - 1)y' = 3y(y + 1) - 4x}$

Allg. Lösung in parametrischer Form (mit C ist eine willkürliche Konstante bezeichnet):

$$x = \frac{[4(1-t)(1-Ct) - (1-Ct^2)^2]^3}{256(1-t)^4(1-Ct)^4},$$

$$y = \frac{(1-Ct^2)(1-2t+Ct^2)(1-2Ct+Ct^2)}{8(1-t)^2(1-Ct)^2}.$$

1.4.2. $\boldsymbol{(a + x^2 + xy)y' = xy + y^2 + b}$

Allg. Lösung:

$$(x + y)^2 + a + b = C(bx - ay)^2.$$

1.4.3. $\boldsymbol{(a + x^2 + y^2)y' + x^2 + 2xy + b = 0}$

Allg. Lösung:

$$x^3 + y^3 + 3(x^2y + ay + bx) = C.$$

1.4.4. $(Ax^2 + Bxy + a_1x + b_1x + c_1)y' = By^2 + Axy + a_2x + b_2y + c_2$

Jacobi-DGl. Die Transformation $x = \bar{x} + \alpha, y = \bar{y} + \beta$ mit den dem algebraischen Gleichungssystem

$$\begin{aligned} A\alpha^2 + B\alpha\beta + a_1\alpha + b_1\beta + c_1 &= 0, \\ B\beta^2 + A\alpha\beta + a_2\alpha + b_2\beta + c_2 &= 0, \end{aligned}$$

genügenden Parametern α und β ergibt die DGl

$$(A\bar{x}^2 + B\bar{x}\bar{y} + \bar{a}_1\bar{x}_1 + \bar{b}_1\bar{y}_1)\bar{y}' = B\bar{y}^2 + A\bar{x}\bar{y} + \bar{a}_2\bar{x} + \bar{b}_2\bar{y}, \tag{1}$$

mit $\bar{a}_1 = 2A\alpha + B\beta + a_1$, $\bar{b}_1 = B\alpha + b_1$, und $\bar{a}_2 = A\beta + a_2$, $\bar{b}_2 = 2B\beta + A\alpha + b_2$.
Die Transformation $z = \bar{y}/\bar{x}, \xi = 1/\bar{x}$ führt die DGl (1) in folgende lineare DGl mit der unbekannten Funktion $\zeta = \zeta(z)$ über:

$$\left[\bar{b}_1 z^2 + (\bar{a}_1 - \bar{b}_2)z - \bar{a}_2\right]\zeta' = (\bar{b}_1 z + \bar{a}_1)\zeta + Bz + A.$$

1.4.5. $y' = axy^3 + by^2$

Die Transformation $u(x) = xy$ ergibt folgende DGl mit getrennten Variablen:

$$xu' = au^3 + bu^2 + u.$$

1.4.6. $(ax + b)^2y' + (ax + b)y^3 + cy^2 = 0$

Die Zahlen α und β mögen der Bedingung $\alpha b - \beta a = c$ genügen. Die Transformation

$$t = \frac{1}{y} - \frac{\alpha x + \beta}{ax + b}$$

ergibt dann folgende lineare DGl mit der unbekannten Funktion $x = x(t)$:

$$x' = (at + \alpha)x + bt + \beta.$$

1.4.7. $[ax^3 + (ax + by)^3]yy' + x[(ax + by)^3 + by^3] = 0$

Allg. Lösung:

$$(ax + by)^2(x^2 + y^2 - C) + x^2y^2 = 0.$$

1.4.8. $y' = ay^n + bx^{n/(1-n)}$

Die Transformation

$$y = x^{1/(1-n)}u(x)$$

ergibt folgende DGl mit getrennten Variablen

$$xu' = au^n + \frac{1}{n-1}u + b.$$

1.4.9. $y' = Ax^k - By^s$

Die Transformation

$$x = (u')^{1/k}, \; y = \lambda(u/t)^{1/s}$$

mit $\lambda = (A/B)^{1/s}$ (t ist die neue Variable und $u(t)$ die neue unbekannte Funktion) ergibt die im Abschnitt 2.3 behandelte verallgemeinerte DGl von Emden und Fowler

$$u'' = (\lambda k/As)t^{-1/s}u^{1-s/s}(u')^{(k-1)/k}.$$

(In der Tabelle 10 suche man die der Bedingung $m + n + 1 = 0$ genügenden DGln auf.)

1.4.10. $y' = ax^{m-n-nm}y^n + bx^m$

Allg. Lösung:

$$\int \frac{dw}{w^n - \lambda w + 1} + C = b\sqrt[n]{\frac{a}{b}}\ln|x|,$$

mit

$$w = \sqrt[n]{\frac{a}{b}}x^{-m-1}, \; \lambda = \frac{m+1}{b}\sqrt[n]{\frac{a}{b}}.$$

1.4.11. $x(a + xy^n)y' + by = 0$

Allg. Lösung:

$$nb - a = x(Cy^{a/b} + y^n).$$

1.4.12. $yy' = [a(2n+1)x^2 + cx + b(2n-1)]x^{n-2}y - (na^2x^4 + acx^3 + dx^2 + bcx + nb^2)x^{2n-3}$

a, b, c, d, und n sind beliebige Konstanten

Die Transformation $y = \left(t + \frac{ax^2+b}{x}\right)x^n$ ergibt folgende Riccati-DGl mit der unbekannten Funktion $x = x(t)$:

$$(-nt^2 + ct - d + 2nab)x' = ax^2 + tx + b.$$

1.4.13. $\boldsymbol{xy' = y + ax^{n-m}y^m + bx^{n-k}y^k}$

Die Transformation $y = xw(x)$ ergibt folgende DGl mit getrennten Variablen:

$$w' = x^{n-2}(aw^m + bw^k).$$

1.4.14. $\boldsymbol{(axy + bx^n)y' + \alpha y^3 + \beta y^2 = 0}$

Die Transformation $w = 1/y$ ergibt folgende Bernoulli-DGl mit der unbekannten Funktion $x = x(w)$:

$$(\beta w + \alpha)x' - ax - bwx^n = 0.$$

1.4.15. $\boldsymbol{x^n y^m(axy' + by) + \alpha xy' + \beta y = 0}$

Allg. Lösung:

$$B(y^a x^b)^A + A(y^\alpha x^\beta)^B = C$$

mit $A = \dfrac{m\beta - n\alpha}{a\beta - b\alpha}$, $B = \dfrac{mb - na}{a\beta - b\alpha}$.

1.4.16. $\boldsymbol{x(anx^k y^{n+k} + d)y' + y(bmx^{m+k}y^k + d) = 0}$

Allg. Lösung:

$$aky^n + bkx^m - d(xy)^{-k} = C.$$

1.4.17. $\boldsymbol{(ay^m + bx^n + d)y' + \alpha x^k + bnx^{n-1}y + \beta = 0}$

Allg. Lösung:

$$a\varphi(y) + \alpha\psi(x) + bx^n y + dy + \beta(x) = C,$$

mit

$$\varphi(y) = \begin{cases} \dfrac{1}{m+1}y^{m+1} & \text{für} \quad m \neq -1, \\ \ln|y| & \text{für} \quad m = -1. \end{cases}$$

$$\psi(x) = \begin{cases} \dfrac{1}{k+1}x^{k+1} & \text{für} \quad k \neq -1, \\ \ln|x| & \text{für} \quad k = -1. \end{cases}$$

1.4.18. $\boldsymbol{xy' = y + a\sqrt{y^2 + bx^2}}$

Allg. Lösung:

$$y + \sqrt{y^2 + bx^2} = Cx^{a+1}.$$

1.4.19. $\boldsymbol{\left(e_1\frac{x+a}{r_1^3} + e_2\frac{x-a}{r_2^3}\right)y' - y\left(\frac{e_1}{r_1^3} + \frac{e_2}{r_2^3}\right) = 0}$, mit $\boldsymbol{r_1^2 = (x+a)^2 + y^2,\ r_2^2 = (x-a)^2 + y^2}$

(Diese DGl beschreibt die dem Coulombschen Gesetz gehorchenden Feldlinien.)
Allg. Lösung:

$$e_1\frac{x+a}{r_1} + e_2\frac{x-a}{r_2} = C.$$

20. – 24. DGl mit Exponentialfunktionen

1.4.20. $\boldsymbol{y' = ax^n e^{\lambda y} + bx^m}$

Spezieller Fall der DGl 1.1.20.

1.4.21. $\boldsymbol{xy' = ax^n e^{\lambda y} + bx^{nm} e^{\lambda mu}}$

Spezieller Fall der DGl 1.1.19.

1.4.22. $\boldsymbol{y' = ae^{\lambda x} y^{m+1} + be^{\lambda nx} y^{nm+1}}$

Spezieller Fall der DGl 1.1.18.

1.4.23. $\boldsymbol{y' = ax^n \sinh(ky) + bx^m}$

Die Transformation $w(x) = e^{ky}$ ergibt folgende Riccati-DGl:

$$2w' = akx^n w^2 + 2kbx^m w - akx^n.$$

1.4.24. $\boldsymbol{y' = ax^n \cosh(ky) + bx^m}$

Die Transformation $w(x) = e^{ky}$ ergibt folgende Riccati-DGl:

$$2w' = akx^n w^2 + 2kbx^m w + akx^n.$$

25. – 27. DGl mit log. und trig. Funktionen

1.4.25. $\boldsymbol{y' = (ax + b \ln y)y}$

Spezieller Fall der DGl 1.1.18 ($f(z) = \ln z$).

1.4.26. $\boldsymbol{xy' + a \sin(\alpha x + \beta y) = 0}$

Die Transformation $u(x) = x \tan \dfrac{\alpha x + \beta y}{2}$ ergibt folgende Riccati-DGl vom Typ 1.2.16:

$$2xu' - \alpha u^2 + 2(a\beta - 1)u - \alpha x^2 = 0.$$

1.4.27. $\boldsymbol{y' = \tan(xy)}$

Die allg. Lösung genügt folgender Gleichung

$$\int_0^y \exp\left(\frac{1}{2}t^2\right) \cos xt dt = C \exp\left(\frac{1}{2}x^2\right).$$

1.5 DGl mit nichtlinearen Ableitungen:

$$\boldsymbol{F(x, y, y') = 0}$$

1. – 21. DGl mit y'^2

1.5.1. $\boldsymbol{(y')^2 = y + ax^2 + bx + c}$

Die Transformation $w = 2(y + ax^2 + bx + c)^{1/2}$ ergibt folgende DGl vom Typ 1.3.2:

$$ww' = w + 4ax + 2b.$$

1.5.2. $\boldsymbol{(y')^2 = \lambda y + a\sqrt{x} + b, \quad \lambda \neq 0}$

Die Transformation $\lambda w = 2(\lambda y + a\sqrt{x} + b)^{1/2}$ ergibt folgende Abelsche DGl vom Typ 1.3.32:

$$ww' = w + a\lambda^{-2}x^{-1/2}.$$

1.5.3. $\boldsymbol{(y')^2 = \lambda y + ax^{-1} + b, \quad \lambda \neq 0}$

Die Transformation $\lambda w = 2(\lambda y + ax^{-1} + b)^{1/2}$ ergibt folgende Abelsche DGl vom Typ 1.3.33:

$$ww' = w - 2a\lambda^{-2}x^{-2}.$$

1.5.4. $\boldsymbol{(y')^2 + ayy' = bx + c}$

Indem wir beide Seiten der DGl nach x differenzieren, y als unabhängige Veränderliche einführen und die Transformation $\xi = y'$ vornehmen, erhalten wir folgende lineare DGl mit der unbekannten Funktion $y(\xi)$:

$$(a\xi^2 - b)y' + a\xi y + 2\xi^2 = 0.$$

Das Differenzieren beider Seiten einer DGl nach der unabhängigen Variablen ist keine Äquivalenzumformung. Die auf diese Weise erhaltene DGl hat Lösungen, die der vorgegebenen DGl nicht genügen.

1.5.5. $\boldsymbol{(y')^2 + axy' + by + cx^2 = 0}$

Die Transformation $x = e^t, y = x^2u$ ergibt folgende autonome DGl

$$\left(u' + 2u + \frac{a}{2}\right)^2 = \frac{a^2}{4} - c - bu.$$

Eine DGl $f(y, y') = 0$ heißt autonom, wenn f nicht explizit von der unabhängigen Variablen abhängt. Durch Radizieren erhalten wir eine DGl vom Typ 1.1.1.

1.5.6. $\boldsymbol{y = xy' + ax^2 + b(y')^2 + cy' + d, \ a \neq 0}$

Wenn wir beide Seiten nach x differenzieren und danach die Transformation $t = y'$, $w(t) = -2ax$ durchführen, erhalten wir folgende Abelsche DGl vom Typ 1.3.2:

$$ww' = w - 4abt - 2ac.$$

1.5.7. $\boldsymbol{(y')^2 + ax^2y' + bxy = 0}$

Die Transformation $z = \ln x, u(z) = yx^{-3}$ ergibt folgende DGl, in der z explizit nicht vorkommt:

$$(u')^2 + (a + 6u)u' + (3a + b + 9u)u = 0.$$

Durch Auflösung nach u' erhalten wir eine DGl mit getrennten Variablen.

1.5.8. $x(y')^2 - ayy' + b = 0$

Für $a \neq 1$ lautet die allg. Lösung in parametrischer Form:

$$x = Ct^k + \frac{b}{2a-1}t^2, \ aty = xt^2 + b,$$

mit $k = \dfrac{1}{a-1}$.
Für $a = 1$ gilt $C(y - Cx) = b$.

1.5.9. $x(y')^2 + ayy' + bx = 0$

Für $a \neq 1$ lautet die allg. Lösung in parametrischer Form:

$$x = Ct|(a+1)t^2 + b|^{-\frac{a+2}{2(a+1)}}, y = -\frac{x}{at}(t^2 + b).$$

Für $a = -1$ gilt $x = Ct\exp\left(-\dfrac{t^2}{2b}\right)$, $y = x\left(t + \dfrac{b}{t}\right)$.

1.5.10. $x(y)^2 - yy' + ax^2y' + by' + c = 0, \ a \neq 0$

Indem man beide Seiten der DGl durch y' dividiert, anschließend nach x differenziert sowie die Transformation $t = y'$, $u(t) = -2ax$ vornimmt, erhält man folgende Abelsche DGl vom Typ 1.3.33:

$$uu' = u + act^{-2}.$$

1.5.11. $y(y')^2 + axy' + by = 0$

Allg. Lösung in parametrischer Form:

$$axt + y(b + t^2) = 0, \ Cy(t^2 + a + b)^m = t^{b/(a+b)},$$

mit $m = \dfrac{a+2b}{2(a+b)}$.

1.5.12. $x(y')^2 + (a - y)y' + b = 0$

Lösung:

$$C(Cx - y + a) + b = 0,$$

außerdem gilt

$$(y - a)^2 = 4bx.$$

Diese Lösungen sind verschieden. Die erste ist die allgemeine, die zweite die singuläre Lösung der gegebenen DGl.

1.5.13. $(a_2x + b_2y + C_2)(y')^2 + (a_1x + b_1y + c_1)y' + a_0x + b_0y + c_0 = 0$

Die Legendre-Transformation $x = u'(t)$, $y = tu'(t) - u(t)$ mit $t = y'$ führt diese DGl in die lineare DGl mit

$$[f(t) + \tan(t)]u' = g(t)u + h(t),$$

$$f = a_2t^2 + a_1t + a_0, \; g = b_2t^2 + b_1t + b_0,$$

$$h = -c_2t^2 - c_1t - c_0 \quad \text{über.}$$

1.5.14. $axy(y')^2 - (ay^2 + bx^2 + c)y' + bxy = 0$

Lösung:

$$(aC - b)y^2 = C(aC - b)x^2 - cC,$$

außerdem gilt

$$ay^2 = bx^2 \pm 2x\sqrt{-bc} - c.$$

Diese Lösungen sind verschieden. Die erste ist die allgemeine, die zweite ist die singuläre Lösung der gegebenen DGl.

1.5.15. $(x^2 - a)(y')^2 - 2xyy' - x^2 = 0$

Indem man nach y auflöst, nachher nach x differenziert und danach die Transformation $w(x) = y'$ vornimmt, erhält man die zerfallende DGl:

$$(xw' - w)(x^2w^2 + x^2 - aw^2) = 0.$$

Deshalb ist:

$$y = \frac{1}{2C}(x^2 - a - C^2),$$

außerdem gilt

$$y^2 + x^2 = a \; (y \neq 0).$$

Diese Lösungen sind verschieden. Die erste ist die allgemeine, die zweite ist die singuläre Lösung der gegebenen DGl.

1.5.16. $\boldsymbol{(x^2+a)(y')^2 - 2xyy' + y^2 + b = 0}$

Differenzieren nach x ergibt die zerfallende DGl

$$\left[(x^2+a)y' - xy\right] y'' = 0.$$

Deshalb ist:

$$y = C_1 x + C_2, \text{ mit } aC_1^2 + C_2^2 + b = 0;$$

außerdem gilt $bx^2 + ay^2 + ab = 0$.
Diese Lösungen sind verschieden. Die erste ist die allgemeine, die zweite ist die singuläre Lösung der gegebenen DGl.

1.5.17. $\boldsymbol{(y')^2 = y + ax^{m+1} - \frac{m+1}{2(m+3)^2}x^2 + b}$

Die Transformation

$$w = 2\left[y + ax^{m+1} - \frac{m+1}{2(m+3)^2}x^2 + b\right]^{1/2}$$

ergibt folgende Abelsche DGl vom Typ 1.3.10:

$$ww' = w - \frac{2(m+1)}{(m+3)^2}x + 2a(m+1)x^m.$$

1.5.18. $\boldsymbol{(y')^2 = \lambda y + ax^2 + bx^{m+1} + c}$

Ist $\lambda \neq 0$, so ergibt die Transformation

$$\lambda u(x) = 2(\lambda y + ax^2 + bx^{m+1} + c)^{1/2}$$

folgende in 1.3 behandelte Abelsche DGl:

$$uu' = u + 4a\lambda^{-2}x + 2b\lambda^{-2}(m+1)x^m.$$

Spezielle Fälle der vorgegebenen DGl sind die DGln 1.5.1 – 1.5.3 und 1.5.17.

1.5.19. $\boldsymbol{x(y')^2 + ayy' + bx^n y^m = 0}$

Die Transformation $x = e^t$ ergibt folgende DGl vom Typ 1.5.20 mit der unbekannten Funktion $y = y(t)$:

$$(y')^2 + ayy' + be^{(n+1)t}y^m = 0.$$

1.5.20. $(y')^2 + ayy' + be^{\lambda x}y^m = 0$

Es sei $m \neq 2$. Nachdem man nach y' auflöst und anschließend die Transformation $u(x) = e^{\lambda x}y^{m-2}$ vornimmt, erhält man folgende DGl mit getrennten Variablen:

$$u' = \lambda u + \frac{2-m}{2}\left(a \pm \sqrt{a^2 - 4bu}\right)u.$$

Ist $m = 2$, so ergibt das Auflösen nach y' folgende DGl mit getrennten Variablen:

$$2y' = y\left(-a \pm \sqrt{a^2 - 4be^{\lambda x}}\right).$$

1.5.21. $(y')^2 = \lambda y + a\ln x + b,\ \lambda \neq 0$

Durch die Transformation

$$\lambda u(x) = 2(\lambda y + a\ln x + b)^{1/2}$$

erhält man folgende Abelsche DGl vom Typ 1.3.13:

$$uu' = u + 2a\lambda^{-2}x^{-1}.$$

22. – 40. Komplizierte DGl

1.5.22. $y = xy' + ax^2 + b\sqrt{y'} + c,\ a \neq 0$

Durch Differenzieren beider Seiten der DGl nach x und anschließende Einführung der neuen Variablen t und u mit Hilfe der Transformation

$$t = y',\ u(t) = -2ax$$

erhält man folgende Abelsche DGl vom Typ 1.3.32:

$$uu' = u - abt^{-1/2}.$$

1.5.23. $(y')^3 - axy' + x^3 = 0,\ a \neq 0$

Allg. Lösung in parametrischer Form:

$$x = \frac{at}{t^3+1},\quad y = C + \frac{a^2}{6}\frac{4t^3+1}{(t^3+1)^2}.$$

1.5.24. $\boldsymbol{(y')^3 + a(y')^2 + by + abx + d = 0}$

Allg. Lösung in parametrischer Form:

$$\begin{aligned} 2bx &= -3t^2 + 2at + 2a^2 \ln(t+a) + C, \\ by &= -abx - t^3 - at^2 - d; \end{aligned}$$

Singuläre Lösung ist die Gerade $abx + by + d = 0$.

1.5.25. $\boldsymbol{y = xy' + ax^2 + b(y')^2 + c(y')^{m+1} + d, \;\; a \neq 0}$

Durch Differenzieren beider Seiten der DGl nach x und Einführung der neuen Variablen t und u mit Hilfe der Transformation

$$t = y', \; u(t) = -2ax$$

erhält man die im Abschnitt 1.3. behandelte Abelsche DGl:

$$ww'_t = w - 4abt - 2ac(m+1)t^m.$$

1.5.26. $\boldsymbol{a(y')^n + b(y')^m = x}$

Allg. Lösung in parametrischer Form:
für $n \neq -1, \; m \neq -1$:

$$x = at^n + bt^m, \; y = C + \frac{an}{n+1} t^{n+1} + \frac{bm}{m+1} t^m + 1;$$

für $n = -1, \; m \neq -1$:

$$x = \frac{a}{t} + bt^m, \; y = C + a \ln t + \frac{bm}{m+1} t^{m+1}.$$

1.5.27. $\boldsymbol{a(y')^n + b(y')^m = y}$

Allg. Lösung in parametrischer Form:
für $n \neq 1, m \neq 1$:

$$x = C + \frac{an}{n-1} t^{n-1} + \frac{bm}{m-1} t^{m-1}, \; y = at^n + bt^m;$$

für $n = 1, m \neq 1$:

$$x = C + a \ln t + \frac{bm}{m-1} t^{m-1}, \; y = at + bt^m.$$

1.5.28. $\boldsymbol{y = xy' + a(y')^n}$

Allg. Lösung:

$$y = Cx + aC^n,$$

Lösung ist außerdem

$$y = Ax^{\frac{n}{n-1}},$$

mit

$$aA^{n-1}n^n = -(n-1)^{n-1},\ n \neq 1.$$

Diese Funktion ist die singuläre Lösung der gegebenen DGl.

1.5.29. $\boldsymbol{y = xy' + ax^n(y')^m}$

Spezieller Fall der DGl 1.1.92.

1.5.30. $\boldsymbol{y = ax^n(y')^{2n} + 2xy'}$

Spezieller Fall der DGl 1.1.93.

1.5.31. $\boldsymbol{(y')^r = ay^s + bx^{\frac{rs}{r-s}}}$

Verallgemeinerte homogene DGl. Durch Ziehen der Wurzel r-ten Grades auf beiden Seiten der DGl und Einführung der neuen unbekannten Funktion $u(x) = y(x)^{r/(s-r)}$ erhält man folgende DGl mit getrennten Variablen:

$$xu' = \frac{r}{r-s}u + (au^s + b)^{1/r}.$$

1.5.32. $\boldsymbol{(y')^k = Ay^s + Bx^r}$

1.5.33. $\boldsymbol{y = ax(y')^n + b(y')^m}$

Spezieller Fall der DGl 1.1.91.

1.5.34. $\boldsymbol{y' = ax^n(xy' - y)^m}$

Mit Hilfe der Legendre-Transformation

$$x = u'(t),\ y = tu'(t) - t$$

($y'(x) = t$) erhält man die DGl $t = au^m(u')^n$. Durch Integration ermittelt man die Lösung in parametrischer Form;

für $m \neq -n,\ n \neq -1$:

$$x = \left(\frac{t}{a}\right)^{\frac{1}{n}} \left[\frac{m+n}{n+1} t \left(\frac{t}{a}\right)^{\frac{1}{n}} + C\right]^{-\frac{m}{m+n}},$$

$$y = \left[\frac{1-m}{1+n} t \left(\frac{t}{a}\right)^{\frac{1}{n}} - C\right] \left[\frac{m+n}{n+1} t \left(\frac{t}{a}\right)^{\frac{1}{n}} + C\right]^{-\frac{m}{m+n}};$$

für $m = -n,\ n \neq -1$:

$$x = C\left(\frac{t}{a}\right)^{\frac{1}{n}} \exp\left[\frac{n}{n+1} t \left(\frac{t}{a}\right)^{\frac{1}{n}}\right],$$

$$y = C\left[t\left(\frac{t}{a}\right)^{\frac{1}{n}} - 1\right] \exp\left[\frac{n}{n+1} t \left(\frac{t}{a}\right)^{\frac{1}{n}}\right];$$

für $m \neq -n,\ n = -1$:

$$x = \frac{a}{t}\left[a(1-m)\ln|t| + C\right]^{\frac{m}{1-m}},$$

$$y = tx - \left[a(1-m)\ln|t| + C\right]^{\frac{1}{1-m}};$$

für $n = -1,\ m = 1$:

$$y = Cx^{\frac{a}{a-1}}.$$

1.5.35. $\boldsymbol{y = xy' + ax^n \exp(\lambda y')}$

Spezieller Fall der DGl 1.1.92.

1.5.36. $\boldsymbol{y = ax\exp(\lambda y') + b\exp(\mu y')}$

Spezieller Fall der DGl 1.1.91.

1.5.37. $\boldsymbol{\ln y' + xy' + ay + b = 0}$

Allg. Lösung in parametrischer Form:
für $a \neq 0$, $a \neq -1$:

$$x = \frac{1}{at} + Ct^{-\frac{1}{a+1}},\ y = -\frac{1}{a}(xt + \ln t + b);$$

für $a = -1$:

$$y = Cx + \ln C + b \text{ und } y = \ln(-1/x) + b - 1\ (x < 0);$$

für $a = 0$:

$$x = -\frac{\ln t + b}{t}, \quad y = C + (b-1)\ln t + \frac{1}{2}(\ln t)^2.$$

1.5.38. $\boldsymbol{y = xy' + ax^2 + b\ln y' + c, \ a \neq 0}$

Durch Differenzieren beider Seiten der DGl nach x und Einführung der neuen Variablen t und u mit Hilfe der Transformation $t = y'$, $u(t) = -2ax$ erhält man folgende Abelsche DGl vom Typ 1.3.16:

$$uu' = u - 2abt^{-1}.$$

1.5.39. $\boldsymbol{y = xy' + ax^n \ln^m(\lambda y')}$

Spezieller Fall der DGl 1.1.92.

1.5.40. $\boldsymbol{y = xy' + ax^n \sin^m(ky')}$

Spezieller Fall der DGl 1.1.92.

[Anm. d. Übers.: Mit Hilfe der oben erwähnten Legendre - Transformation kann man viele nichtlineare DGl lösen. Sie wird aber in den jetzigen Lehrbüchern der DGln gewöhnlich nicht behandelt. Nachstehend wird diese Transformation kurz erklärt und die auf sie fußende Lösungsmethode dargelegt.
Die Funktion $y = y(x)$ sei zweimal stetig differenzierbar. Führen wir die neue Variable X und die neue Funktion $Y = Y(X)$ mit Hilfe der Beziehungen

$$X = y' \qquad (\underline{1})$$
$$Y = xy' - y \qquad (\underline{2})$$

ein. Infolge von (2) ist Y differenzierbar, wobei

$$\mathrm{d}Y = x\mathrm{d}y' + y'\mathrm{d}x - \mathrm{d}y = x\mathrm{d}X$$

gilt. Hieraus folgen die Umkehrformeln zu ($\underline{1}$) - ($\underline{2}$):

$$x = Y' \qquad (\underline{3})$$
$$y = XY' - Y \qquad (\underline{4})$$

Die durch ($\underline{1}$) und ($\underline{2}$) bewirkte Transformation wird als Legendresche oder duale bezeichnet. Vermöge ihrer geht die DGl

$$F(x, y, y') = 0 \qquad (\underline{5})$$

in

$$F(Y', XY' - Y, X) \qquad (\underline{6})$$

über. Oft ist der Lösungsweg von (5) nicht ersichtlich, während (6) zu einem Typ von DGln, für den es Integrationsmethoden gibt, gehört. Hat (6) die allgemeine Lösung $Y = \varphi(X, C)$, so liefern, infolge von (3), (4), die Formeln

$$x = \varphi'(X, C) \tag{7}$$
$$y = X\varphi'(X, C) - \varphi(X, C) \tag{8}$$

die allgemeine Lösung der DGl (5) in parametrischer Form. Einer singulären Lösung $Y = \psi(X)$ von (5) entspricht die – im allgemeinen singuläre – Lösung $x = \psi'(X)$, $y = X\psi'(X) - \psi(X)$ der DGl (5). Mit Hilfe der Legendre - Transformation kann man viele den Ausdruck $xy' - y$ enthaltende und jede Lagrangesche DGl auflösen.
Beispiel: Die DGl $y' - \ln(xy' - y) = m \ln x$, $m \neq 1$ gehört keiner Klasse, für die es Integrationsverfahren gibt, an. Die Legendre - Transformation führt zur DGl $X - \ln Y = m \ln Y'$, woraus durch Auflösung nach Y' die DGl $Y' = e^{X/m} Y^{-1/m}$ hervorgeht. Trennung der Variablen und Integration ergeben die allgemeine Lösung $Y = \left[(m+1)e^{X/m} + C\right]^{m/(m+1)}$. Mittels (7) und (8) erhält man die allgemeine Lösung der vorgegebenen DGl in parametrischer Form

$$x = \left[(m+1)e^{X/m} + C\right]^{-m/(m+1)}$$

$$y = X\left[(m+1)e^{X/m} + C\right]^{-m/(m+1)} e^{X/m} - \left[(m+1)e^{X/m} + C\right]^{m/(m+1)}.$$

Setzt man $X = mt$, so ergibt sich endgültig

$$x = e^t\left[(m+1)e^t + C\right]^{-1/(m+1)},$$

$$y = mtx - e^{mt}x^{-m}. \qquad]$$

[Anm. d. Übers.: An diese Stelle gehören die oft vorkommende exakte DGl und der Eulersche Multiplikator. Im russischen Originaltext fehlen sie. Nachstehend sind die wichtigsten zur Auflösung exakter DGln dienenden Formeln zusammengestellt. Es handelt sich um die DGln der Form

$$P(x, y)\mathrm{d}x + Q(x, y)\mathrm{d}y = 0. \tag{1}$$

Die im einfach zusammenhängenden Gebiet D der Koordinatenebene vorgegebenen Funktionen P und Q seien in D mit stetigen partiellen Ableitung erster Ordnung versehen. Genügen sie der Bedingung[1]

$$P_y(x, y) = Q_x(x, y) \quad \text{für alle} \quad (x, y) \in D \tag{2}$$

(man nennt sie Integrabilitätsbedingung), so existiert im Bereich D die stetig integrierbare Funktion $F(x, y)$, so daß $F_x = P$, $F_y = Q$ und folglich $\mathrm{d}F = P\mathrm{d}x + Q\mathrm{d}y$ in D gilt. In diesem Fall heißt (1) exakte oder totale DGl und F die Stammfunktion des Ausdrucks $P\mathrm{d}x + Q\mathrm{d}y$. Ist sie bekannt, so

[1] Wie üblich ist $F_x = \dfrac{\partial F}{\partial x}$, $F_y = \dfrac{\partial F}{\partial y}$.

lautet die allgemeine Lösung (1) $F(x, y) = C$. Bei Erfüllen der Integrabilitätsbedingung kann man die Stammfunktion mit Hilfe jeder der folgenden Formeln bestimmen:

$$F(x, y) = \int P(x, y)\mathrm{d}x + \int \left[Q(x, y) - \frac{\partial}{\partial y} \int P(x, y)\mathrm{d}x \right] \mathrm{d}y; \tag{3}$$

$$F(x, y) = \int_{x_0}^{x} P(\xi, y)\mathrm{d}\xi + \int_{y_0}^{y} Q(x_0, \eta)\mathrm{d}\eta \tag{4}$$

bei festem $(x, y) \in D$ für $(x, y) \in D$;

$$F(x, y) = \int_{L} P(\xi, \eta)\mathrm{d}\xi + Q(\xi, \eta)\mathrm{d}\eta \tag{5}$$

mit einer D von (x_0, y_0) nach (x, y) verlaufenden stetig rektifizierbaren Kurve L (L kann auch ein Treppenzug, d. h. ein aus endlich vielen Strecken, die zu den Koordinatenachsen parallel sind, bestehender Polygonzug sein). Für die praktische Bestimmung von F reichen die Formeln (3), (4) aus.

Ist die Bedingung (2) nicht erfüllt, so existiert eine in D stetig differenzierbare Funktion $\mu(x, y)$ mit $\mu \neq 0$ in D so, daß $\mu P\mathrm{d}x + \mu Q\mathrm{d}y = 0$ exakt in D ist (Existenz bedeutet nicht unbedingte Ausdrückbarkeit durch elementare oder höhere transzendente Funktionen und Quadraturen); μ heißt integrierender Faktor oder Eulerscher Multiplikator. Er genügt der partiellen DGl $(\mu P)_y = (\mu Q_x)$, d.h.

$$P\mu_y + \mu P_y = Q\mu_x + \mu Q_x. \tag{6}$$

Kennt man einen Multiplikator der DGl (1), so ist ihre Auflösung damit im wesentlichen erledigt (es genügt, in irgendeiner der Formeln (3) – (5) P, Q entsprechend durch μP, μQ zu ersetzen). Die Integration der DGl (1) ist daher auf das Auffinden einer nirgends verschwindenden Lösung der partiellen DGl (6) zurückgeführt. Im allgemeinen ist die Integration einer partiellen DGl eine weit schwierigere Aufgabe als das Auflösen einer gewöhnlichen DGl erster Ordnung. Aber um einen integrierenden Faktor zu erhalten, braucht man nur eine nicht verschwindende partikuläre Lösung von (6) zu finden, sie läßt sich oft durch spezielle Kriterien ermitteln (s. weiter unten).

Es sei μ irgendein Multiplikator der DGl (1), $U(x, y) = C$ ihre allgemeine Lösung und φ eine willkürliche stetige Funktion einer Variablen. Dann ist auch $\mu\varphi(U)$ ein integrierender Faktor von (1) und umgekehrt, jeder ihrer Multiplikatoren kann in der Form $\mu\varphi(U)$ dargestellt werden. Sind μ_1 und μ_2 integrierende Faktoren der DGl (1) mit $\mu_2/\mu_1 \neq$const, so stellt $\mu_2/\mu_1 = C$ ihre allgemeine Lösung dar.

Auffinden des Multiplikators mittels spezieller Koeffizienten:

Eine allgemeine Methode zur Ermittlung des integrierenden Faktors: Die DGl (1) sei in der Form $(P_1\mathrm{d}x + Q_1\mathrm{d}y) + (P_2\mathrm{d}x + Q_2\mathrm{d}y) = 0$ darstellbar, und zwar so, daß für jede der DGln

$$P_1\,\mathrm{d}x + Q_1\,\mathrm{d}y = 0, \tag{7}$$

$$P_2\,\mathrm{d}x + Q_2\,\mathrm{d}y = 0 \tag{8}$$

Kriterien	Multiplikator
$\dfrac{P_y - Q_x}{Q} = f(x)$	$\exp\displaystyle\int \frac{P_y - Q_x}{Q}\mathrm{d}x$
$\dfrac{P_y - Q_x}{Q} = f(y)$	$\exp\Big(-\displaystyle\int \frac{P_y - Q_x}{Q}\mathrm{d}y\Big)$
$\dfrac{Q_x - P_y}{P - Q} = f(x+y)$	$\Big(\exp\displaystyle\int f(z)\mathrm{d}z\Big)\Big\vert_{z=x+y}$
$\dfrac{Q_x - P_y}{xP - yQ} = f(xy)$	$\Big(\exp\displaystyle\int f(z)\mathrm{d}z\Big)\Big\vert_{z=xy}$
$\dfrac{x^2(Q_x - P_y)}{xP - yQ} = f(\frac{x}{y})$	$\Big(\exp\displaystyle\int f(z)\mathrm{d}z\Big)\Big\vert_{z=\frac{x}{y}}$
$\dfrac{Q_x - P_y}{yP - xQ} = f(x^2+y^2)$	$\Big(\exp\displaystyle\int f(z)\mathrm{d}z\Big)\Big\vert_{z=x^2+y^2}$
$P_y - Q_x = g(x)Q - h(y)P$	$\exp\Big(\displaystyle\int g(x)\mathrm{d}x + \int h(y)\mathrm{d}y\Big)$

ein Multiplikator bekannt ist. Es seien entsprechend μ_1, μ_2 diese integrierende Faktoren und $U_1(x,y) = C$, $U_2(x,y) = C$ die allgemeinen Lösungen von (7) und (8). Dann haben alle Multiplikatoren von (7) die Form $\mu_1\varphi_1(U_1)$ und die integrierenden Faktoren von (8) die Form $\mu_2\varphi_2(U_2)$ (s. oben). Kann man die willkürlichen Funktionen φ_1, φ_2 so bestimmen, daß

$$\mu_1\varphi_1(U_1) = \mu_2\varphi_2(U_2) \tag{9}$$

gilt (dabei darf man eine von ihnen gleich Eins setzen), so ist $\mu = \mu_1\varphi_1(U_1) = \mu_2\varphi_2(U_2)$ ein Multiplikator der DGl (1).

Jede der linken Seiten von (7) und (8) muß nicht unbedingt beide Summanden enthalten.

Beispiel. Die DGl

$$\Big(\frac{y}{x} + 3x^2\Big) + \Big(1 + \frac{x^3}{y}\Big) = 0 \tag{10}$$

ist in der Form $\Big(\frac{y}{x}\mathrm{d}x + \mathrm{d}y\Big) + \Big(3x^2\mathrm{d}x + \frac{x^3}{y}\mathrm{d}y\Big) = 0$ darstellbar. Die DGln $\frac{y}{x}\mathrm{d}x + \mathrm{d}y = 0$, $3x^2\mathrm{d}x + \frac{x^3}{y}\mathrm{d}y = 0$ haben entsprechend die integrierenden Faktoren $\mu_1 = x$, $\mu_2 = y$ und die allgemeinen Lösungen $xy = C$, $x^3y = 0$; es ist also $U_1 = xy$, $U_2 = x^3y$. Die Bedingung (9) lautet deshalb in unserem Fall $x\varphi_1(xy) = y\varphi_2(x^3y)$. Dieser Gleichung genügen die Funktionen $\varphi_1(U) = U^2$, $\varphi_2(U) = U$, folglich ist $\mu = x(xy)^2 = y(x^3y) = x^3y^2$. Multipliziert man beide Seiten von (10) mit μ und nachher die Formel (4) mit $x_0 = 0$, so ergibt sich $x^3y^2(3x^3 + 2y) = C$. Das ist die allgemeine Lösung der DGl (10).]

Kapitel 2

Differentialgleichungen zweiter Ordnung

2.1 Lineare Differentialgleichungen

1.– 8. DGl mit beliebigen Funktionen

2.1.1. $\quad y'' + f(x)y' + g(x)y = 0$

1. Die Funktion $y_0 = y_0(x)$ sei eine nichttriviale partikuläre Lösung.
Allg. Lösung:

$$y = y_0 \left(C_1 + C_2 \int \frac{e^{-F}}{y_0^2} \mathrm{d}x \right), \quad \text{mit } F = F(x) = \int f(x) \mathrm{d}x.$$

2. Die Transformation $u = y'/y$ ergibt folgende Riccati-DGl:

$$u' + u^2 + f(x)u + g(x) = 0.$$

2.1.2. $\quad y'' + fy' = g \quad$ mit $\quad f = f(x),\ g = g(x)$

Allg. Lösung:

$$y = C_1 + \int e^{-F} \left(C_2 + \int e^F g x \right) \mathrm{d}x, \quad \text{mit } F = \int f \mathrm{d}x.$$

2.1.3. $\quad y'' + [af(x) + b]y' + [cf(x) + d]y = 0$

Ist $a^2 d - abc + c^2 = 0$, $a \neq 0$, so gilt

$$y = \exp\left(-\frac{c}{a}x\right) \left\{ C_1 + C_2 \int \exp\left[\left(\frac{2c}{a} - b\right)x - a \int f \mathrm{d}x\right] \mathrm{d}x \right\}.$$

2.1.4. $\boldsymbol{x^2y'' + xf(x)y' + a[f(x) - a - 1]y = 0}$

Allg. Lösung:

$$y = x^{-a}\left(C_1 + C_2\int x^{2a}e^{-\varphi(x)}\mathrm{d}x\right),$$

mit $\varphi(x) = \int \frac{f(x)}{x}\mathrm{d}x$.

2.1.5. $\boldsymbol{y'' + f(x)\sinh(ax)y' - a[a + f(x)\cosh(ax)]y = 0}$

Allg. Lösung:

$$y = \sinh(ax)\left[C_1 + C_2\int \frac{e^{-\varphi(x)}}{\sinh^2(ax)}\mathrm{d}x\right],$$

mit $\varphi(x) = \int f(x)\sinh(ax)\mathrm{d}x$.

2.1.6. $\boldsymbol{y'' + f(x)\cosh(ax)y' - a[a + f(x)\sinh(ax)]y = 0}$

Allg. Lösung:

$$y = \cosh(ax)\left[C_1 + C_2\int \frac{e^{-\varphi(x)}}{\cosh^2(ax)}\mathrm{d}x\right],$$

mit $\varphi(x) = \int f(x)\cosh(ax)\mathrm{d}x$.

2.1.7. $\boldsymbol{y'' + f(x)\sin(ax)y' + a[a - f(x)\cos(ax)]y = 0}$

Allg. Lösung:

$$y = \sin(ax)\left[C_1 + C_2\int \frac{e^{-\varphi(x)}}{\sin^2(ax)}\mathrm{d}x\right],$$

mit $\varphi(x) = \int f(x)\sin(ax)\mathrm{d}x$.

2.1.8. $\boldsymbol{y'' + f(x)y' + g(x)y = h(x)}$

Allg. Lösung:

$$y = C_1y_1 + C_2y_2 + y_2\int \frac{h}{\Delta}y_1\mathrm{d}x - y_1\int \frac{h}{\Delta}y_2\mathrm{d}x, \tag{1}$$

dabei sind $y_1 = y_1(x)$ und $y_2 = y_2(x)$ zwei linear unabhängige Lösungen der homogenen DGl

$$y'' + f(x)y' + g(x)y = 0; \qquad \Delta = y_1y_2' - y_2y_1'.$$

Ist nur eine nichttriviale Lösung $y = y_1(x)$ der homogenen DGl bekannt, so gilt die Formel (1) mit

$$y_2 = y_1\int \frac{e^{-F}}{y_1^2}\mathrm{d}x, \quad \text{und} \quad F = \int f(x)\mathrm{d}x, \quad \Delta = e^{-F}.$$

9.– 77. DGl mit Potenzfunktionen

2.1.9. $\boldsymbol{y'' + ay' + by = 0}$

DGl der freien [linearen] Schwingungen [mit einem Freiheitsgrad].
1. Für $\lambda^2 = a^2 - 4b > 0$:

$$y = C_1 \exp\left(\frac{\lambda - a}{2} x\right) + C_2 \exp\left(\frac{-\lambda - a}{2} x\right).$$

2. Für $\lambda^2 = 4b - a^2 > 0$:

$$y = \exp\left(-\frac{ax}{2}\right)\left(C_1 \sin\frac{\lambda x}{2} + C_2 \cos\frac{\lambda x}{2}\right).$$

3. Für $a^2 = 4b$:

$$y = \exp\left(-\frac{ax}{2}\right)(C_1 x + C_2).$$

2.1.10. $\boldsymbol{y'' + ax^n y' = 0}$

Diese DGl kommt in der Grenzschichttheorie vor.
Allg. Lösung:

$$y = C_1 + C_2 \int \exp\left(-\frac{ax^{n+1}}{n+1}\right) \mathrm{d}x.$$

2.1.11. $\boldsymbol{y'' = bx^a y}$

1. Für $a = -2$ ist diese DGl eine Eulersche DGl; ihre allgemeine Lösung lautet:

$$y = \begin{cases} \sqrt{|x|}\,(C_1 x^s + C_2 |x|^{-s}) & \text{für } 4b + 1 > 0 \\ \sqrt{|x|}\,(C_1 + C_2 \ln|x|) & \text{für } 4b + 1 = 0 \\ \sqrt{|x|}\,[C_1 \cos(s \ln|x|) + C_2 \sin(s \ln|x|)] & \text{für } 4b + 1 < 0, \end{cases}$$

dabei ist $2s = \sqrt{|4b + 1|}$.
2. Es sei $2/(a+2) = 2n + 1$ und n eine ganze Zahl.
Dann gilt

$$y = x(x^{1-2q}D)^{n+1}\left[C_1 \exp\left(\frac{\sqrt{b}}{q} x^q\right) + C_2 \exp\left(-\frac{\sqrt{b}}{q} x^q\right)\right] \quad \text{für } n \geq 0,$$

$$y = x(x^{1-2q}D)^{-n}\left[C_1 \exp\left(\frac{\sqrt{b}}{q} x^q\right) + C_2 \exp\left(-\frac{\sqrt{b}}{q} x^q\right)\right] \quad \text{für } n < 0,$$

dabei ist $D = \frac{\mathrm{d}}{\mathrm{d}x}$, $q = \frac{a+2}{2}$.
3. Ist a eine beliebige Zahl, so läßt sich die [allgemeine] Lösung durch die modifizierten Besselschen Funktionen erster und zweiter Gattung ausdrücken (s. 2.1.32) [s. auch die Anm. zu 1.3.31]:

$$y = \sqrt{x}\left[C_1 I_{\frac{1}{2q}}\left(\frac{\sqrt{b}}{q}x^q\right) + C_2 K_{\frac{1}{2q}}\left(\frac{\sqrt{b}}{q}x^q\right)\right], \qquad q = \frac{a+2}{2}.$$

2.1.12. $\boldsymbol{y'' + xy' + (n+1)y = 0,}$ dabei ist n eine natürliche Zahl

Allg. Lösung:

$$y = \frac{\mathrm{d}^n}{\mathrm{d}x^n}\left\{\exp\left(-\frac{x^2}{2}\right)\left[C_1 + C_2\int \exp\left(\frac{x^2}{2}\right)\mathrm{d}x\right]\right\}.$$

2.1.13. $\boldsymbol{y'' - 2xy' + 2ny = 0,}$ dabei ist n eine natürliche Zahl

Allg. Lösung:

$$y = \exp(x^2)\frac{\mathrm{d}^n}{\mathrm{d}x^n}\left\{\exp(-x^2)\left[C_1 + C_2\int \exp(x^2)\mathrm{d}x\right]\right\}.$$

2.1.14. $\boldsymbol{y'' - (a + bx^2)y = 0}$

Durch die Transformation $z = x^2\sqrt{b}$, $u(z) = e^{z/2}y$ erhält man folgende konfluente hypergeometrische DGl vom Typ 2.1.18:

$$zu'' + \left(\frac{1}{2} - z\right)u' - \frac{1}{4}\left(\frac{a}{\sqrt{b}} + 1\right)u = 0.$$

2.1.15. $\boldsymbol{y'' + (ax + b)y' + (\alpha x^2 + \beta x + \gamma)y = 0}$

Ist s eine Wurzel der Gleichung $4s^2 + 2as + \alpha = 0$, so erhält man durch die Transformation $y = \exp(sx^2)\cdot u(x)$ folgende DGl vom Typ 2.1.20:

$$u'' + [(a + 4s)x + b]u' + [(\beta + 2bs)x + \gamma + 2s]u = 0.$$

2.1.16. $\boldsymbol{y'' + ax^q y' + bx^{q-1}y = 0}$

Für $q = -1$ ist diese DGl eine Eulersche DGl vom Typ 2.1.26. Für $q \neq -1$ erhält man durch die Transformation $z = x^{q+1}$ folgende DGl vom Typ 2.1.20 mit der unbekannten Funktion $y + y(x)$:

$$(q+1)^2 zy'' + (q+1)(q + az)y' + by = 0.$$

2.1.17. $xy'' + ay' + bxy = 0$

Für $a \neq 1,\ x > 0$ ergibt die Transformation $x = \dfrac{\xi^q}{|q|}$, mit $q = \dfrac{1}{1-a}$ folgende DGl vom Typ 2.1.11 mit der unbekannten Funktion $y = y(\xi)$:

$$y'' + b\xi^{2q-2}y = 0.$$

2.1.18. $x'' + (b - x)y' - ay = 0$ Konfluente, hypergeometrische DGl

Eine der Lösungen ist, für $b \neq 0,\ -1,\ -2,\ -3, \dots$ die Kummersche Reihe:

$$\Phi(a, b; x) = 1 + \sum_{k=1}^{\infty} \frac{(a)_k}{(b)_k} \frac{x^k}{k!},$$

mit $(a)_k = a(a+1)\dots(a+k-1),\ (a)_0 = 1$. Für $b > a > 0$ kann diese Lösung als ein bestimmtes Integral dargestellt werden:

$$\Phi(a, b; x) = \frac{\Gamma(b)}{\Gamma(a)\Gamma(b-a)} \int_0^1 e^{xt} t^{a-1}(1-t)^{b-a-1} \mathrm{d}t;$$

dabei ist

$$\Gamma(a) = \int_0^{\infty} e^{-t} t^{a-1} \mathrm{d}t$$

die Gammafunktion.

[Anm. d. Übers.: Die Standardschreibweise der konfluenten hypergeometrischen DGl ist $xy'' + (c - x)y' - ay = 0$. Die übliche Bezeichnung für die Kummersche Reihe lautet $\Phi(a, b; x)$.]

Ist b keine ganze Zahl, so lautet die allgemeine Lösung der vorgegebenen DGl:

$$y = C_1\Phi(a, b; x) + C_2 x^{1-b}\Phi(a - b + 1, 2 - b; x).$$

In der Tabelle 5 sind einige spezielle Fälle, in denen die Funktion $\Phi(a, b; x)$ durch einfachere Funktionen ausgedrückt werden kann, aufgelistet.
[Anm. d. Übers.: Man bezeichnet die Hermiteschen Polynome auch mit
$He_n(x) = (-1)^n e^{(x^2)/2} \dfrac{\mathrm{d}^n}{\mathrm{d}x^n} e^{-(x^2)/2}$.]
Die Funktion $\Phi(a, b; x)$ hat folgende Eigenschaften:

$$\Phi(a, b; x) = e^x \Phi(b - a, b; -x);$$

$$\frac{\mathrm{d}^n}{\mathrm{d}x^n} \Phi(a, b; x) = \Phi(a + n, b + n; x).$$

Es gelten folgende Asymptotiken:

$$\Phi(a, b; x) \to \frac{\Gamma(b)}{\Gamma(a)} e^x x^{a-b} \left[1 + O\left(\frac{1}{|x|}\right)\right] \quad \text{mit } x \to +\infty,$$

Tabelle 5
Spezielle Fälle der Kummerschen Funktion $\Phi(a, b; x)$

a	b	z	Φ	Standardbezeichnungen
a	a	x	e^x	–
1	2	$2x$	$\frac{1}{x}e^x \sinh x$	–
a	$a+1$	$-x$	$ax^{-a}\gamma(a,x)$	$\gamma(a,x) = \int\limits_0^x e^{-t}t^{a-1}t$ Unvollständige Gammafunktion
$\frac{1}{2}$	$\frac{3}{2}$	$-x^2$	$\frac{\sqrt{\pi}}{2}\mathrm{erf}x$	$\mathrm{erf}x = \frac{2}{\sqrt{\pi}}\int\limits_0^x \exp(-t^2)\mathrm{d}t$ Fehlerintegral
$-n$	$\frac{1}{2}$	$\frac{x^2}{2}$	$\frac{n!}{(2n)!}\left(-\frac{1}{2}\right)^{-n} H_{2n}(x)$	$H_n = (-1)^n e^{x^2}\frac{\mathrm{d}^n}{\mathrm{d}x^n}\left(e^{-x^2}\right)$
$-n$	$\frac{3}{2}$	$\frac{x^2}{2}$	$\frac{n!}{(2n+1)!}\left(-\frac{1}{2}\right)^{-n} H_{2n+1}(x)$	Hermitesche Polynome $n = 0,\ 1,\ 2,\ 3,\ldots$
$-n$	b	x	$\frac{n!}{(b)_n}L_n^{(b-1)}(x)$	$L_n^{(\alpha)}(x) = \frac{e^x x^{-\alpha}}{n!}\frac{\mathrm{d}^n}{\mathrm{d}x^n}(e^{-x}x^{n+\alpha})$ Laguerre-Polynome $\alpha = b-1,$ $(b)_n = b(b+1)\ldots(b+n-1)$
$\nu+\frac{1}{2}$	$2\nu+1$	$2x$	$\Gamma(1+\nu)e^x\left(\frac{x}{2}\right)^{-\nu} I_\nu(x)$	$I_\nu(x)$ modifizierte
$n+1$	$2n+2$	$2x$	$\Gamma\left(n+\frac{3}{2}\right)e^x\left(\frac{x}{2}\right)^{-n-\frac{1}{2}} I_{n+\frac{1}{2}}(x)$	Besselsche Funktion

$$\Phi(a,b;x) \to \frac{\Gamma(b)}{\Gamma(b-a)}(-x^{-a})\left[1 + O\left(\frac{1}{|x|}\right)\right] \text{ mit } x \to -\infty.$$

[Anm. d. Übers.: In diesen Formeln ist die Schreibweise der Autoren falsch. Nach $\Phi(a,b;x)$ soll nicht $\to$, sondern $=$ stehen.]
Lösung der konfluenten hypergeometrischen DGl ist die Funktion:

$$\Psi(a,b;x) = \frac{\Gamma(1-b)}{\Gamma(a-b+1)}\Phi(a,b;x) + \frac{\Gamma(b-1)}{\Gamma(a)}x^{1-b}\Phi(a-b+1, 2-b; x).$$

Für ganzzahlige Werte von n erhält man mit Hilfe des Grenzüberganges $b \to n$

$$\begin{aligned}\Psi(a,n;x) &= \frac{(-1)^{n-1}}{n!\Gamma(a-n)}\Big\{\Phi(a,n+1;x)\ln x \\ &\quad + \sum_{r=0}^{\infty}\frac{(a)_r}{(n+1)_r}[\psi(a+r)-\psi(1+r)-\psi(1+n+r)]\frac{x^r}{r!}\Big\} \\ &\quad + \frac{(n-1)!}{\Gamma(a)}\sum_{r=0}^{n-1}\frac{(a-n)_r}{(1-n)_r}\frac{x^{r-n}}{r!},\end{aligned}$$

für $n = 0, 1, 2, \ldots$; dabei ist ψ die logarithmische Ableitung der Gammafunktion (die Definition ist in 2.1.29 angegeben). Für $n = 0$ entfällt die erste Summe.
Ist $b < 0$, so kann man den Wert von $\Psi(a, b; x)$ mit Hilfe der für alle b gültigen Formel:

$$\Psi(a,b;x) = x^{1-b}\Psi(a-b+1, 2-b; x),$$

berechnen.
Für $b \neq 0, -1, -2, -3, \ldots$ läßt sich die allgemeine Lösung der konfluenten hypergeometrischen DGl mit Hilfe der Formel:

$$y = C_1\Phi(a,b;x) + C_2\Psi(a,b;x),$$

ausdrücken. Ist $b = 0, -1, -2, -3, \ldots$, so gilt:

$$y = x^{1-b}[C_1\Phi(a-b+1, 2-b; x) + C_2\Psi(a-b+1, 2-b; x)].$$

2.1.19. $\boldsymbol{xy'' + [(a+b)x + n + m]y' + (abx + an + bm)y = 0}$

m und n sind natürliche Zahlen, wobei eine der Bedingungen $a \neq b$ oder $n \neq m$ erfüllt ist.
Allg. Lösung:

$$y = C_1 e^{-ax}\frac{\mathrm{d}^{m-1}}{\mathrm{d}x^{m-1}}\left[x^{-n}e^{(a-b)x}\right] + C_2 e^{-bx}\frac{\mathrm{d}^{n-1}}{\mathrm{d}x^{n-1}}\left[x^{-m}e^{(b-a)x}\right].$$

2.1.20. $\boldsymbol{(a_2x + b_2)y'' + (a_1x + b_1)y' + (a_0x + b_0)y = 0}$

Bezeichnen wir mit $\mathcal{J}(a, b; x)$ irgendeine Lösung der konfluenten hypergeometrischen DGl $xy'' + (b - x)y' - ay = 0$ (s. 2.1.18) und mit $Z_\nu(x)$ eine willkürliche Lösung der Besselschen DGl $x^2y'' + xy' + (x^2 - \nu^2)y = 0$ (s. 2.1.29).
[Anm. d. Übers.: Eine dieser Lösungen muß zwei willkürliche Konstanten enthalten.]
Durch diese Funktionen sind die in der Tabelle 6 aufgelisteten Lösungen der vorgegebenen DGl ausgedrückt.

2.1.21. $\boldsymbol{xy'' - y' - ax^3y = 0}$

Tabelle 6

Lösungen der DGl 2.1.20 für verschiedene Werte der Parameter

Lösung $y = e^{hx}Z(\xi)$, mit $\xi = \dfrac{x-\mu}{\lambda}$					
Bedingungen	h	λ	μ	z	Parameter
$a_2 \neq 0$, $D \neq 0$	$\dfrac{D - a_1}{2a_2}$	$-\dfrac{a_2}{A(h)}$	$-\dfrac{b_2}{a_2}$	$\mathcal{J}(a, b; \xi)$	$a = B(h)/A(h)$, $b = (a_2 b_1 - a_1 b_2)a_2^{-2}$
$a_2 = 0$, $a_1 \neq 0$	$-\dfrac{a_0}{a_1}$	1	$-\dfrac{2b_2 h + b_1}{a_1}$	$\mathcal{J}(a, \frac{1}{2}; k\xi^2)$	$a = B(h)/(2a_1)$ $k = -a_1/(2b_2)$
$a_2 \neq 0$, $a_1^2 = 4a_0 a_2$	$-\dfrac{a_1}{2a_2}$	a_2	$-\dfrac{b_2}{a_2}$	$\xi^\alpha Z_{2\alpha}(\beta\sqrt{\xi})$	$a = \dfrac{1}{2} - \dfrac{2b_2 h + b_1}{2a_2}$ $\beta = 2\sqrt{B(h)}$
$a_2 = a_1 = 0$, $a_0 \neq 0$	$-\dfrac{b_1}{2b_2}$	1	$\dfrac{4b_0 b_2 - b_1^2}{4a_0 b_2}$	$\xi^{1/2} Z_{1/3}(k\xi^{3/2})$	$k = \dfrac{2}{3}\left(\dfrac{a_0}{b_2}\right)^{1/2}$
Bezeichnungen $D^2 = a_1^2 - 4a_0 a_2$, $A(h) = 2a_2 h + a_1$, $B(h) = b_2 h^2 + b_1 h + b_0$					

Es sei $\beta = \sqrt{|a|}$. Die Lösungen sind:

$$y = \begin{cases} C_1 \exp\left(\dfrac{\beta x^2}{2}\right) + C_2 \exp\left(-\dfrac{\beta x^2}{2}\right) & \text{für } a > 0 \\ C_1 \cos\left(\dfrac{\beta x^2}{2}\right) + C_2 \sin\left(\dfrac{\beta x^2}{2}\right) & \text{für } a < 0. \end{cases}$$

2.1.22. $xy'' + ay' + b^2 x^{1-2a} y = 0$

Für $a = 1$ ist diese DGl eine Eulersche DGl vom Typ 2.1.26.
Für $a \neq 1$ gilt

$$y = C_1 \sin\left(\frac{b}{a-1} x^{1-a}\right) + C_2 \cos\left(\frac{b}{a-1} x^{1-a}\right).$$

2.1.23. $\boldsymbol{xy'' + ay' + bx^n y = 0}$

In zwei Fällen ist diese DGl eine Eulersche DGl: für $n = -1$ und $b = 0$.
[Anm. d. Übers.: ist $b = 0$, so gilt $y = C_1 \ln|x| + C_2$ für $a = 1$ und $y = C_1|x|^{1-a} + C_2$ für $a \neq 1$.]
Ist $n \neq -1$, $b \neq 0$, so kann die Lösung durch die Besselsche Funktionen ausgedrückt werden:

$$y = x^{\frac{1-a}{2}}\left[C_1 J_\nu\left(\frac{2\sqrt{b}}{n+1}x^{\frac{n+1}{2}}\right) + C_2 Y_\nu\left(\frac{2\sqrt{b}}{n+1}x^{\frac{n+1}{2}}\right)\right],$$

mit $\nu = \dfrac{|1-a|}{n+1}$.

2.1.24. $\boldsymbol{xy'' + (x^{a+1} - a)y' + bx^{2a+1}y = 0, \quad a \neq -1}$

Ist $b \neq 1/4$ so gilt

$$y = C_1 \exp\left(\frac{\beta_1 x^{a+1}}{a+1}\right) + C_2 \exp\left(\frac{\beta_2 x^{a+1}}{a+1}\right),$$

dabei sind β_1 und β_2 die Wurzeln der quadratischen Gleichung $\beta^2 + \beta + b = 0$.
Für $b = 1/4$ ist die Lösung:

$$y = (C_1 + C_2 x^{a+1})\exp\left(-\frac{x^{a+1}}{2a+2}\right).$$

2.1.25. $\boldsymbol{xy'' + (ax^2 + bx + c)y' + (Ax^2 + Bx + C)y = 0}$

Diese DGl ist integrierbar, wenn zwischen A, B, C und a, b, c gewisse Beziehungen bestehen (die Werte des Parameters k sind beliebig), z.B.:
(a) für $A = a(b+k)$, $B = 2a - bk - k^2$ und $C = b(c-1) + k(c-2)$ gilt:

$$y = x^{1-c}\exp\left(-\frac{ax^2}{2} + kx\right)\left\{C_1 + C_2\int x^{c-2}\exp\left[\frac{ax^2}{2} - (b+2k)x\right]\mathrm{d}x\right\}$$

(b) für $A = a(b+k)$, $B = a(c+1) - k(b+k)$ und $C = -ck$ gilt:

$$y = \exp\left(-\frac{ax^2}{2} + kx\right)\left\{C_1 + C_2\int x^{-c}\exp\left[\frac{ax^2}{2} - (b+2k)x\right]\mathrm{d}x\right\}$$

(c) für $A = -ak$, $B = a(c-1) - k(b+k)$ und $C = b(c-1) + k(c-2)$ gilt:

$$y = x^{1-c}e^{kx}\left\{C_1 + C_2\int x^{c-2}\exp\left[-\frac{ax^2}{2} - (b+2k)x\right]\mathrm{d}x\right\}$$

(d) für $A = -ak$, $B = -k(b+k)$ und $C = -ck$ gilt:

$$y = e^{kx}\left\{C_1 + C_2\int x^{-c}\exp\left[-\frac{ax^2}{2} - (b+2k)x\right]\mathrm{d}x\right\}.$$

2.1.26. $\boldsymbol{x^2y'' + axy' + by = 0}$ Eulersche DGl

Allg. Lösung:

$$y = \begin{cases} |x|^{\frac{1-a}{2}}(C_1|x|^{\mu} + C_2|x|^{-\mu}) & \text{für } (1-a)^2 > 4b \\ |x|^{\frac{1-a}{2}}(C_1 + C_2 \ln|x|) & \text{für } (1-a)^2 = 4b \\ |x|^{\frac{1-a}{2}}[(C_1 \sin(\mu \ln|x|) + C_2 \cos(\mu \ln|x|)] & \text{für } (1-a)^2 < 4b \end{cases}$$

mit $\mu = \dfrac{1}{2}|(1-a)^2 - 4b|^{\frac{1}{2}}$.

2.1.27. $\boldsymbol{x^2y'' + (ax+b)y' + cy = 0}$

Ist ν eine Wurzel der Gl. $\nu^2 + (1-a)\nu + c = 0$, so ergibt die Transformation $x = 1/\xi$, $y = e^{\xi}\xi^{\nu}\eta(\xi)$ folgende DGl vom Typ 2.1.20:

$$\xi\eta'' + [(2-b)\xi + 2\nu + 2 - a]\eta' + [(1-b)\xi + 2\nu + 2 - a - b\nu]\eta = 0.$$

2.1.28. $\boldsymbol{x^2y'' + xy' + \left[x^2 - \left(n + \frac{1}{2}\right)^2\right]y = 0}$, **mit** $\boldsymbol{n = 0, 1, 2, \ldots}$

Spezieller Fall der DGl 2.1.29.
Allg. Lösung:

$$y = x^{n+\frac{1}{2}}\left[\left(\frac{1}{x}\frac{\mathrm{d}}{\mathrm{d}x}\right)^n \left(C_1\frac{\sin x}{x} + C_2\frac{\cos x}{x}\right)\right].$$

2.1.29. $\boldsymbol{x^2y'' + xy' + (x^2 - \nu^2)y = 0}$ Besselsche DGl

1. Es bedeute ν eine beliebige nicht ganze Zahl. Dann gilt:

$$y = C_1J_\nu(x) + C_2Y_\nu(x), \tag{1}$$

dabei sind J_ν und Y_ν die Besselschen Funktionen erster und zweiter Art:

$$J_\nu(x) = \sum_{k=0}^{\infty} \frac{(-1)^k \left(\frac{x}{2}\right)^{\nu+2k}}{k!\Gamma(\nu+k+1)}, \quad Y_\nu(x) = \frac{J_\nu(x)\cos(\pi\nu) - J_{-\nu}(x)}{\sin(\pi\nu)}. \tag{2}$$

Man bezeichnet die Lösung (2.2) mit $y = Z_\nu(x)$ und nennt sie Zylinderfunktion.
Dem Fall $\nu = n + 1/2$ mit ganzzahligem n entspricht die DGl 2.1.28
2. Es sei $\nu = n$ mit beliebigem ganzzahligen n. Dann gilt:

$$J_{-n}(x) = (-1)^nJ_n(x), \qquad Y_{-n}(x) = (-1)^nY_n(x).$$

Auch in diesem Fall drückt die Formel (2.2) die [allgemeine] Lösung der vorgegebenen DGl aus. Dabei erhält man die Funktion $J_n(x)$ mit Hilfe der Substitution $\nu = n$ und $Y_n(x)$ mit Hilfe des Grenzüberganges $\lim\limits_{\nu\to n} = Y_\nu(x)$. Es gilt für beliebige ganzzahlige nicht negative Werte von n

$$\begin{aligned} Y_n(x) &= \frac{2}{\pi} J_n(x) \ln\frac{x}{2} - \frac{1}{\pi}\sum_{k=1}^{n-1}\frac{(n-k-1)!}{k!}\left(\frac{2}{x}\right)^{n-2k} \\ &\quad -\frac{1}{\pi}\sum_{k=0}^{\infty}(-1)^k\left(\frac{x}{2}\right)^{n+2k}\frac{\psi(k+1)+\psi(n+k+1)}{k!(n+k)!}, \end{aligned}$$

mit $\psi(1) = -\gamma$, $\psi(n) = -\gamma + \sum\limits_{k=1}^{n-1} k^{-1}$; $\gamma = 0.5572\ldots$ ist die Eulersche Konstante und $\psi(x) = [\ln\Gamma(x)]'$ die logarithmische Ableitung der Gammafunktion.
Für ganzzahlige $n \geq 0$ und große Werte von x gelten die asymtotischen Formeln

$$\begin{aligned} \sqrt{\pi x} J_{2n} &= (-1)^n(\cos x + \sin x) + O(x^{-2}), \\ \sqrt{\pi x} J_{2n+1} &= (-1)^{n+1}(\cos x - \sin x) + O(x^{-2}). \end{aligned}$$

Integraldarstellung:

$$J_n(x) = \frac{1}{\pi}\int_0^\pi \cos(x\sin t - nt)\mathrm{d}t; \qquad n = 0, 1, 2, \ldots$$

[Der Leser, der weiteren Aufschluß über die Bessel-Funktionen sucht, sei auf das Nachschlagewerk "Mathematik - Handbuch" von J. Dreszer, Verlag Harri Deutsch, Zürich - Frankfurt / Main - Thun, 1975 hingewiesen.]

2.1.30. $\boldsymbol{x^2y'' + xy' + (x^2 - \nu^2)y = f(x)}$ Inhomogene Bessel-DGl

Lösung:

$$y = \frac{\pi}{2}Y_\nu(x)\int xJ_\nu(x)f(x)\mathrm{x} - \frac{\pi}{2}J_\nu(x)\int xY_\nu(x)f(x)\mathrm{x} + C_1J_\nu(x) + C_2Y_\nu(x).$$

2.1.31. $\boldsymbol{x^2y'' + xy' - \left[x^2 + \left(n + \frac{1}{2}\right)^2\right]y = 0,}$ **mit** $\boldsymbol{n = 0, 1, 2, \ldots}$

Spezieller Fall der DGl 2.1.32.
Lösung:

$$y = x^{n+\frac{1}{2}}\left[\left(\frac{1}{x}\frac{\mathrm{d}}{\mathrm{d}x}\right)^n\left(C_1\frac{e^x}{x} + C_2\frac{e^{-x}}{x}\right)\right].$$

2.1.32. $\boldsymbol{x^2y'' + xy' - (x^2 + \nu^2)y = 0}$ Modifizierte Bessel-DGl

Die Transformation $x = i\bar{x}$ führt zur DGl 2.1.29.

Lösung: $y = C_1 I_\nu(x) + C_2 K_\nu(x)$ wobei I_ν und K_ν die modifizierten Bessel-Funktionen sind:

$$I_\nu(x) = \sum_{k=0}^{\infty} \frac{(x/2)^{2k+\nu}}{k!\Gamma(\nu + k + 1)}, \qquad K_\nu(x) = \frac{\pi}{2} \frac{I_{-\nu}(x) - I_\nu(x)}{\sin(\pi\nu)}.$$

Zusammenhang mit der Bessel-Funktion:

$$I_\nu(x) = e^{-\pi\nu i/2} J_\nu(xe^{\pi i/2}).$$

[s. Anm. zu 2.1.29]

2.1.33. $\boldsymbol{x^2y'' + \lambda xy' + (a + bx + cx^2)y = 0}$

Ist k eine Wurzel der quadratischen Gleichung $k^2 + (\lambda - 1)k + a = 0$, so ergibt die Transformation $y = x^k u(x)$ folgende DGl vom Typ 2.1.20:

$$xu'' + (\lambda + 2k)u' + (b + cx)u = 0.$$

2.1.34. $\boldsymbol{x^2y'' = \left(\frac{x^2}{4} - kx + \frac{4m^2 - 1}{4}\right) y}$ Whittakersche DGl

Die Transformation $y = x^{m+\frac{1}{2}} e^{-\frac{x}{2}} u(x)$ ergibt folgende konfluente hypergeometrische DGl vom Typ 2.1.18:

$$xu'' + (2m + 1 - x)u' + \left(k - m - \frac{1}{2}\right) u = 0.$$

[Anm. d. Übers.: Die Whittakersche DGl ist eine Verallgemeinerung der Bessel-DGl, die dem Fall $k = 0$ entspricht. Die Bessel-DGl

$$\xi(\xi y'(\xi))' + (\xi^2 - m^2)y(\xi) = 0$$

wird nähmlich durch die Transformation $x = 2i\xi$, $u(x) = \sqrt{\xi} \cdot y(\xi)$ zur Whittaker-DGl

$$u'' + \frac{1}{4}\left(\frac{1 - 4m^2}{x^2} - 1\right) u = 0. \qquad]$$

2.1.35. $\boldsymbol{x^2y'' \pm x^2y' + (a + bx)y = 0}$

Die Transformation $y = \exp(\mp x/2)u(x)$ ergibt folgende DGl vom Typ 2.1.33:

$$xu'' + \left(a + bx - \frac{1}{4}x^2\right) u = 0.$$

2.1.36. $\boldsymbol{x^2y'' - [n(n+1) - a^2x^2]y = 0}$, mit ganzzahligem $n \geq 0$

Allg. Lösung:

$$y = x^{-n-1}\left(x^3\frac{\mathrm{d}}{\mathrm{d}x}\right)^n\left(\frac{C_1e^{ax} + C_2e^{-ax}}{x^{2n-1}}\right).$$

2.1.37. $\boldsymbol{x^2y'' - [n(n+1) + a^2x^2]y = 0}$, mit ganzzahligem $n \geq 0$

Allg. Lösung:

$$y = x^{-n-1}\left(x^3\frac{\mathrm{d}}{\mathrm{d}x}\right)^n\left(\frac{C_1\cos(ax) + C_2\sin(ax)}{x^{2n-1}}\right).$$

2.1.38. $\boldsymbol{x^2y'' - 2axy' + [a(a+1) - b^2x^2]y = 0}$

Allg. Lösung:

$$y = x^a(C_1e^{bx} + C_2e^{-bx}).$$

2.1.39. $\boldsymbol{x^2y'' - 2axy' + [a(a+1) + b^2x^2]y = 0}$

Allg. Lösung:

$$y = x^a(C_1\sin bx + C_2\cos bx).$$

2.1.40. $\boldsymbol{a_2x^2y'' + (a_1x^2 + b_1x)y' + (a_0x^2 + b_0x + c_0)y = 0}$

Ist k eine Wurzel der quadratischen Gleichung $a_2k^2 + (b_1 - a_2)k + c_0 = 0$, so führt die Transformation $y = x^ku(x)$ zur DGl vom Typ 2.1.20:

$$a_2xu'' + (a_1x + 2a_2k + b_1)u' + (a_0x + a_1k + b_0)u = 0.$$

2.1.41. $\boldsymbol{x^2y'' + [ax^k - b(b-1)]y = 0}$

Die Transformation $\xi = x^{1-2b}$, $\eta(\xi) = x^{-b}y$, ergibt folgende DGl vom Typ 2.1.11:

$$(1-2b)^2\eta'' + a\xi^s\eta = 0, \text{ mit } s = k(2b-1)^{-1} - 2.$$

2.1.42. $\boldsymbol{x^2y'' + axy' + (bx^m + c)y = 0}$, $\boldsymbol{m \neq 0}$

Für $b = 0$ ist die vorgegebene DGl eine Eulersche DGl vom Typ 2.1.26.

Für $b \neq 0$ lautet die [allgemeine] Lösung:

$$y = x^{\frac{1-a}{2}} \left[C_1 J_\nu \left(\frac{2}{m} \sqrt{b} x^{\frac{m}{2}} \right) + C_2 Y_\nu \left(\frac{2}{m} \sqrt{b} x^{\frac{m}{2}} \right) \right],$$

mit $\nu = \frac{1}{m}\sqrt{(1-a)^2 - 4c}$; J_ν und Y_ν sind die Besselschen Funktionen erster und zweiter Art.

2.1.43. $\boldsymbol{x^2 y'' + axy' + x^m(bx^m + c)y = 0}$

Die Transformation $\xi = x^m$ ergibt folgende DGl vom Typ 2.1.20 mit $y = y(\xi)$:

$$m^2 \xi y'' + m(m - 1 + a)y' + (b\xi + c)y = 0.$$

2.1.44. $\boldsymbol{x^2 y'' + (ax^n + b)xy' + (\alpha x^{2n} + \beta x^n + \gamma)y = 0,}$ mit beliebigem ganzzahligem n

Ist k eine Wurzel der Gleichung $n^2k^2 + (b-1)kn + \gamma = 0$, so ergibt die Transformation $\xi = x^n$, $\eta = \xi^{-k} y$ folgende DGl vom Typ 2.1.20 mit $\eta = \eta(\xi)$:

$$n^2 \xi \eta'' + [na\xi + 2kn^2 + n(n - 1 + b)]\eta' + (\alpha\xi + kna + \beta)\eta = 0.$$

2.1.45. $\boldsymbol{(1 - x^2)y'' + n(n-1)y = 0,}$ mit ganzzahligem $n \geq 0$

Diese DGl kommt in der Theorie der Stokesschen achsensymmetrischen Strömungen vor.
Mit ganzzahligem $n \geq 2$ lautet die allgemeine Lösung:

$$y = C_1 \mathcal{J}_n(x) + C_2 \mathcal{H}_n(x);$$

dabei sind $\mathcal{J}_n$ und $\mathcal{H}_n$ die Gegenbauerschen Funktionen. Sie lassen sich durch die Legendreschen Funktionen erster und zweiter Art mit Hilfe der Formeln:

$$\mathcal{J}_n(x) = \frac{P_{n-2}(x) - P_n(x)}{2n-1}, \qquad \mathcal{H}_n(x) = \frac{Q_{n-2}(x) - Q_n(x)}{2n-1}.$$

ausdrücken. Für $n = 0$ und $n = 1$ gilt $y = C_1 + C_2 x$.

2.1.46. $\boldsymbol{(x^2 - 1)y'' + xy' + \lambda y = 0}$

(a) $\lambda = \beta^2 > 0$. Allg. Lösung:

$$y = \begin{cases} C_1 \cos(\beta \operatorname{Arcosh}|x|) + C_2 \sin(\beta \operatorname{Arcosh}|x|) & \text{für } |x| > 1 \\ C_1 \exp(\beta \arccos x) + C_2 \exp(-\beta \arccos x) & \text{für } |x| < 1 \end{cases}$$

(b) $\lambda = -\beta^2 < 0$. Allg. Lösung:

$$y = \begin{cases} C_1 \exp(\beta \operatorname{Arcosh}|x|) + C_2 \exp(-\beta \operatorname{Arcosh}|x|) & \text{für } |x| > 1 \\ C_1 \cos(\beta \arccos x) + C_2 \sin(\beta \arccos x) & \text{für } |x| < 1 \end{cases}$$

(c) Gilt $\lambda = -n^2$ (n bezeichnet eine natürliche Zahl), so gelten als partikuläre Lösungen auch die Tschebyscheffschen Polynome

$$T_n(x) = 2^{1-n} \cos(n \arccos x).$$

2.1.47. $(1 - x^2)y'' - 2xy' + n(n + 1)y = 0$

Legendresche DGl; n ist eine ganze nicht negative Zahl.
Allg. Lösung:

$$y = C_1 P_n(x) + C_2 Q_n(x);$$

das Legendresche Polynom $P_n(x)$ und die Legendresche Funktion zweiter Art $Q_n(x)$ werden mit Hilfe der Formeln:

$$\begin{aligned} P_n(x) &= \frac{1}{n!2^n} \frac{\mathrm{d}^n}{\mathrm{d}x^n}(x^2 - 1)^n, \\ Q_n(x) &= \frac{1}{2} P_n(x) \ln \frac{1+x}{1-x} - \sum_{m=1}^{n} \frac{1}{m} P_{m-1}(x) P_{n-m}(x) \end{aligned}$$

definiert.
Die Funktionen $P_n = P_n(x)$ können mit Hilfe folgender Rekursionsformeln ermittelt werden:

$$P_0 = 1,\ P_1 = x,\ P_2 = \frac{1}{2}(3x^2 - 1),\ \ldots,\ P_{n+1} = \frac{2n+1}{n+1} x P_n - \frac{n}{n+1} P_{n-1}.$$

Die ersten drei Funktionen $Q_n = Q_n(x)$ sind:

$$Q_0 = \frac{1}{2} \ln \frac{1+x}{1-x},\ Q_1 = \frac{x}{2} \ln \frac{1+x}{1-x} - 1,\ Q_3 = \frac{3x^2 - 1}{4} \ln \frac{1+x}{1-x} - \frac{3}{2} x.$$

Alle Nullstellen des Polynoms $P_n(x)$ sind reel und liegen zwischen -1 und 1; das Funktionsystem $P_n(x)$ ist im abgeschlossenen Intervall $-1 \leq x \leq +1$ ein Orthogonalsystem; dabei gilt

$$\int_{-1}^{+1} P_n(x) P_m(x) \mathrm{d}x = \begin{cases} 0 & \text{für } n \neq m, \\ \dfrac{2}{2n+1} & \text{für } n = m. \end{cases}$$

2.1.48. $(1 - x^2)y'' - 2xy' + \nu(\nu - 1)y = 0$

Legendresche DGl mit beliebigem ν.
Der Fall $\nu = n$ (n ist eine ganze nicht negative Zahl) entspricht der DGl 2.1.47.
Die Transformation $z = x^2$ ergibt eine hypergeometrische DGl. Deshalb ist für $|x| < 1$ die [allgemeine] Lösung der vorgegebenen DGl

$$y = C_1 F\left(-\frac{\nu}{2}, \frac{1+\nu}{2}, \frac{1}{2}; x\right) + C_2 x F\left(\frac{1-\nu}{2}, 1 + \frac{\nu}{2}, \frac{3}{2}; x\right);$$

dabei bezeichnet F die hypergeometrische Reihe (s. 2.1.53).

[Der Leser, der weiteren Aufschluß über die Legendresche DGl sucht, sei auf das "Taschenbuch der Mathemetik“ von I. Bronstein, K. Semendjajev, G. Musiol u. H. Mühlig, Verlag Harri Deutsch, Thun u. Frankfurt am Main, hingewiesen.]

2.1.49. $\boldsymbol{(x^2-1)y'' + 2(n+1)xy' - (\nu+n+1)(\nu-n)y = 0}$

Dabei ist ν eine beliebige und n eine natürliche Zahl.
Allg. Lösung:

$$y = \frac{\mathrm{d}^n}{\mathrm{d}x^n} y_\nu(x),$$

dabei ist y_ν die allgemeine Lösung der Legendreschen DGl 2.1.48.

2.1.50. $\boldsymbol{(x^2-1)y'' - 2(n-1)xy' - (\nu-n+1)(\nu+n)y = 0}$

Dabei ist n eine ganze nichtnegative Zahl.
Allg. Lösung:

$$y = |x^2-1|^n \frac{\mathrm{d}^n}{\mathrm{d}x^n} y_\nu(x),$$

dabei ist $y_\nu(x)$ die allgemeine Lösung der Legendreschen DGl 2.1.48.

2.1.51. $\boldsymbol{(1+ax^2)y'' + axy' + by = 0}$

Die Transformation $t = \int \frac{\mathrm{d}x}{\sqrt{1+ax^2}}$ ergibt folgende DGl mit konstanten Koeffizienten:

$$y'' + by = 0 \quad \text{mit } y = y(t).$$

2.1.52. $\boldsymbol{(1-x^2)y'' + (a+bx)y' + cy = 0}$

Die Transformation $x = 2t - 1$ ergibt folgende hypergeometrische DGl vom Typ 2.1.53:

$$t(1-t)y'' + \left(bt + \frac{a-b}{2}\right) y' + cy = 0$$

mit $y = y(t)$.

2.1.53. $\boldsymbol{x(x-1)y'' + [(\alpha+\beta+1)x - \gamma]y' + \alpha\beta y = 0}$ Gaußsche hypergeometrische DGl

Für $\gamma \neq 0, -1, -2, -3, \ldots$ ist eine ihrer Lösungen die hypergeometrische Reihe:

$$F(\alpha,\beta,\gamma;x) = 1 + \sum_{k=1}^{\infty} \frac{(\alpha)_k(\beta)_k}{(\gamma)_k} \frac{x^k}{k!},$$

mit

$$(\alpha)_k = \alpha(\alpha+1)\ldots(\alpha+k-1).$$

Sie konvergiert für $|x| < 1$.
[Dabei können die Parameter α, β und γ beliebige komplexe Werte annehmen.]
Diese Lösung kann für $\gamma > \beta > 0$ mit Hilfe des Integrals

$$F(\alpha,\beta,\gamma;x) = \frac{\Gamma(\gamma)}{\Gamma(\beta)\Gamma(\gamma-\beta)}\int_0^1 t^{\beta-1}(1-t)^{\gamma-\beta-1}(1-tx)^{-\alpha}\mathrm{d}t,$$

dargestellt werden; mit $\Gamma(\beta)$ ist die Gammafunktion bezeichnet.
Falls γ weder Null noch eine negative ganze Zahl ist, hat die allgemeine Lösung der hypergeometrischen DGl folgende Gestalt:

$$y = C_1F(\alpha,\beta,\gamma;x) + C_2x^{1-\gamma}F(\alpha-\gamma+1,\beta-\gamma+1,2-\gamma;x).$$

In den singulären Fällen $\gamma = 0,-1,-2,-3,\ldots$ entspricht eine der Lösungen der hypergeometrischen DGl den Werten $C_1 = 0$, $C_2 = 1$. Ist $\gamma = 1,2,3,\ldots$, so erhält man eine Lösung indem man $C_1 = 1$, $C_2 = 0$ setzt. In diesen Fällen kann man die allgemeine Lösung mit Hilfe der die DGl 2.1.1. betreffenden Formel aufbauen.
In manchen Fällen wird die hypergeometrische Reihe zu einer elementaren Funktion. Die Tabelle 7 enthält einige dieser Fälle.

Tabelle 7

Elementare Funktionen, die Spezialfälle der hypergeometrischen Funktion $F(\alpha,\beta,\gamma;z)$ sind

α	β	γ	z	F
$-n$	β	γ	x	$\sum_{k=0}^{n}\frac{(-n)_k(\beta)_k}{(\gamma)_k}\frac{x^k}{k!}$, mit $n = 1,\ 2,\ 3,\ \ldots$
$-n$	β	$-n-m$	x	$\sum_{k=0}^{n}\frac{(-n)_k(\beta)_k}{(-n-m)_k}\frac{x^k}{k!}$, mit $n = 1,\ 2,\ 3,\ \ldots$
α	β	β	x	$(1-x)^{-\alpha}$
α	$\alpha+\frac{1}{2}$	$\frac{1}{2}$	x^2	$\frac{1}{2}[(1+x)^{-2\alpha}+(1-x)^{-2\alpha}]$
α	$\alpha+\frac{1}{2}$	$\frac{3}{2}$	x^2	$\frac{(1+x)^{1-2\alpha}-(1-x)^{1-2\alpha}}{2x(1-2\alpha)}$
α	$-\alpha$	$\frac{1}{2}$	$-x^2$	$\frac{1}{2}\{[(1+x^2)^{\frac{1}{2}}+x)]^{2\alpha}+$ $+[(1+x^2)^{\frac{1}{2}}-x)]^{2\alpha}\}$
α	$1-\alpha$	$\frac{1}{2}$	$-x^2$	$\frac{(\xi+x)^{2\alpha-1}+(\xi-x)^{2\alpha-1}}{2\xi}$ mit $\xi = (1+x^2)^{1/2}$

Tabelle 7, Fortsetzung

α	β	γ	z	F
α	$\alpha-\frac{1}{2}$	$2\alpha-1$	x	$2^{2\alpha-2}[1+(1-x)^{1/2}]^{2-2\alpha}$
α	$1-\alpha$	$\frac{3}{2}$	$\sin^2 x$	$\frac{\sin[(2\alpha-1)x]}{(\alpha-1)\sin(2x)}$
α	$2-\alpha$	$\frac{3}{2}$	$\sin^2 x$	$\frac{\sin[(2\alpha-2)x]}{(\alpha-1)\sin(2x)}$
α	$1-\alpha$	$\frac{1}{2}$	$\sin^2 x$	$\frac{\cos[(2\alpha-1)x]}{\cos x}$
α	$\alpha+1$	$\frac{\alpha}{2}$	x	$(1+x)(1-x)^{-\alpha-1}$
α	$\alpha+\frac{1}{2}$	$2\alpha+1$	x	$\left(\frac{1+\sqrt{1-x}}{2}\right)^{-2\alpha}$
α	$\alpha+\frac{1}{2}$	2α	x	$(1-x)^{-\frac{1}{2}}\left(\frac{1+\sqrt{1-x}}{2}\right)^{1-2\alpha}$
$\frac{1}{2}$	$\frac{1}{2}$	$\frac{3}{2}$	x^2	$\frac{1}{x}\arcsin x$
$\frac{1}{2}$	1	$\frac{3}{2}$	$-x^2$	$\frac{1}{x}\arctan x$
1	1	2	$-x$	$\frac{1}{x}\ln(x+1)$
$\frac{1}{2}$	1	$\frac{3}{2}$	x^2	$\frac{1}{2x}\ln\frac{1+x}{1-x}$
$n+1$	$n+m+$ $+1$	$n+m+$ $+l+2$	x	$\frac{(-1)^m(n+m+l+1)!}{n!l!(n+m)!(m+l)!}\times$ $\times\frac{\mathrm{d}^{n+m}}{\mathrm{d}x^{n+m}}\{(1-x)^{m+l}$ $\times\frac{\mathrm{d}^l}{\mathrm{d}x^l}F(1,1,2;x)\}$, $F(1,1,2;x)=-\frac{\ln(1-x)}{x}$, mit $n,\ m,\ l=0,\ 1,\ 2,\ 3,\ \dots$

[Anm. d. Übers.: Auch die Legendreschen Polynome sind Spezialfälle der hypergeometrischen Funktion $P_n(x)=F\left(-n,n+1,1;\frac{1-x}{2}\right)$.]

Tabelle 8 enthält die, einigen Werten der Parameter α, β und γ entsprechenden, allgemeinen Lösungen der hypergeometrischen DGl.

Tabelle 8

Allgemeine Lösungen der hypergeometrischen DGl für spezielle Werte der Parameter α, β und γ.

α	β	γ	Lösung $y = y(x)$
0	β	γ	$C_1 + C_2 \int \lvert x\rvert^{-\gamma}\lvert x-1\rvert^{\gamma-\beta-1}x$
α	$\alpha + \frac{1}{2}$	$2\alpha + 1$	$C_1 u^{-2\alpha} + C_2 x^{-2\alpha} u^{2\alpha}$, mit $u = 1 + \sqrt{1-x}$
α	$\alpha - \frac{1}{2}$	$\frac{1}{2}$	$C_1(1+\sqrt{x})^{1-2\alpha} + C_2(1-\sqrt{x})^{1-2\alpha}$
α	$\alpha + \frac{1}{2}$	$\frac{3}{2}$	$\frac{1}{\sqrt{x}}[C_1(1+\sqrt{x})^{1-2\alpha} + C_2(1-\sqrt{x})^{1-2\alpha}]$
1	β	γ	$\lvert x\rvert^{1-\gamma}\lvert x-1\rvert^{\gamma-\beta-1}\left(C_1 + C_2\int \lvert x\rvert^{\gamma-2}\lvert x-1\rvert^{\beta-\gamma}\mathrm{d}x\right)$
α	β	α	$\lvert x-1\rvert^{-\beta}\left(C_1 + C_2\int \lvert x\rvert^{-\alpha}\lvert x-1\rvert^{\beta-1}\mathrm{d}x\right)$
α	β	$\alpha+1$	$\lvert x\rvert^{-\alpha}\left(C_1 + C_2\int \lvert x\rvert^{\alpha-1}\lvert x-1\rvert^{-\beta}\mathrm{d}x\right)$

Die Funktion $F(\alpha, \beta, \gamma; x)$ hat folgende Eigenschaften:

$$\begin{aligned}
F(\alpha,\beta,\gamma;x) &= F(\beta,\alpha,\gamma;x),\\
F(\alpha,\beta,\gamma;x) &= (1-x)^{\gamma-\alpha-\beta}F(\gamma-\alpha,\gamma-\beta,\gamma;x),\\
F(\alpha,\beta,\gamma;x) &= (1-x)^{-\alpha}F\left(\alpha,\gamma-\beta,\gamma;\frac{x}{x-1}\right),\\
\frac{\mathrm{d}^n}{\mathrm{d}x^n}F(\alpha,\beta,\gamma;x) &= \frac{(\alpha)_n(\beta)_n}{(\gamma)_n}F(\alpha+n,\beta+n,\gamma+n;x).
\end{aligned}$$

Für weiteren Aufschluß über die hypergeometrische DGl weisen wir auf das Buch von A. Kratzer u. W. Franz "Transzendente Funktionen", Akademische Verlagsgesellschaft, Leipzig, 1960 hin.

2.1.54. $x(a_2 + x)y'' + (a_1 + b_1 x)y' + a_0 y = 0$

Die Transformation $x = -a_2 z$ ergibt folgende hypergeometrische DGl vom Typ 2.1.53 mit $y = y(z)$:

$$z(1-z)y'' + [(a_1/a_2) - b_1 z]y' - a_0 y = 0.$$

2.1.55. $(a_2 + b_2 x + c_2 x^2)y'' + (a_1 + b_1 x)y' + a_0 y = 0$

λ_1 und λ_2 seien die Wurzeln der quadratischen Gleichung

$$c_2\lambda^2 + b_2\lambda + a_2 = 0.$$

1. $\lambda_1 \neq \lambda_2$. Die Transformation $z = \dfrac{x - \lambda_1}{\lambda_2 - \lambda_1}$ ergibt folgende hypergeometrische DGl vom Typ 2.1.53:

$$z(1-z)y'' - (A_1 + B_1 z)y' - A_0 y = 0,$$

mit $A_1 = \dfrac{a_1 + b_1\lambda_1}{c_2(\lambda_2 - \lambda_1)}$, $B_1 = \dfrac{b_1}{c_2}$, $A_0 = \dfrac{a_0}{c_2}$.
2. $\lambda_1 = \lambda_2 = \lambda$. Die Transformation $x = \lambda + z^{-1}$, $y = z^k u(z)$, wobei k eine Wurzel der quadratischen Gleichung

$$c_2 k^2 + (c_2 - b_1)k + a_0 = 0,$$

ist, ergibt folgende DGl vom Typ 2.1.20:

$$c_2 z u'' - [(a_1 + \lambda b_1)z + b_1 - 2c_2(k+1)]u' - k(a_1 + \lambda b_1)u = 0.$$

2.1.56. $\boldsymbol{x^3 y'' + (a + bx^2)y' + cxy = 0}$

Die Transformation $x = 1/z$ ergibt folgende DGl vom Typ 2.1.44 mit $y = y(z)$:

$$z^2 y'' + z(2 - b - az)y' + cy = 0.$$

2.1.57. $\boldsymbol{x^3 y'' + x(a + bx)y' + cy = 0}$

Die Transformation $x = 1/z$ ergibt folgende DGl vom Typ 2.1.20 mit $y = y(z)$:

$$zy'' + (2 - b - az)y' + cy = 0.$$

2.1.58. $\boldsymbol{x^3 y'' + (ax + b)xy' + (cx + d)y = 0}$

Die Transformation $y = x^k u$, mit $k = -d/b$ ergibt folgende DGl vom Typ 2.1.27:

$$x^2 u'' + [(a + 2k)x + b]u' + [k(a + k - 1) + c]u = 0.$$

Für $c = 0$, $d = b(a-2)$ ist die Funktion $y = \exp(bx^{-1})$ eine partikuläre Lösung der vorgegebenen DGl.

2.1.59. $\boldsymbol{x(a + x^2)y'' + (b + cx^2)y' + sxy = 0}$

Die Transformation $az = -x^2$ ergibt folgende hypergeometrische DGl vom Typ 2.1.53:

$$z(1-z)y'' + \frac{1}{2}\left[1 + \frac{b}{a} - (1+c)z\right]y' - \frac{1}{4}sy = 0.$$

2.1.60. $\boldsymbol{x^2(a_2+x)y''+x(a_1+b_1x)y'+(a_0+b_0x)y=0}$

Die Transformation $y=x^k u$, wobei k eine Wurzel der quadratischen Gleichung $a_2k^2+k(a_1-a_2)+a_0=0$ bedeutet, ergibt folgende DGl vom Typ 2.1.54:

$$x(a_2+x)u''+[(2k+b_1)x+2ka_2+a_1]u'+[k^2+k(b_1-1)+b_0]u=0.$$

2.1.61. $\boldsymbol{x^4y''+ay=0}$

Die Transformation $z=1/x,\ u=y/x$ ergibt folgende DGl mit konstanten Koeffizienten:

$$u''+au=0.$$

2.1.62. $\boldsymbol{(x^2+1)^2y''+ay'=0}$

Allg. Lösung:

$$\frac{y}{\sqrt{x^2+1}}=\begin{cases} C_1\cos(\beta\arctan x)+C_2\sin(\beta\arctan x) & \text{für } a+1=\beta^2>0,\\ C_1\cosh(\beta\arctan x)+C_2\sinh(\beta\arctan x) & \text{für } a+1=-\beta^2<0,\\ C_1+C_2\arctan x & \text{für } a=-1.\end{cases}$$

2.1.63. $\boldsymbol{(x^2-1)^2y''+ay=0}$

Allg. Lösung:

$$y=\begin{cases} \sqrt{|x^2-1|}\left[C_1\cos\left(\beta\ln\left|\frac{x+1}{x-1}\right|\right)+C_2\sin\left(\beta\ln\left|\frac{x+1}{x-1}\right|\right)\right] & \text{für } a-1=4\beta^2>0,\\ (x+1)\left[C_1\left|\frac{x+1}{x-1}\right|^{(2\beta-1)/2}+C_2\left|\frac{x+1}{x-1}\right|^{-(2\beta+1)/2}\right] & \text{für } a-1=-4\beta^2<0,\\ \sqrt{|x^2-1|}\left(C_1+C_2\ln\left|\frac{x+1}{x-1}\right|\right) & \text{für } a=1.\end{cases}$$

2.1.64. $\boldsymbol{(x^2\pm a^2)^2y''+b^2y=0}$

Die allg. Lösung lautet:
im Fall des Pluszeichens

$$y=\sqrt{x^2+a^2}(C_1\cos u+C_2\sin u),\ u=\frac{\sqrt{a^2+b^2}}{a}\arctan\left(\frac{x}{a}\right),$$

und im Fall des Minuszeichens

$$y=\sqrt{a^2-x^2}(C_1\cos u+C_2\sin u),\ u=\frac{\sqrt{b^2-a^2}}{2a}\ln\frac{a+x}{a-x};\ |x|<a.$$

2.1.65. $\boldsymbol{x^2(x-a)^2y''+by=0}$

Es bezeichne m eine Wurzel der quadratischen Gleichung $m(m-1)a^2=-b$.
Allg. Lösung:

$$y=C_1|x|^m|x-a|^{1-m}+C_2|x|^{1-m}|x-a|^m.$$

2.1.66. $\boldsymbol{x^2(x-a)^2y''+by=cx^2(x-a)^2}$

Es bezeichne m eine Wurzel der quadratischen Gleichung $m(m-1)a^2=-b$.
Allg. Lösung:

$$\begin{aligned} y &= |x|^m|x-a|^{1-m}\left\{C_1+\frac{c}{a(2m-1)}\int|x|^{1-m}|x-a|^m\underset{\cdot}{\mathrm{x}}\right\} \\ &\quad +|x|^{1-m}|x-a|^m\left\{C_2-\frac{c}{a(2m-1)}\int|x|^m|x-a|^{1-m}\underset{\cdot}{\mathrm{x}}\right\}. \end{aligned}$$

2.1.67. $\boldsymbol{(x-a)^2(x-b)^2y''=cy,\quad a\neq b}$

Die Transformation $\xi=\ln\dfrac{x-a}{x-b}$, $y=(x-b)\eta$ ergibt folgende lineare DGl mit konstanten Koeffizienten:

$$(a-b)^2(\eta''-\eta')=c\eta.$$

Deshalb lautet die allgemeine Lösung der vorgegebenen DGl:

$$y=C_1|x-a|^{(1+\lambda)/2}|x-b|^{(1-\lambda)/2}+C_2|x-a|^{(1-\lambda)/2}|x-b|^{(1+\lambda)/2},$$

mit $\lambda^2=4c(a-b)^{-2}+1\neq 0$.

2.1.68. $\boldsymbol{(ax^2+bx+c)^2y''+Ay=0}$

Die Transformation $\xi=\displaystyle\int\frac{\underset{\cdot}{\mathrm{x}}}{ax^2+bx+c}$, $y=u(\xi)\sqrt{ax^2+bx+c}$, ergibt folgende lineare DGl mit konstanten Koeffizienten:

$$u''+\left(A+ac-\frac{b^2}{4}\right)u=0.$$

Diese Methode ist anwendbar, falls das Trinom ax^2+bx+c keine im Variationsintervall von x liegende Nullstellen hat. Hat dieses Trinom zwei veschiedene Wurzeln, so ist die in 2.1.67 beschriebene Methode anzuwenden.

2.1.69. $\boldsymbol{x^2(x^2+a)y''+(bx^2+c)xy'+dy=0}$

Die Transformation $\xi=x^2$ ergibt folgende DGl vom Typ 2.1.60 mit $y=y(\xi)$:

$$4\xi^2(\xi+a)y''+2\xi[(1+b)\xi+a+c]y'+dy=0.$$

2.1.70. $(x^2-1)^2y'' + 2x(x^2-1)y' - [\nu(\nu+1)(x^2-1)+n^2]y = 0$

wobei n eine nichtnegative ganze und ν eine beliebige Zahl ist.
1. Für $n = 0$ wird diese DGl zur Legendreschen DGl 2.1.48, deren allgemeine Lösung mit $y_\nu(x)$ bezeichnet sei.
2. Ist $n = 1, 2, 3, \ldots$ eine natürliche Zahl, so lautet die allgemeine Lösung der vorgegebenen DGl

$$y = |x^2-1|^{n/2}\frac{\mathrm{d}^n}{\mathrm{d}x^n}y_\nu(x).$$

2.1.71. $(1-x^2)^2y'' - 2x(1-x^2)y' + [\nu(\nu+1)(1-x^2)-\mu^2]y = 0$ Legendresche DGl

Die Transformation $x = 1-2\zeta$, $y = (x^2-1)^{\mu/2}v$ ergibt folgende hypergeometrische DGl vom Typ 2.1.53:

$$\zeta(1-\zeta)v'' + (\mu+1)(1-2\zeta)v' + (\nu-\mu)(\nu+\mu+1)v = 0$$

mit den Parametern $\alpha = \mu-\nu$, $\beta = \mu+\nu+1$, $\gamma = \mu+1$.

2.1.72. $a(x^2-1)^2y'' + bx(x^2-1)y' + (cx^2+dx+e)y = 0$

Genügen p, q dem Gleichungssystem

$$\begin{aligned} 4aq(q-1)+2bq+c+d+e &= 0, \\ (p-q)[2a(p+q-1)+b] &= d, \end{aligned}$$

so ergibt die Transformation $t = \frac{1}{2}(x+1)$, $y = (x+1)^p(x-1)^q u$ eine hypergeometrische DGl vom Typ 2.1.53 mit der unbekannten Funktion $u = u(t)$.

2.1.73. $ax^2(x-1)^2y'' + (bx^2+cx+d)y = 0$

Genügen p, q den Gleichungen

$$ap(p-1)+d = 0, \quad aq(q-1)+b+c+d = 0,$$

so ergibt die Transformation $y = x^p(x-1)^q u$ folgende hypergeometrische DGl vom Typ 2.1.53:

$$ax(x-1)u'' + 2a[(p+q)x-p]u' + (2apq-c-2d)u = 0.$$

2.1.74. $x^6y'' - x^5y' + ay = 0$

Die Transformation $\xi = x^{-2}$, $\eta = yx^{-2}$ ergibt folgende lineare DGl mit konstanten Koeffizienten und mit der unbekannten Funktion $\eta(\xi)$: $4\eta'' + a\eta = 0$.

2.1.75. $\boldsymbol{x^6y'' + (3x^2 + a)x^3y' + by = 0}$

Die Transformation $\xi = x^{-2}$ ergibt folgende lineare DGl mit konstanten Koeffizienten und mit der unbekannten Funktion $y = y(\xi)$:

$$4y'' - 2ay' + by = 0.$$

2.1.76. $\boldsymbol{(a^2x^{2b} - 1)x^2y'' + [a^2(b+1)x^{2b} + b - 1]xy' - \nu(\nu+1)a^2b^2x^{2b}y = 0}$

Allg. Lösung:

$$y = y_\nu(ax^b),$$

dabei bedeutet $y_\nu(x)$ die allgemeine Lösung der Legendreschen DGl 2.1.48.

2.1.77. $\boldsymbol{x^2(ax^b - 1)y'' + (apx^b + q)xy' + (arx^b + s)y = 0}$

Sind $A_1,\ A_2$ und $B_1,\ B_2$ die Wurzeln der quadratischen Gleichungen

$$A^2 - (q+1)A - s = 0, \quad B^2 - (p-1)B + r = 0$$

und definiert man die Parameter $c,\ \alpha,\ \beta,\ \gamma$ mit Hilfe der Gleichheiten

$$c = A_1,\ \alpha = \frac{A_1 + B_1}{b},\ \beta = \frac{A_1 + B_2}{b},\ \gamma = \frac{A_1 - A_2}{b} + 1,$$

so lautet die allgemeine Lösung der vorgegebenen DGl

$$y = x^c\eta(ax^b),$$

wobei $\eta(\xi)$ die [allgemeine] Lösung der hypergeometrischen DGl:

$$\xi(\xi - 1)\eta'' + [(\alpha + \beta + 1)\xi - \gamma]\eta' + \alpha\beta\eta = 0$$

ist.

78.– 87. DGl mit Exponentialfunktionen

2.1.78. $\boldsymbol{y'' + ay' + be^{2ax} = 0}$

Die Transformation $\xi = e^{ax}$, $y = e^{-ax}u$ ergibt folgende lineare DGl mit konstanten Koeffizienten und mit der unbekannten Funktion $u(\xi)$:

$$u'' + (b/a^2)u = 0.$$

2.1.79. $\boldsymbol{y'' + ay' + (be^x + c)y = 0}$

Allg. Lösung:

$$y = e^{-ax/2}[C_1 J_\nu(2\sqrt{b}e^{x/2}) + C_2 Y_\nu(2\sqrt{b}e^{x/2})],$$

mit $\nu = \sqrt{a^2 - 4c}$; J_ν und Y_ν sind die Besselschen Funktionen (s. 2.1.29).

2.1.80. $\boldsymbol{y'' - (a + be^{kx} + ce^{2kx})y = 0}$

Die Transformation $z = e^{kx}$, $y = z^\lambda w(z)$, mit $\lambda = \sqrt{a}/k$, ergibt folgende DGl vom Typ 2.1.20:

$$k^2 z w'' + k^2(2\lambda + 1)w' - (b + cz)w = 0.$$

2.1.81. $\boldsymbol{x^2 y'' + 2axy' + [(b^2 e^{2cx} - \nu^2)c^2 x^2 + a(a - 1)]y = 0}$

Allg. Lösung:

$$y = x^{-a}[C_1 J_\nu(be^{cx}) + C_2 Y_\nu(be^{cx})];$$

J_ν und Y_ν sind die Besselschen Funktionen

2.1.82. $\boldsymbol{\cosh^2(ax) y'' = by}$

Die Transformation $2ax = \ln \dfrac{\xi}{1 - \xi}$ $(0 < \xi < 1)$ ergibt folgende hypergeometrische DGl vom Typ 2.1.53 mit der unbekannten Funktion $y = y(\xi)$:

$$\xi(\xi - 1)y'' + (2\xi - 1)y' + a^{-2}by = 0.$$

2.1.83. $\boldsymbol{\sinh^2(ax) y'' = by}$

Die Transformation $ax = \pm \ln \dfrac{\xi}{\sqrt{\xi^2 + 1}}$ ($\xi > 0$; x durchläuft die Menge aller reellen Zahlen) ergibt folgende DGl vom Typ 2.1.59 mit der unbekannten Funktion $y = y(\xi)$:

$$\xi(\xi^2 + 1)y'' + (3\xi^2 + 1)y' = 4a^{-2}b\xi y.$$

2.1.84. $\boldsymbol{y'' \sinh^2 x - [a^2 \sinh^2 x + n(n - 1)]y = 0}$

Für $n = 0,\ 1,\ 2,\ 3,\ \ldots$ lautet die [allgemeine] Lösung ($a \neq 0$):

$$y = \sinh^n x \left(\frac{1}{\sinh x} \frac{\mathrm{d}}{\mathrm{d}x} \right)^n (C_1 e^{ax} + C_2 e^{-ax}).$$

2.1.85. $\boldsymbol{y'' + 2ny' \coth x + (n^2 - a^2)y = 0}$

Ist n eine natürliche Zahl, so gilt

$$y = \left(\frac{1}{\sinh x}\frac{\mathrm{d}}{\mathrm{d}x}\right)^n (C_1 e^{ax} + C_2 e^{-ax}).$$

2.1.86. $\boldsymbol{y'' - (a - 2q\cosh 2x)y = 0}$ Modifizierte Mathieusche DGl

Die Transformation $x = i\xi$ ergibt die Mathieusche DGl mit der unbekannten Funktion $y = y(\xi)$:

$$y'' + (a - 2q\cos 2\xi)y = 0.$$

Ist der Parameter a einem der Eigenwerte $a = a_n(q)$, $a = b_n(q)$ der Mathieuschen DGl 2.1.90 gleich, so sind folgende Funktionen die entsprechenden Lösungen der vorgegebenen DGl:

$$\begin{aligned} Ce_{2n+p}(x, q) = ce_{2n+p}(ix, q) &= \sum_{k=0}^{\infty} A_{2k+p}^{2n+p} \cosh(2k+p)x, \\ Se_{2n+p}(x, q) = -i\, se(ix, q) &= \sum_{k=0}^{\infty} B_{2k+p}^{2n+p} \sinh(2k+p)x, \end{aligned}$$

mit $p = 0$ und $p = 1$.

2.1.87. $\boldsymbol{x^4 y'' + (e^{2/x} - \nu^2)y = 0}$

Allg. Lösung:

$$y = x[C_1 J_\nu(e^{1/x}) + C_2 Y_\nu(e^{1/x})],$$

dabei sind J_ν und Y_ν die Besselschen Funktionen.

88.– 106. DGl mit trigonometrischen Funktionen

2.1.88. $\boldsymbol{y'' + a^2 y = b\sin(\lambda x)}$

Allg. Lösung:

$$y = \begin{cases} C_1 \sin ax + C_2 \cos ax + \dfrac{b}{a^2 - \lambda^2} \sin \lambda x & \text{für } a \neq \lambda \\ C_1 \sin ax + C_2 \cos ax - \dfrac{b}{2a} x \cos ax & \text{für } a = \lambda. \end{cases}$$

2.1.89. $\boldsymbol{y'' + a^2 y = b\cos(\lambda x)}$

Allg. Lösung:

$$y = \begin{cases} C_1 \sin ax + C_2 \cos ax + \dfrac{b}{a^2 - \lambda^2} \cos \lambda x & \text{für } a \neq \lambda \\ C_1 \sin ax + C_2 \cos ax + \dfrac{b}{2a} x \sin ax & \text{für } a = \lambda. \end{cases}$$

2.1.90. $\boldsymbol{y'' + (a - 2q\cos 2x)y = 0}$ **(1)** Mathieusche DGl

1. Für vorgegebene Zahlen a und q existieren eine Lösung und ein cxharakteristischer Exponent μ derart, daß

$$y(x + \pi) = e^{2\pi\mu} y(x).$$

[Anm. d. Übers.: Die genaue Form dieser Behauptung lautet wie folgt. Für beliebige Werte von a und q existiert ein Fundamentalsystem y_I, y_{II} von Lösungen der DGl (1) mit

$$\begin{pmatrix} y_I(0) & y_{II}(0) \\ y_I'(0) & y_{II}'(0) \end{pmatrix} = \begin{pmatrix} 1 & 0 \\ 0 & 1 \end{pmatrix}.$$

Die DGl (2.3) besitzt eine Lösung $y(x)$ mit $y(x + \pi) = e^{\pi\mu i} y(x)$ für alle Werte von x genau dann, wenn $e^{\pi\mu i}$ Eigenwert der Matrix

$$\begin{pmatrix} y_I(\pi) & y_{II}(\pi) \\ y_I'(\pi) & y_{II}'(\pi) \end{pmatrix}$$

ist, d. h. genau dann, wenn $\cos \mu\pi = y_I(\pi)$ gilt (Satz vov Floquet). Man bezeichnet die Zahl μ als charakteristischen Exponenten der DGl (1) zu den Parametern a und q.]
Ist q klein [Richtig ist: für kleine Werte von $|q|$], kann man den Exponenten μ annähernd aus der Gleichung:

$$\cosh \pi\mu = 1 + 2\sin^2\left(\frac{\pi}{2}\sqrt{a}\right) + \frac{\pi q^2}{(1-a)\sqrt{a}} \sin(\pi\sqrt{a}) + O(q^4).$$

bestimmen.
Ist $y_I(x)$ eine, den Bedingungen $y_I(0) = 1$, $y_I'(0) = 0$ genügende Lösung der Mathieuschen DGl, so kann der charakteristische Exponent mit Hilfe der Gleichheit

$$\cosh(2\pi\mu) = y_I(\pi).$$

ermittelt werden. Die Lösung $y_I(x)$ und folglich auch der Exponent μ können mit beliebiger Genauigkeit mittels numerischer Methoden oder Näherungsverfahren berechnet werden. Die Struktur der Lösung hängt von $y_I(\pi)$ ab. Dabei sind folgende vier Fälle möglich:
a. Ist $y_I(\pi) > 1$, so gilt

$$y = C_1 e^{2\mu x} \varphi_1(x) + C_2 e^{-2\mu x} \varphi_2(x),$$

wobei φ_1 und φ_2 periodische Funktionen mit der Periode π sind.
b. Ist $y_I(\pi) < -1$, so gilt $\mu = \rho + i/2$, ρ reell, $i^2 = -1$ und:

$$y = C_1 e^{2\rho x}\varphi_1(x) + C_2 e^{-2\rho x}\varphi_2(x);$$

dabei sind φ_1, φ_2 periodisch mit der Periode 2π.
c. Ist $|y_I(\pi)| < 1$, so gilt $\mu = \nu i$, ν reel, $\cos(2\pi\nu) = y_I(\pi)$ und:

$$y = (C_1 \cos \nu x + C_2 \sin \nu x)\varphi_1(x) + (C_2 \cos \nu x - C_1 \sin \nu x)\varphi_2(x);$$

φ_1 und φ_2 haben die Periode π.
d. Ist $y_I(\pi) = \pm 1$, so gilt

$$y = \varphi_1(x) + x\varphi_2(x),$$

wobei φ_1 und φ_2 periodisch sind.
2. Für gewisse Werte der Parameter a und q hat die Mathieusche DGl periodische Lösungen; solche Werte von a nennt man Eigenwerte. In der angewandten Mathematik gilt den periodischen Lösungen besonderes Interesse. Tabelle 9 enthält die wichtigsten dieser Lösungen.
Die Mathieuschen Funktionen haben folgende Eigenschaften

$$\begin{aligned}
ce_{2n}(x,-q) &= (-1)^n ce_{2n}\left(\frac{\pi}{2} - x, q\right), \\
ce_{2n+1}(x,-q) &= (-1)^n se_{2n+1}\left(\frac{\pi}{2} - x, q\right), \\
se_{2n}(x,-q) &= (-1)^{n-1} se_{2n}\left(\frac{\pi}{2} - x, q\right), \\
se_{2n+1}(x,-q) &= (-1)^n ce_{2n+1}\left(\frac{\pi}{2} - x, q\right).
\end{aligned}$$

Tabelle 9

Periodische Lösungen $ce_n = ce_n(x, q)$ und $se_n = se_n(x, q)$ der Mathieuschen DGl; (ist n eine gerade Zahl, so haben die Funktionen ce_n und se_n die Periode 2π; ist n ungerade, so haben sie die Periode π); jedem Wert des Parameters q entsprechen bestimmte Eigenwerte $a = a_n(q)$ und $a = b_n(q)$; $n = 0,\ 1,\ 2,\ \ldots$

Mathieusche Funktionen	Rekursive Relationen für die Bestimmung der Koeffizienten	Bewertung	Bezeichnungen
$ce_{2n} = \sum\limits_{m=0}^{\infty} A_{2m} \cos 2mx$	$qA_2 = aA_0;$ $qA_4 = (a-4)A_2 - 2qA_0;$ $qA_{2m+2} = (a-4m^2)A_{2m}$ $-qA_{2m-2}$ für $m \geq 2$	$A_0^2 + \sum\limits_{m=0}^{\infty} A_{2m}^2 =$ $= \begin{cases} 2 \text{ für } n = 0 \\ 1 \text{ für } n \geq 1 \end{cases}$	$A_{2m} = A_{2m}^{2n}(q),$ $a = a_{2n}(q)$
ce_{2n+1} $= \sum\limits_{m=0}^{\infty} A_{2m+1} \cos(2m+1)x$	$qA_3 = (a-1-q)A_1;$ $qA_{2m+3} = [a-(2m+1)^2]\, A_{2m+1}$ $-qA_{2m-1}$ für $m \geq 1$	$\sum\limits_{m=0}^{\infty} A_{2m+1}^2 = 1$	$A_{2m+1} = A_{2m+1}^{2n+1}(q),$ $a = a_{2n+1}(q)$
$se_{2n} = \sum\limits_{m=0}^{\infty} B_{2m} \sin 2mx,$ $se_0 = 0$	$qB_4 = (a-4)B_2;$ $qB_{2m+2} = (a-4m^2)B_{2m}$ $-qB_{2m-2}$ für $m \geq 2$	$\sum\limits_{m=0}^{\infty} B_{2m}^2 = 1$	$B_{2m} = B_{2m}^{2n}(q),$ $a = b_{2n}(q)$
se_{2n+1} $= \sum\limits_{m=0}^{\infty} B_{2m+1} \sin(2m+1)x$	$qB_3 = (a-1-q)B_1;$ $qB_{2m+3} = [a-(2m+1)^2]\, B_{2m+1}$ $-qB_{2m-1}$ für $m \geq 1$	$\sum\limits_{m=0}^{\infty} B_{2m+1}^2 = 1$	$B_{2m+1} = B_{2m+1}^{2n+1}(q),$ $a = b_{2n+1}(q)$

Die Abhängigkeit der Eigenwerte a_n und b_n vom Parameter q kann auf folgende Weise mit Hilfe von Näherungsformeln ausgedrückt werden. In den in der Tabelle 9 angegebenen rekursiven Formeln für die Koeffizientenbestimmung ersetzt man m durch eine genügend große [natürliche] Zahl. Nachher läßt man in diesen Formeln das Glied mit der größten Nummer fort und erhält hierdurch ein System von linearen homogenen Gleichungen (Unbekannte sind die Koeffizienten A_m bzw. B_m). Setzt man die Determinante dieses Systems gleich Null, so erhält man eine algebraische Gleichung, aus der $a_n(q)$ (oder $b_n(q)$) bestimmt werden kann.

Für jeden reellen von Null verschiedenen Wert von q sind die Eigenwerte a_n und b_n reel mit $a_n \neq b_n$; dabei gilt für $q > 0$

$$a_0 < b_1 < a_1 < b_2 < a_2 < \ldots$$

und für $q < 0$

$$a_0 < a_1 < b_1 < b_2 < a_2 < a_3 < b_3 < b_4 < \dots .$$

Die Eigenwerte haben folgende Eigenschaften:

$$a_{2n}(-q) = a_{2n}(q), \; b_{2n}(-q) = b_{2n}(q), \; a_{2n+1}(-q) = b_{2n+1}(q).$$

Die den Eigenwerten a_n oder b_n entsprechenden Lösungen der Mathieuschen DGl haben im Intervall $0 \le x < \pi$ [genau] n Nullstellen (q reell).
Weiter unten sind die zwei Hauptglieder der asymptotischen Entwicklungen für $q \to 0$ der Mathieuschen Funktionen $ce_n(x,q)$, $se_n(x,q)$ und der entsprechenden Eigenwerte $a_n(q)$, $b_n(q)$ angegeben:

$$ce_0 = \frac{1}{\sqrt{2}}\left(1 - \frac{q}{2}\cos 2x\right), \qquad a_0 = -\frac{q^2}{2} + \frac{7q^4}{128};$$

$$ce_1 = \cos x - \frac{q}{8}\cos 3x, \qquad a_1 = 1 + q;$$

$$ce_2 = \cos 2x + \frac{q}{4}\left(1 - \frac{\cos 4x}{3}\right), \; a_2 = 4 + \frac{5q^2}{12};$$

$$ce_n = \cos nx + \frac{q}{4}\left[\frac{\cos(n+2)x}{n+1} - \frac{\cos(n-2)x}{n-1}\right], \; a_n = n^2 + \frac{q^2}{2(n^2-1)} \; (n \ge 3);$$

$$se_1 = \sin x - \frac{q}{8}\sin 3x, \qquad b_1 = 1 - q;$$

$$se_2 = \sin 2x - q\frac{\sin 4x}{12}, \qquad b_2 = 4 - \frac{q^2}{12};$$

$$se_n = \sin nx - \frac{q}{4}\left[\frac{\sin(n+2)x}{n+1} - \frac{\sin(n-2)x}{n-1}\right], \; b_n = n^2 + \frac{q^2}{2(n^2-1)} \; (n \ge 3);$$

[Anm. d. Übers.: Die korrekte Form dieser asymptotischen Formeln lautet

$$ce_0(x,q) = \frac{1}{\sqrt{2}}\left(1 - \frac{q}{2}\cos 2x\right) + O(q^2), \qquad a_0(q) = -\frac{q^2}{2} + \frac{7q^4}{128} + O(q^4);$$

usw. Weiteren Aufschluß über die Mathieusche DGl findet man im Buch von J. Meixner u. F.W. Schäfke "Mathieusche Funktionen und Sphäroidfunktionen“ Springer-Verlag, Berlin / Göttingen / Heidelberg, 1954.]

2.1.91. $(\sin^2 x)y'' + ay = 0$

Die Transformation $\xi = \cot x$ führt zur DGl 2.1.55 mit $y = y(\xi)$:

$$(\xi^2 + 1)y'' + 2\xi y' + ay = 0.$$

2.1.92. $\boldsymbol{y'' \cos^2 x - [a \cos^2 x + n(n-1)]y = 0}$

Ist n eine natürliche Zahl, so gilt

$$y = \cos^n x \left(\frac{1}{\cos x} \frac{\mathrm{d}}{\mathrm{d}x} \right)^n \left[C_1 \exp(x\sqrt{a}) + C_2 \exp(-x\sqrt{a}) \right].$$

2.1.93. $\boldsymbol{y'' \sin x + y' \cos x + \nu(\nu+1) y \sin x = 0}$

Die Transformation $\xi = \cos x$ führt zur Legendreschen DGl 2.1.48 mit $y = y(\xi)$:

$$(1 - \xi^2)y'' + 2\xi y' - \nu(\nu+1)y = 0.$$

2.1.94. $\boldsymbol{y'' \sin^2 x - [a \sin^2 x + n(n-1)]y = 0}$

Ist n eine natürliche Zahl, so gilt

$$y = \sin^n x \left(\frac{1}{\sin x} \frac{\mathrm{d}}{\mathrm{d}x} \right)^n \left[C_1 \exp(x\sqrt{a}) + C_2 \exp(-x\sqrt{a}) \right].$$

Für $a = -m^2$ ($m = 1,\ 2,\ 3,\ \ldots$) hat diese DGl periodische Lösungen.

2.1.95. $\boldsymbol{y'' \sin x + (2n+1)y' \cos x + (\nu - n)(\nu + n + 1) y \sin x = 0}$

wobei ν eine beliebige und n eine natürliche Zahl ist.
Allg. Lösung:

$$y = \frac{\mathrm{d}^n}{\mathrm{d}z^n} y_\nu(z) \quad \text{mit } z = \cos x,$$

wobei $y_\nu(x)$ die allgemeine Lösung der Legendreschen DGl 2.1.48 ist.

2.1.96. $\boldsymbol{y'' \sin^2 x + y' \sin x \cos x + [\nu(\nu+1) \sin^2 x - n^2]y = 0}$

wobei ν eine beliebige und n eine ganze nichtnegative Zahl ist.
Allg. Lösung:

$$y = \sin^n x \frac{\mathrm{d}^n}{\mathrm{d}z^n} y_\nu(z)$$

mit $z = \cos x$, wobei $y_\nu(x)$ die allgemeine Lösung der Legendreschen DGl 2.1.48 ist.

2.1.97. $\boldsymbol{y'' = \left[\frac{n(n-1)}{\sin^2 x} + \frac{m(m-1)}{\cos^2 x} - a \right] y}$

Die Transformation $\xi = \sin^2 x,\ y = \eta \sin^n x \cos^m x$ ergibt die hypergeometrische DGl 2.1.53:

$$\xi(\xi - 1)\eta'' + [(\alpha + \beta + 1)\xi - \gamma]\eta' + \alpha\beta\eta = 0,$$

mit $\alpha, \beta = \dfrac{n+m}{2} \pm \dfrac{1}{2}\sqrt{a}, \ \gamma = n + \dfrac{1}{2}, \ \eta = \eta(\xi)$.

2.1.98. $\boldsymbol{y'' + ay' \tan x + by = 0}$

Die Transformation $\xi = \sin x$ ergibt folgende DGl vom Typ 2.1.52 mit $y = y(\xi)$:

$$(\xi^2 - 1)y'' + (1 - a)\xi y' - by = 0.$$

Für $a = -2$ lautet die [allgemeine] Lösung:

$$y \cos x = \begin{cases} C_1 \cos \alpha x + C_2 \sin \alpha x & \text{für } b + 1 = \alpha^2 > 0 \\ C_1 \cosh \alpha x + C_2 \sinh \alpha x & \text{für } b + 1 = -\alpha^2 < 0 \end{cases}$$

Für $a = 2, \ b = 3$ gilt

$$y = C_1 \cos^3 x + C_2 \sin x (1 + 2\cos^2 x).$$

2.1.99. $\boldsymbol{y'' + 2ay' \cot ax + (b^2 - a^2)y = 0}$

Für $a \neq 0, \ b \neq 0$ ergibt die Transformation $u = y \sin ax$ die [allgemeine] Lösung

$$y \sin ax = C_1 \cos bx + C_2 \sin ax.$$

2.1.100. $\boldsymbol{y'' + m \tan xy' + b^2(\cos x)^{2m} y = 0}$

Allg. Lösung:

$$y = C_1 \sin bu + C_2 \cos bu, \quad \text{mit } u = \int \cos^m x \mathrm{d}x.$$

2.1.101. $\boldsymbol{y'' + \tan xy' + b^2 \cos^2 x (\sin x)^{2\lambda - 2} y = 0}$

Allg. Lösung:

$$y = \sqrt{\sin x}\left[C_1 J_{\frac{1}{2\lambda}}\left(\frac{b}{\lambda}\sin^\lambda x\right) + C_2 Y_{\frac{1}{2\lambda}}\left(\frac{b}{\lambda}\sin^\lambda x\right)\right],$$

dabei sind mit J_ν und Y_ν die Besselschen Funktionen bezeichnet.

2.1.102. $\boldsymbol{y'' + \tan xy' - n(n-1)\cot^2 xy = 0}$

Allg. Lösung:

$$y = \begin{cases} C_1 \sin^n x + C_2 \sin^{1-n} x & \text{für } n \neq 1/2 \\ \sqrt{\sin x}(C_1 + C_2 \ln \sin x) & \text{für } n = 1/2 \end{cases}$$

2.1.103. $\boldsymbol{y'' - 2\cot(2x)y' - \sin^2(2x)y = 0}$

Allg. Lösung:

$$y = C_1\exp(\sin^2 x) + C_2\exp(-\sin^2 x).$$

2.1.104. $\boldsymbol{y'' - m\cot xy' + b^2(\sin x)^{2m}y = 0}$

Allg. Lösung:

$$y = C_1 \sin bu + C_2 \cos bu, \quad \text{mit } u = \int (\sin x)^m \mathrm{d}x.$$

2.1.105. $\boldsymbol{\sin(2x)y'' - y' + 2b^2 \sin^2 xy = 0}$

Allg. Lösung:

$$y = C_1 \sin bu + C_2 \cos bu, \quad \text{mit } u = \int \sqrt{\tan x}\mathrm{d}x.$$

2.1.106. $\boldsymbol{\sin(2x)y'' - 2my' + 2b^2 \sin^2 x(\tan x)^{2m-1}y = 0}$

Allg. Lösung:

$$y = C_1 \sin bu + C_2 \cos bu, \quad \text{mit } u = \int \tan^m x\mathrm{d}x.$$

107.– 111. DGl mit logarithmischen Funktionen

2.1.107. $\boldsymbol{xy'' = [\lambda^2 x(\ln ax)^2 + \lambda]y}$

Partikuläre Lösung:

$$y = e^{-\lambda x}(ax)^{\lambda x}.$$

Die allgemeine Lösung erhält man mit Hilfe der in 2.1.1. angegebenen Formeln.

2.1.108. $\boldsymbol{x^2y'' + xy' + b^2(\ln x)^{2\lambda-2}y = 0}$

Allg. Lösung:

$$y = \sqrt{\ln x}\left[C_1 J_{\frac{1}{2\lambda}}\left(\frac{b}{\lambda}\ln^\lambda x\right) + C_2 Y_{\frac{1}{2\lambda}}\left(\frac{b}{\lambda}\ln^\lambda x\right)\right],$$

dabei sind mit J_ν und Y_ν die Besselschen Funktionen bezeichnet.

2.1.109. $\boldsymbol{x \ln x y'' - n y' - a^2 x (\ln x)^{2n+1} y = 0}$

Allg. Lösung:

$$y = C_1 e^{aw} + C_2 e^{-aw},$$

mit $w = \int \ln^n x \mathrm{d}x = x \sum_{k=0}^{n} (-1)^{n-k} \frac{n!}{k!} \ln^k x.$

2.1.110. $\boldsymbol{x^2 \ln(ax) y'' + y = 0}$

Allg. Lösung:

$$y = C_1 \ln(ax) + C_2 \ln(ax) \int \frac{\mathrm{d}x}{[\ln(ax)]^2}.$$

2.1.111. $\boldsymbol{x y'' + (2ax \ln x + 1) y' + (a^2 x \ln^2 x + a \ln x + a) y = 0}$

Allg. Lösung:

$$y = e^{ax} x^{-ax} (C_1 + C_2 \ln x).$$

2.2 Nichtlineare DGl mit beliebigen Funktionen

2.2.1. $\boldsymbol{y'' = f(y)}$

Allg. Lösung:

$$\int \left[C_1 + 2 \int f(y) \mathrm{d}y \right]^{-1/2} \mathrm{d}y = C_2 \pm x.$$

Sind die Zahlen A_n Wurzeln der Gleichung $f(A) = 0$, so hat die vorgegebene DGl auch die Lösungen $y = A_n$.
[Anm. d. Übers.: Sie können sowohl partikuläre als auch singuläre Lösungen sein.]

2.2.2. $\boldsymbol{y'' = f(x) g(y')}$

Die Transformation $u(x) = y'$ ergibt folgende DGl erster Ordnung mit getrennten Variablen

$$u' = f(x) g(u).$$

[Anm. d. Übers.: Sind die Zahlen A_n Wurzeln der Gleichung $f(A) = 0$, so hat die vorgegebene DGl auch die Lösungen $y = Ax + C$ mit willkürlichen Konstanten C.]

2.2.3. $\boldsymbol{y'' = f(y)g(y')}$

Die Transformation $u(y) = y'$ ergibt folgende DGl erster Ordnung mit getrennten Variablen

$$uu' = f(y)g(u).$$

Sind die Zahlen A_n und B_m Wurzeln der Gleichungen $f(A) = 0$, $g(B) = 0$, so hat die vorgegebene DGl auch die Lösungen $y = A_n$, $y = B_m x + C_m$ mit willkürlichen Konstanten C_m.
[Anm. d. Übers.: Alle diese Lösungen können sowohl partikuläre als auch singuläre Lösungen der vorgegebenen DGl sein.]

2.2.4. $\boldsymbol{y'' = \frac{1}{x^3} f\left(\frac{y}{x}\right)}$

Die Transformation $u(x) = y/x$ und darauf folgende Integration ergibt

$$x^4(u')^2 = 2\int f(u)\mathrm{d}u + C_1.$$

Nach nochmaliger Integration erhält man

$$\int \left[C_1 + 2\int f(u)\mathrm{d}u\right]^{-1/2} \mathrm{d}u = C_2 \pm \frac{1}{x}.$$

2.2.5. $\boldsymbol{y'' = x^{-3/2} f(yx^{-1/2})}$

Die Transformation $u(x) = yx^{-1/2}$ ergibt

$$\frac{\mathrm{d}}{\mathrm{d}x}(xu')^2 = \frac{1}{2}uu' + 2f(u)u',$$

folglich gilt

$$\int \left[C_1 + \frac{1}{4}u^2 + 2\int f(u)\mathrm{d}u\right]^{-1/2} \mathrm{d}u = C_2 \pm \ln|x|.$$

2.2.6. $\boldsymbol{y'' = x^{-2} f(xy')}$

In dieser DGl kommt y nicht vor. Die Transformation $u(x) = xy'$ ergibt folgende DGl erster Ordnung mit getrennten Variablen:

$$xu' = f(u) + u$$

2.2.7. $\boldsymbol{y'' = yf\left(\frac{y'}{y}\right)}$

In dieser DGl kommt x nicht vor. Die Transformation $u(y) = y'/y$ ergibt folgende DGl erster Ordnung mit getrennten Variablen:

$$yuu' = f(u) - u^2.$$

2.2.8. $\boldsymbol{y'' = \frac{y}{x^2} f\left(\frac{xy'}{y}\right)}$

Die Transformation $w(x) = xy'/y$ ergibt folgende DGl erster Ordnung mit getrennten Variablen:

$$xw' = f(w) + w - w^2.$$

2.2.9. $\boldsymbol{y'' = \frac{f(y)}{x} y'}$

Die Transformation $w(y) = xy'/y$ ergibt folgende lineare DGl erster Ordnung mit der unbekannten Funktion $w = w(y)$:

$$yw' = -w + 1 + f(y).$$

2.2.10. $\boldsymbol{y'' = \frac{f(x)}{y} (y')^2}$

Die Transformation $w(x) = xy'/y$ ergibt folgende Bernoulli-DGl mit der unbekannten Funktion $w = w(x)$:

$$xw' = w + [f(x) - 1]w^2.$$

2.2.11. $\boldsymbol{y'' = xf(y)\,(y')^3}$

Indem man y als neue unabhängige Veränderliche und $x = x(y)$ als unbekannte Funktion einführt, erhält man die lineare DGl:

$$x'' = -f(y)x.$$

2.2.12. $\boldsymbol{y'' = (xy)^{-1/2} f(y')}$

Indem man den Parameter $u = y'$ einführt und die Transformation

$$t = \int \frac{\mathrm{d}u}{f(u)}, \quad w = 2\sqrt{x},$$

macht, erhält man die lineare DGl zweiter Ordnung $w'' = g(t)w$ mit der unbekannten Funktion $w = w(t)$. Dabei ist die Funktion $g(t)$ parametrisch vorgegeben

$$g = \frac{u}{4}, \quad t = \int \frac{\mathrm{d}u}{f(u)}.$$

2.2.13. $\boldsymbol{y'' = f(ax + by + c)g(y')}$

Für $b = 0$ gehört diese DGl dem Typ 2.2.2 an. Für $b \neq 0$ ergibt die Transformation $u(x) = y + (ax + c)/b$ folgende DGl vom Typ 2.2.3:

$$u'' = f(bu)g(u' - a/b).$$

2.2.14. $\boldsymbol{y'' = f(y + ax^2 + bx + c)}$

Die Transformation $u(x) = y + ax^2 + bx + c$ ergibt folgende DGl vom Typ 2.2.1:

$$u'' = 2a + f(u).$$

2.2.15. $\boldsymbol{y'' = y^{-3} f\left(\frac{y}{\sqrt{ax^2 + bx + c}}\right)}$

Die Transformation $u(x) = y(ax^2 + bx + c)^{-1/2}$ und darauf folgende Integration ergibt folgende DGl mit getrennten Variablen:

$$(ax^2 + bx + c)^2 (u')^2 = \left(\frac{1}{4}b^2 - ac\right) u^2 + 2 \int u^{-3} f(u) \mathrm{d}u + C_1.$$

2.2.16. $\boldsymbol{y'' = \frac{f(x^n y^m)}{xy} (y')^{\frac{2n+m}{n+m}}}$

Die Transformation $z = x^n y^m$, $w = xy'/y$ ergibt

$$z(mw + n)w' = z^{-\frac{1}{m+1}} f(z) w^{\frac{2n+m}{n+m}} + w - w^2.$$

Indem man beide Seiten dieser DGl durch $w^{\frac{2n+m}{n+m}}$ dividiert und die neue Variable [Richtig ist: unbekannte Funktion]

$$\zeta = w^{\frac{m}{n+m}} - w^{-\frac{n}{n+m}}$$

einführt, erhält man folgende lineare DGl mit der unbekannten Funktion $\zeta = \zeta(y)$:

$$(n + m)z\zeta' = -\zeta + z^{-\frac{1}{n+m}} f(z).$$

2.2.17. $\boldsymbol{y'' = \dfrac{f(x^n e^{\beta y})}{x} y'}$

Die Transformation $z = x^n e^{\beta y}$, $u = xy'$ ergibt folgende DGl erster Ordnung mit getrennten Variablen mit der unbekannten Funktion $u = u(z)$:

$$z(\beta u + n)u' = [f(z) + 1]u.$$

2.2.18. $\boldsymbol{y'' = \dfrac{f(y^m e^{\alpha x})}{y} (y')^2}$

Die Transformation $z = e^{\alpha x} y^m$, $u = y'/y$ ergibt folgende DGl erster Ordnung mit getrennten Variablen mit der unbekannten Funktion $u = u(z)$:

$$z(mu + \alpha)u' = [f(z) - 1]u^2.$$

2.2.19. $\boldsymbol{y'' = f(y)(y')^2 + g(y)(y')^k}$

Die Transformation $p(y) = y'$ ergibt folgende Bernoulli-DGl:

$$p' = f(y)p + g(y)p^{k-1}.$$

Außerdem gibt es für $k > 0$ noch die partikulären Lösungen $y = C$, wobei C eine willkürliche Konstante ist.
[Anm. d. Übers.: $y = C$ kann sowohl partikuläre als auch singuläre Lösung sein.]

2.2.20. $\boldsymbol{y'' = f(y)(y')^2 + g(x)y'}$

Indem man durch y' dividiert, erhält man eine exakte DGl. Ihre Lösung ergibt sich aus der Gleichheit

$$\ln|y'| = \int f(y)\mathrm{d}y + \int g(x)\mathrm{d}x + C,$$

Nach y' auflösend, erhält man eine DGl mit getrennten Variablen. Außerdem ist $y = C$ mit der willkürlichen Konstanten C Lösung der vorgegebenen DGl.

2.2.21. $\boldsymbol{g(x)y'' + \frac{1}{2}g'(x)y' = f(y)}$

Indem man beide Seiten integriert, erhält man folgende DGl mit getrennten Variablen:

$$g(x)(y')^2 = 2\int f(y)\mathrm{d}y + C_1.$$

Für $g(x) \geq 0$ lautet die allgemeine Lösung

$$\int \left[C_1 + 2\int f(y)\mathrm{d}y\right]^{-1/2} \mathrm{d}y = C_2 \pm \int \frac{\mathrm{d}x}{\sqrt{g(x)}}.$$

2.2.22. $\boldsymbol{y'' = n(n+1)x^{-2}y + x^{3n}f(x^n y)}$

Die Transformation $w = x^n y$ ergibt eine DGl vom Typ 2.2.24 mit $a = 2n$.

2.2.23. $\boldsymbol{y'' = f(x)y + ky^{-3}}$ Ermakow – DGl

Bezeichnet $u = u(x)$ eine beliebige nichttriviale Lösung der linearen DGl $u'' = f(x)u$, so ergibt die Transformation $w(x) = y/u$ folgende DGl vom Typ 2.2.21:

$$u^4 w'' + 2u^3 u' w' = kw^{-3}.$$

Deshalb gilt

$$C_1 y^2 = 4ku^2 + u^2 \left(C_2 + C_1 \int \frac{\mathrm{d}x}{u^2} \right)^2 .$$

2.2.24. $\boldsymbol{y'' = ax^{-1}y' + x^{2a}f(y)}$

Indem man beide Seiten mit x^{-2a} multipliziert, erhält man eine DGl vom Typ 2.2.21. Integration ergibt

$$\begin{aligned} \int \left[C_1 + 2 \int f(y)\mathrm{d}y \right]^{-1/2} \mathrm{d}y &= C_2 \pm \frac{x^{a+1}}{a+1}, \ (a \neq -1), \\ \int \left[C_1 + 2 \int f(y)\mathrm{d}y \right]^{-1/2} \mathrm{d}y &= C_2 \pm \ln|x|, \ (a = -1). \end{aligned}$$

2.2.25. $\boldsymbol{y'' = \frac{n - kn - km}{km} x^{-1}y' + x^{k-1}y^{-k}f(x^n y^m)(y')^{k+1}}$

Die Transformation $z = x^n y^m$, $w = xy'/y$, ergibt folgende DGl mit der unbekannten Funktion $w = w(z)$:

$$z(mw + n)w' = \frac{n(1-k)}{km} w - w^2 + f(z)w^{k+1}.$$

Indem man beide Seiten mit w^{-k-1} multipliziert und die Funktion

$$\zeta = \frac{m}{1-k} w^{1-k} - \frac{n}{k} w^{-k},$$

einführt, erhält man die lineare DGl erster Ordnung:

$$z\zeta' = \frac{k-1}{m} \zeta + f(z)$$

mit der unbekannten Funktion $\zeta(z)$.

2.2.26. $\boldsymbol{y'' = \frac{m+km+kn}{kn} y^{-1}(y')^2 + x^k y^{-k-1} f(x^n y^m)(y')^{k+2}}$

Die Transformation $z = x^n y^m$, $w = xy'/y$, ergibt folgende DGl mit der unbekannten Funktion $w = w(z)$

$$z(mw+n)w' = w + \frac{m(1+k)}{kn} w^2 + f(z) w^{k+2}.$$

Indem man beide Seiten mit w^{-k-2} multipliziert und die Funktion

$$\zeta = \frac{m}{k} w^{-k} + \frac{n}{k+1} w^{-k-1},$$

einführt, erhält man die lineare DGl erster Ordnung:

$$z\zeta' = -\frac{k+1}{n}\zeta - f(z)$$

mit der unbekannten Funktion $\zeta = \zeta(z)$.

2.2.27. $\boldsymbol{y'' = \frac{f(x^n y^m)}{xy}(xyx' - y)y'}$

Die Transformation $z = x^n y^m$, $w = xy'/y$ ergibt folgende DGl mit getrennten Variablen und mit der unbekannten Funktion $w = w(z)$

$$z(mw+n)w' = [f(z) - 1](w^2 - w).$$

2.2.28. $\boldsymbol{y'' = x^{-2} f\left(\frac{y}{x}\right)(xy' - y)(y')^k}$

Die Transformation $z = y/x$, $w = y'/y$ ergibt folgende Bernoulli-DGl mit der unbekannten Funktion $w = w(z)$:

$$zw' = -w + z^k f(z) w^k.$$

Außerdem sind die partikulären Lösungen $y = x$ und $y = Ax$, A ist eine Wurzel der Gleichung $f(A) = 0$, vorhanden; für $k > 0$ gilt $y = C$ mit willkürlichem C.
[Anm. d. Übers.: $y = x$, $y = Ax$ und $y = C$ können sowohl partikuläre als auch singuläre Lösungen der vorgegebenen DGl sein].

2.2.29. $\boldsymbol{y'' = f(x)(xy' - y)^k}$

Die Transformation $v = y' - \dfrac{y}{x}$ ergibt folgende Bernoulli-DGl mit der unbekannten Funktion $v(x)$:

$$xv' = v + x^{k+1} f(x) v^k.$$

2.2.30. $\boldsymbol{y'' = \dfrac{f(y')}{\sqrt{ay + bx^2}}}$

Mit Hilfe der Bezeichnung $u = y'$ [Richtig ist: Indem man den Parameter $u = y'$ einführt] kann man der DGl folgende Form geben

$$[u'/f(u)]^{-2} = ay + bx^2.$$

Indem man beide Seiten nach x differenziert und die neue Variable $t = \displaystyle\int \frac{du}{f(u)}$ einführt, erhält man folgende, mit Hilfe von Quadraturen integrierbare lineare DGl zweiter Ordnung mit der unbekannten Funktion $x = x(t)$:

$$2x'' = 2bx + au(t).$$

Dabei ist $u = u(t)$ eine implizit definierte Funktion: $t = \displaystyle\int \frac{du}{f(u)}$.

2.2.31. $\boldsymbol{y'' = \dfrac{f(y')}{\sqrt{ax + by^2}}}$

Indem man y als unabhängige Variable einführt, erhält man folgende DGl vom Typ 2.2.30 mit der unbekannten Funktion $x = x(y)$:

$$x'' = -(ax + by^2)^{-1/2} f(1/x')(x')^3.$$

2.2.32. $\boldsymbol{y'' = \dfrac{f(y')}{\sqrt{axy + b}}}$

Mit Hilfe der Bezeichnung $u = y'$ [Richtig ist: Indem man den Parameter $u = y'$ einführt] kann man der DGl folgende Form geben:

$$[\sqrt{x}u'/f(u)]^{-2} = ay + bx^{-1}.$$

Indem man beide Seiten nach x differenziert und die Transformation

$$t = \frac{1}{2}\int \frac{du}{f(u)}, \quad z = \sqrt{x}$$

macht, erhält man folgende DGl vom Typ 2.2.23:

$$z'' = au(t)z - bz^{-3}, \quad z = z(t).$$

2.2.33. $\boldsymbol{y'' = (ax^2 + bxy + cy^2 + \alpha x + \beta y + \gamma)^{-1/2} f(y')}$

Die Transformation $x = At + Bu + C$, $y = Dt + Pu + Q$ mit $u = u(t)$ führt diese DGl bei geeigneter Wahl der Konstanten A, B, C, D, P und Q auf eine der DGln vom Typ 2.2.30 ... 2.2.32 zurück.

2.2.34. $\boldsymbol{y'' = \dfrac{f(y')}{\sqrt{axy + bx^{3/2} + cx}}}$

Mit Hilfe der Bezeichnung $u = y'$ [Richtig ist: Indem man den Parameter $u = y'$ einführt] kann man der DGl folgende Form geben

$$[\sqrt{x}u'/f(u)]^{-2} = ay + b\sqrt{x} + c.$$

Indem man beide Seiten nach x differenziert und die Transformation

$$t = \frac{1}{2}\int \frac{\mathrm{d}u}{f(u)}, \quad z = \sqrt{x}$$

macht, erhält man folgende lineare DGl zweiter Ordnung mit der unbekannten Funktion $z = z(t)$:

$$2z'' = 2au(t)z + b.$$

Dabei ist $u = u(t)$ eine implizit definierte Funktion $t = \dfrac{1}{2}\displaystyle\int \frac{\mathrm{d}u}{f(u)}$.

2.2.35. $\boldsymbol{y'' = \dfrac{f(y')}{\sqrt{axy + by^{3/2} + cy}}}$

Indem man y als unabhängige Veränderliche einführt, erhält man folgende DGl vom Typ 2.2.34 mit der unbekannten Funktion $x = x(y)$:

$$x'' = -(axy + by^{3/2} + cy)^{-1/2} f(1/x')(x')^3.$$

2.2.36. $\boldsymbol{y'' = \dfrac{1}{x} f\left(y' - \dfrac{y}{x}\right)}$

Die Transformation $v(x) = y' - \dfrac{y}{x}$ ergibt folgende DGl mit getrennten Variablen:

$$xv' = -v + f(v).$$

2.2.37. $\boldsymbol{y'' = f(x)g(xy' - y)}$

Die Transformation $v(x) = xy' - y$ ergibt folgende DGl mit getrennten Variablen:

$$v' = xf(x)g(v).$$

2.2.38. $\boldsymbol{y'' = x^{-1}f(y)g(xy' - y)y'}$

Die Transformation $v(y) = xy' - y$ ergibt folgende DGl mit getrennten Variablen:

$$v' = f(y)g(v).$$

2.2.39. $\boldsymbol{y'' = \dfrac{f(x^n y^m)}{xy}(y')^{\frac{2n+m-nk}{n+m}}(xy'-y)^k}$

Die Transformation $z = x^n y^m$, $w = xy'/y$ ergibt folgende DGl mit der unbekannten Funktion $w = w(z)$:

$$z(mw+n)w' = z^{\frac{k-1}{n+m}} f(z) w^{\frac{2n+m-nk}{n+m}} (w-1)^k + w - w^2.$$

Indem man beide Seiten mit $w^{-\frac{2n+m}{n+m}}$ multipliziert und die neue Variable [Richtig ist: unbekannte Funktion]

$$\zeta = w^{\frac{m}{n+m}} - w^{-\frac{n}{n+m}}$$

einführt, erhält man folgende Bernoulli-DGl mit der unbekannten Funktion $\zeta = \zeta(z)$:

$$(n+m)z\zeta' = -\zeta + z^{\frac{k-1}{n+m}} f(z)\zeta^k.$$

2.2.40. $\boldsymbol{y'' = y^{-1}(y')^2 - x^{-1}y' + x^{-2}yf(x^n y^m)g\left(\dfrac{xy'}{y}\right)}$

Die Transformation $z = x^n y^m$, $w = xy'/y$ ergibt folgende DGl erster Ordnung mit getrennten Variablen:

$$z(mw+n)\zeta' = f(z)g(w).$$

2.2.41. $\boldsymbol{y'' = a + f(x)\sqrt{(y')^2 - 2ay}}$

Mit Hilfe der Bezeichnung $y' = u$ [Richtig ist: Indem man den Parameter $y = y'$ einführt] kann man der DGl folgende Form geben:

$$(u'-a)^2[f(x)]^{-2} = u^2 - 2ay.$$

Indem man beide Seiten nach x differenziert und nachher durch $(u'-a)$ kürzt, erhält man folgende lineare DGl mit der unbekannten Funktion $u = u(x)$:

$$fu'' = f'u' + f^3u - af'.$$

[Anm. d. Übers.: Die DGl hat auch die singuläre Lösung $y = \dfrac{1}{2}ax^2$.]

2.2.42. $\boldsymbol{y'' = \dfrac{\psi''}{\psi}y + \psi^{-3}f\left(\dfrac{y}{\psi}\right)}$, mit $\psi = \psi(x)$

Die Transformation $w(x) = y/\psi$ ergibt folgende DGl vom Typ 2.2.21:

$$\psi^4 w'' + 2\psi'\psi^3 w' = f(w).$$

Deshalb gilt

$$\int \left[C_1 + 2\int f(w)\mathrm{d}w\right]^{-1/2} \mathrm{d}w = C_2 \pm \int \frac{\mathrm{d}x}{\psi^2(x)}.$$

2.2.43. $\boldsymbol{y'' = \lambda^2 y + e^{3\lambda x} f(e^{\lambda x} y)}$

DGl vom Typ 2.2.42 mit $\psi = e^{-\lambda x}$.

2.2.44. $\boldsymbol{y'' = ay' + e^{2ax} f(y)}$

Indem man beide Seiten mit e^{-2ax} multipliziert, erhält man eine DGl vom Typ 2.2.21. Deshalb lautet die allgemeine Lösung:

$$\int \left[C_1 + 2\int f(y)\mathrm{d}y\right]^{-1/2} \mathrm{d}y = C_2 \pm \frac{1}{a} e^{ax}.$$

2.2.45. $\boldsymbol{y'' = \lambda^2 y + (\sinh \lambda x)^{-3} f\left(\frac{y}{\sinh \lambda x}\right)}$

DGl vom Typ 2.2.42 mit $\psi = \sinh \lambda x$.

2.2.46. $\boldsymbol{y'' = \lambda^2 y + (\cosh \lambda x)^{-3} f\left(\frac{y}{\cosh \lambda x}\right)}$

DGl vom Typ 2.2.42 mit $\psi = \cosh \lambda x$.

2.2.47. $\boldsymbol{y'' = -x^{-1} y' + x^{-2} f(x^n e^{\alpha y}) g(xy')}$

Die Transformation $z = x^n e^{\alpha y}$, $w = xy'$ ergibt folgende DGl mit getrennten Variablen mit der unbekannten Funktion $w = w(z)$:

$$z(\alpha w + n)w' = f(z)g(w).$$

2.2.48. $\boldsymbol{y'' = y^{-1}(y')^2 + y f(e^{\alpha x} y^m) g(y'/y)}$

Die Transformation $z = e^{\alpha x} y^m$, $w = y'/y$ ergibt folgende DGl mit getrennten Variablen mit der unbekannten Funktion $w = w(z)$:

$$z(mw + \alpha)w' = f(z)g(w).$$

2.2.49. $\boldsymbol{y'' = x^{-2} f(x^n e^{\alpha y}) \exp\left(-\frac{\alpha}{n} xy'\right)}$

Die Transformation $z = x^n e^{\alpha y}$, $w = xy'$ ergibt folgende DGl erster Ordnung

$$z(\alpha w + n)w' = w + f(z)\exp\left(-\frac{\alpha}{n} w\right), \quad w = w(z),$$

die mit Hilfe der weiteren Transformation $\zeta = w\exp\left(\frac{\alpha}{n}w\right)$ auf folgende lineare DGl erster Ordnung mit der unbekannten Funktion $\zeta = \zeta(z)$:

$$nz\zeta' = \zeta + f(z)$$

zurückgeführt werden kann.

2.2.50. $\boldsymbol{y'' = -\frac{\alpha}{m}\frac{2-k}{1-k}y' + y^{1-k}f(e^{\alpha x}y^m)(y')^k}$

Die Transformation $z = e^{\alpha x}y^m$, $w = y'/y$ ergibt folgende DGl mit der unbekannten Funktion $w = w(z)$:

$$z(mw+\alpha)w' = -w^2 - \frac{\alpha}{m}\frac{2-k}{1-k}w + f(z)w^k.$$

Indem man beide Seiten mit w^{-k} multipliziert und die weitere Transformation

$$v = \frac{m}{2-k}w^{2-k} + \frac{\alpha}{1-k}w^{1-k}$$

macht, erhält man folgende lineare DGl erster Ordnung mit der unbekannten Funktion $v = v(z)$:

$$mzv' = (k-2)v + mf(z).$$

2.2.51. $\boldsymbol{y'' = \frac{\alpha}{n}\frac{1-k}{2-k}(y')^2 + x^{k-2}f(x^n e^{\alpha y})(y')^k}$

Die Transformation $z = x^n e^{\alpha y}$, $w = xy'$ ergibt folgende DGl

$$z(\alpha w + n)w' = \frac{\alpha}{n}\frac{1-k}{2-k}w^2 + w + f(z)w^k.$$

Indem man beide Seiten mit w^{-k} multipliziert und die weitere Transformation

$$v = \frac{\alpha}{2-k}w^{2-k} + \frac{n}{1-k}w^{1-k}$$

vornimmt, erhält man folgende lineare DGl erster Ordnung mit der unbekannten Funktion $v = v(z)$:

$$zv' = \frac{1-k}{n}v + f(z).$$

2.2.52. $\boldsymbol{y'' = -\frac{\alpha}{m}y'\ln\left(\frac{y'}{y}\right) + f(e^{\alpha x}y^m)y'}$

Die Transformation $z = e^{\alpha x}y^m$, $w = y'/y$ ergibt folgende DGl erster Ordnung

$$z(mw+\alpha)w' = -\frac{\alpha}{m}w\ln w - w^2 + f(z)w.$$

Indem man beide Seiten durch w dividiert und die weitere Transformation $v = mw + \alpha \ln w$ vornimmt, erhält man folgende lineare DGl erster Ordnung mit der unbekannten Funktion $v = v(z)$:

$$mzv' = -v + mf(z).$$

2.2.53. $\quad \boldsymbol{y'' = -\frac{\alpha}{n}(y')^2 \ln(xy') + f(x^n e^{\alpha y})(y')^2}$

Die Transformation $z = x^n e^{\alpha y}$, $w = xy'$ ergibt folgende DGl mit der unbekannten Funktion $w = w(z)$:

$$z(\alpha w + n)w' = w - \frac{\alpha}{m} w^2 \ln w + w^2 f(z).$$

Indem man beide Seiten mit w^{-2} multipliziert und die weitere Transformation

$$v = \alpha \ln w - \frac{n}{w}$$

vornimmt, erhält man folgende lineare DGl erster Ordnung mit der unbekannten Funktion $v = v(z)$::

$$nzv' = -v + nf(z).$$

2.2.54. $\quad \boldsymbol{y'' = -\frac{y}{x^2 \ln x} + \frac{1}{(\ln x)^3} f\left(\frac{y}{\ln x}\right)}$

DGl vom Typ 2.2.42 mit $\psi = \ln x$.

2.2.55. $\quad \boldsymbol{y'' = -\lambda^2 y + (\sin \lambda x)^{-3} f\left(\frac{y}{\sin \lambda x}\right)}$

DGl vom Typ 2.2.42 mit $\psi = \sin x$.

2.2.56. $\quad \boldsymbol{y'' = -\lambda^2 y + (\cos \lambda x)^{-3} f\left(\frac{y}{\cos \lambda x}\right)}$

DGl vom Typ 2.2.42 mit $\psi = \cos \lambda x$.

2.2.57. $\quad \boldsymbol{y'' = 2(\sin x)^{-2} y - (\tan x)^3 f(y \tan x)}$

DGl vom Typ 2.2.42 mit $\psi = \cot x$.

2.2.58. $\quad \boldsymbol{y'' = 2(\cos x)^{-2} y - (\cot x)^3 f(y \cot x)}$

DGl vom Typ 2.2.42 mit $\psi = \tan x$.

2.2.59. $\quad \boldsymbol{yy'' + a(y')^2 + f(x)yy' + g(x)y^2 = 0}$

Die Transformation $w = y^{a+1}$ ergibt folgende lineare DGl mit der unbekannten Funktion $w = w(x)$:

$$w'' + f(x)w' + (a+1)g(x)w = 0.$$

2.2.60. $\boldsymbol{y'' = \{yf(y') + xg(y') + h(y')\}^{-1}}$

Die Legendre-Transformation mit $w = w(t)$, $y = y(x)$:

$$x = w',\ y = tw' - w \quad (y' = t,\ y'' = 1/w'')$$

ergibt folgende lineare DGl zweiter Ordnung:

$$w'' = [tf(t) + g(t)]w' - f(t)w + h(t).$$

2.2.61. $\boldsymbol{y'' = x^{-2}(xy' - y)f(y')}$

Die Legendre-Transformation mit $w = w(t)$, $y = y(x)$:

$$x = w',\ y = tw' - w \quad (y' = t,\ y'' = 1/w'')$$

ergibt folgende DGl vom Typ 2.2.10 mit $w = w(t)$:

$$w'' = [f(t)]^{-1}w^{-1}(w')^2.$$

2.2.62. $\boldsymbol{y'' = x^{-3}f(xy' - y)(y')^{-1}}$

Die Legendre-Transformation

$$x = w',\ y = tw' - w$$

ergibt folgende DGl vom Typ 2.2.11:

$$w'' = t[f(w)]^{-1}(w')^3.$$

2.2.63. $\boldsymbol{y'' = f(y)(xy' - y)^{1/2}(y')^2}$

Die Transformation

$$x = tw' - w,\ y = -w',$$

mit $w = w(t)$ ergibt folgende DGl vom Typ 2.2.11:

$$w'' = \frac{1}{f(-w')\sqrt{tw}}.$$

2.2.64. $\boldsymbol{y'' = f(x)[y'(xy' - y)]^{1/2}}$

Die Legendre-Transformation

$$x = w',\ y = tw' - w$$

ergibt folgende DGl vom Typ 2.2.11:

$$w'' = \frac{1}{f(w')\sqrt{tw}}.$$

2.2.65. $\boldsymbol{yy'' - (y')^2 + f(x)yy' + g(x)y^2 = 0}$

Die Transformation $u(x) = y'/y$ ergibt folgende lineare DGl erster Ordnung:

$$u' + f(x)u + g(x) = 0.$$

2.2.66. $\boldsymbol{y'' = ky^{-1}(y')^2 + f(x)y' + g(x)y + h(x)y^k}$

Für $k = 1$ gehört diese DGl zum Typ 2.2.59. Für $k \neq 1$ ergibt die Transformation $v(x) = y^{1-k}$ folgende lineare DGl:

$$v'' = f(x)v' + (1-k)g(x)v + (1-k)h(x).$$

2.2.67. $\boldsymbol{y'' = f(x)(xy' - y) + g(x)(xy' - y)^k}$

Die Transformation $v(x) = xy' - y$ ergibt folgende Bernoulli-DGl:

$$v' = xf(x)v + xg(x)v^k.$$

2.2.68. $\boldsymbol{y'' = x^{-1}[f(y)(xy' - y) + g(x)(xy' - y)^k]y'}$

Die Transformation $v(y) = xy' - y$ ergibt folgende Bernoulli-DGl:

$$v' = f(y)v + g(y)v^k.$$

2.2.69. $\boldsymbol{y'' = x^{-2}(xy' - y)\left[f\left(\frac{y}{x}\right)y' + g\left(\frac{y}{x}\right)(y')^k\right]}$

Die Transformation $z = y/x$, $w = xy'/y$ ergibt folgende Bernoulli-DGl mit der unbekannten Funktion $w = w(z)$:

$$zw' = [zf(z) - 1]w + z^k g(z)w^k.$$

2.2.70. $\boldsymbol{xyy'' + x(y')^2 + ayy' + f(x) = 0}$

Die Transformation $u(x) = y^2$ ergibt folgende lineare DGl vom Typ 2.1.2

$$xu'' + au' + 2f(x) = 0,$$

folglich gilt

$$u = C_1 + C_2 x^{1-a} - 2 \int x^{-a} \left(\int x^{a-1} f(x) \mathrm{d}x \right) \mathrm{d}x.$$

2.2.71. $\boldsymbol{y'' = -2yy' + f(x)[(y')^2 + y^2] + g(x)}$

Die Transformation $u(x) = y' + y^2$ ergibt

$$u' = f(x)u + g(x).$$

Die vorgegebene DGl ist folglich auf eine Riccati-DGl und eine lineare DGl zweiter Ordnung zurückgeführt.

2.2.72. $\boldsymbol{yy'' + f(x)(y')^2 + g(x)yy' + h(x)y^2 = 0}$

Die Transformation $u(x) = y'/y$ ergibt folgende Riccati-DGl:

$$u' + (1 + f)u^2 + gu + h = 0.$$

2.2.73. $\boldsymbol{y'' = \dfrac{f(x^n y^m)}{xy} (y')^{\frac{2n+m-nk}{n+m}} (xy' - y)^k + \dfrac{g(x^n y^m)}{xy} y'(xy' - y)}$

Die Transformation $z = x^n y^m$, $w(z) = xy'/y$ und die darauf folgende Einführung der neuen unbekannten Funktion

$$\zeta(z) = w^{\frac{m}{n+m}} - w^{-\frac{n}{n+m}}$$

ergibt folgende Bernoulli-DGl:

$$(n + m)z\zeta' = [g(z) - 1]\zeta + z^{\frac{k-1}{n+m}} f(z)\zeta^k.$$

2.2.74. $\boldsymbol{y'' = f(x) + g(x)(xy' - y) + h(x)(xy' - y)^2}$

Die Transformation $v(x) = xy' - y$ ergibt folgende Riccati-DGl:

$$v' = xf(x) + xg(x)v + xh(x)v^2.$$

2.2.75. $\boldsymbol{y'' = x^{-1}[f(y) + g(y)(xy' - y) + h(y)(xy' - y)^2]y'}$

Die Transformation $v(y) = xy' - y$ ergibt folgende Riccati-DGl:

$$v' = f(y) + g(y)v + h(y)v^2.$$

2.2.76. $\boldsymbol{y'' = x^{-2}(xy' - y)\left[f\left(\frac{y}{x}\right) + g\left(\frac{y}{x}\right)y' + h\left(\frac{y}{x}\right)(y')^2\right]}$

Die Transformation $z = y/x$, $w = xy'/y$ ergibt folgende Riccati-DGl mit der unbekannten Funktion $w = w(z)$:

$$zw' = f(z) + [zg(z) - 1]w + z^2 h(z)w^2.$$

2.2.77. $\boldsymbol{y'' = \frac{f(x^n y^m)}{xy}(y')^{\frac{2n+m}{n+m}} + \frac{g(x^n y^m)}{xy}y'(xy' - y) + \frac{h(x^n y^m)}{xy}(y')^{\frac{m}{n+m}}(xy' - y)^2}$

Die Transformation $z = x^n y^m$, $w(z) = xy'/y$ und die darauf folgende Einführung der neuen unbekannten Funktion

$$\zeta(z) = w^{\frac{m}{n+m}} - w^{-\frac{n}{n+m}}$$

ergibt folgende Riccati-DGl:

$$(n+m)z\zeta' = z^{\frac{1}{n+m}}h(z)\zeta^2 + [g(z) - 1]\zeta + z^{-\frac{1}{n+m}}f(z).$$

2.2.78. $\boldsymbol{y'' = -3yy' - y^3 + f(x)y + g(x)}$

Die Transformation $u'(x) = yu$ ergibt folgende lineare DGl:

$$u''' = f(x)u' + g(x)u.$$

2.2.79. $\boldsymbol{y'' + [3y + f(x)]y' + y^3 + f(x)y^2 = 0}$

Die Transformation $u' = yu$ ergibt folgende DGl

$$u''' = f(x)u''.$$

2.2.80. $\boldsymbol{y'' = F(x, y')}$

Die Transformation $u(x) = y'$ ergibt folgende DGl

$$u' = F(x, u).$$

2.2.81. $\boldsymbol{y'' = F(y, y')}$

Die Transformation $u(y) = y'$ ergibt folgende DGl

$$uu' = F(y, u).$$

2.2.82. $\boldsymbol{y'' = F(x, xy' - y)}$

Die Transformation $v(x) = xy' - y$ ergibt folgende DGl erster Ordnung

$$v' = xF(x, v).$$

2.2.83. $\boldsymbol{y'' = x^{-2}F(y, xy' - y)}$

Die Transformation $v(y) = xy' - y$ ergibt folgende DGl erster Ordnung

$$(y + v)v' = F(y, v).$$

2.2.84. $\boldsymbol{y'' = x^{k-2}F(yx^{-k}, y'x^{1-k})}$

Die Transformation $t = \ln x,\ u(t) = yx^{-k}$ ergibt

$$u'' + (2k - 1)u' + k(k - 1)u = F(u, u' + ku).$$

Die weitere Transformation $p(u) = u'$ ergibt folgende DGl erster Ordnung:

$$pp' + (2k - 1)p + k(k - 1)u = F(u, p + ku).$$

2.2.85. $\boldsymbol{y'' = \frac{y}{x^2}F\left(x^n y^m, \frac{x}{y}y'\right)}$

Die Transformation $z = x^n y^m,\ w(z) = xy'/y$ ergibt folgende DGl erster Ordnung:

$$z(mw + n)w' = F(z, w') + w - w^2.$$

2.2.86. $\boldsymbol{y'' = x^{-2}F(x^n e^{\alpha y}, xy')}$

Die Transformation $z = x^n e^{\alpha y},\ w(z) = xy'$ ergibt folgende DGl erster Ordnung:

$$z(\alpha w + n)w' = F(z, w) + w.$$

2.2.87. $\boldsymbol{y'' = yF(e^{\alpha x}y^m, y')}$

Die Transformation $z = e^{\alpha x}y^m,\ w(z) = y'/y$ ergibt folgende DGl erster Ordnung:

$$z(mw + \alpha)w' = F(z, w) - w^2.$$

2.2.88. $\boldsymbol{f^2y'' + ff'y' = \Phi(y, fy')}$, mit $\boldsymbol{f = f(x)}$

Die Transformation $\xi = \int \frac{\mathrm{d}x}{f(x)}$ ergibt folgende DGl vom Typ 2.2.81:

$$y'' = \Phi(y, y')$$

mit der unbekannten Funktion $y = y(\xi)$.

2.2.89. $\boldsymbol{f(y')y'' + g(y)y' + h(x) = 0}$

Mittels Integration erhält man

$$\int f(y')\mathrm{d}y' + \int g(y)\mathrm{d}y + \int h(x)\mathrm{d}x = C.$$

2.2.90. $\boldsymbol{y'' = x^n y^m (y')^{\frac{2n+m+3}{n+m+2}} F(\zeta)}$, mit $\boldsymbol{\zeta = (xy' - y)(y')^{-\frac{n+1}{n+m+2}}}$

Die Legendre-Transformation $x = w'(t)$, $y = tw'(t) - w(t)$ ergibt folgende DGl vom Typ 2.2.39:

$$w'' = \frac{1}{tw}\left[\frac{t^a w}{F(t^a w)}\right](wt')^{\frac{2a+1-ab}{a+1}}(tw' - w)^b,$$

mit $a = -\frac{n+1}{n+m+2}$, $b = -m$.
Spezieller Fall: $y'' = Ax^n y^m y'(xy' - y)$.

2.2.91. $\boldsymbol{y'' + f(x)y' + g(x)(y')^k = 0}$

Die Transformation $w(x) = y'$ ergibt folgende Bernoulli-DGl

$$w' + f(x)w + g(x)w^k = 0.$$

2.2.92. $\boldsymbol{y'' = x^{-n-3} y^n f(xy' - y)}$

Die Transformation $x = t^{-1}$, $y = w/t$ ergibt folgende autonome DGl vom Typ 2.2.3:

$$w'' = w^n f(-w').$$

2.2.93. $\boldsymbol{x^2y'' + axy' + by + F(x, y) = 0}$

Indem man die Transformation $x = \xi^\nu$, $y = \xi^\mu w$ macht, wobei die Parameter ν und μ dem algebraischen Gleichungssystem

$$2\mu + 1 + (a-1)\nu = 0, \quad \mu^2 + (a-1)\mu\nu + b\nu^2 = 0$$

genügen, erhält man folgende DGl:

$$w'' + \nu^2 \xi^{-\mu-2} F(\xi^\nu, \xi^\mu w) = 0.$$

2.2.94. $x(x-a)^2 y'' = f(y/x),\ a \neq 0$

Die Transformation $\xi = \ln\left(\frac{x-a}{x}\right)$, $w = \frac{y}{x}$ ergibt folgende autonome DGl vom Typ 2.2.81 mit der unbekannten Funktion $w = w(\xi)$:

$$w'' - w' = a^{-2} f(w).$$

2.2.95. $yy'' - 2(y')^2 + (fy^2 + g)y' + f'y^3 - g'y = 0,$ mit $f = f(x),\ g = g(x)$

Mittels Integration erhält man folgende Riccati-DGl:

$$y' + fy^2 + Cy - g = 0,$$

C ist eine willkürliche Konstante.

2.2.96. $yy'' - 2(y')^2 - (fy + 2g)y' + f'y^2 + g'y = 0,$ mit $f = f(x),\ g = g(x)$

Mittels Integration erhält man folgende Riccati-DGl:

$$y' + Cy^2 + fy + g = 0.$$

C ist eine willkürliche Konstante.

2.2.97. $y'' + (2fy + g)y' + f'y^2 + g'y = 0,$ mit $f = f(x),\ g = g(x)$

Mittels Integration erhält man folgende Riccati-DGl:

$$y' + fy^2 + gy + C = 0.$$

C ist eine willkürliche Konstante.

2.2.98. $y'' = x^{-3} f(y/x) g(xy' - y)$

Die Transformation $x = t^{-1}$, $y = wt^{-1}$ ergibt folgende DGl vom Typ 2.2.3 mit der unbekannten Funktion $w = w(z)$:

$$w'' = f(w) g(-w').$$

2.2.99. $y'' = x^{-3} f(y/x)(xy' - y)^2 + x^{-3} g(y/x)(xy' - y)^k$

Die Transformation $x = -t^{-1}$, $y = -wt^{-1}$ ergibt folgende DGl vom Typ 2.2.19 mit der unbekannten Funktion $w = w(z)$:

$$w'' = f(w)(w')^2 + g(g)(w')^k.$$

2.2.100. $f(y'' + y) = (y'')^2 + (y')^2$

[Anm. d. Übers.: Die exakte Schreibweise der linken Seite ist $f(x)(y'' + y)$.]
Indem man [nach x] differenziert, erhält man

$$[f'(y'' + y) - 2y''](y''' + y') = 0.$$

Die DGl

$$y''' + y' = 0 \tag{1}$$

ergibt

$$y = \sqrt{f(C_2)} \sin(x + C_1) + C_2 \tag{2}$$

[Anm. d. Übers.: In der DGl (1) kommt die Funktion f nicht vor, folglich kann auch (2) von f nicht abhängen.]
Indem man den Ausdruck in eckigen Klammern gleich Null setzt, erhält man folgende singuläre Lösung in parametrischer Form.

$$x = \int \frac{2 - f''(\tau)}{\sqrt{4f(\tau) - [f'(\tau)]^2}} d\tau, \quad y = \tau - \frac{1}{2} f'(\tau).$$

2.2.101. $F(x, y, y', y'') = 0$

Die Legendre-Transformation $x = w'(t)$, $y = tw'(t) - w(t)$ ergibt, wenn man die Beziehungen $y'(x) = t$ und $y''(x) = 1/w''(t)$ beachtet, folgende DGl

$$F\left(w', tw' - w, t, \frac{1}{w''}\right) = 0.$$

Ist die Lösung der vorgegebenen DGl bekannt, so geben die Formeln: $t = y'(x)$, $w = xy'(x) - y(x)$ die Lösung der transformierten DGl in parametrischer Form.

2.2.102. $f(y'') + xy'' = y'$

Allg. Lösung:

$$2y = C_1 x^2 + 2x f(C_1) + C_2.$$

2.3 Die verallgemeinerte DGL von Emden – Fowler:

$$\boldsymbol{y'' = Ax^n y^m (y')^l}$$

Vorbemerkungen. In der Tabelle 10 sind alle, in diesem Abschnitt behandelten DGln aufgelistet. In den Tabellen 11 – 18 sind die Lösungen der verallgemeinerten DGln von Emden-Fowler angegeben. In vielen Fällen ist der unwesentliche Parameter [eigtl. Koeffizient] A als Funktion von zwei (oder einem) Hilfskoeffizienten [eigtl. Hilfsparametern] a und b vorgegeben:

$$A = \varphi(a, b), \tag{1}$$

und die entsprechenden Lösungen sind in parametrischer Form

$$x = f_1(\tau, C_1, C_2, a) \qquad y = f_2(\tau, C_1, C_2, b), \tag{2}$$

dargestellt.
Indem man das Vorzeichen eines der Hilfskoeffizienten festlegt, z.B. $a > 0$ gelten läßt, drückt man b durch A und a mit Hilfe von (1) aus:

$$b = \psi(A, a).$$

Diese Formel [eigtl. den Wert von b] in (2) einsetzend, erhält man die Lösung der betrachteten DGl (dabei kann man dem Koeffizienten a einen beliebigen Zahlenwert geben). Ähnliches gilt für den Fall $a < 0$ (oder $b < 0$), der zu einem anderen Zweig der Lösung oder zu einem anderen Definitionsgebiet [eigtl. Wertebereich] von x und y in (2) führen kann.
Man kann auch anders vorgehen, z.B. einem der Hilfskoeffizienten den Wert 1 oder -1 geben und den anderen mit Hilfe von (1) durch A ausdrücken.
Die Tabelle 10 enthält die [mit Hilfe von Quadraturen] lösbaren DGln, deren Lösungen im Abschnitt 2.3 angegeben sind. Es sind der Reihe nach die zweiparametrigen Familien (im Raume der Parameter n, m, l), die einparametrigen Familien und die isolierten Punkte angegeben. Die DGln sind nach wachsenden Werten von l, nach wachsenden Werten von m (im Falle gleicher Werte von l) und nach wachsendem n (bei gleichen m und l) aufgeführt. In der vorletzten Vertikalreihe ist die Nummer der Tabelle und in der letzten Spalte die Nummer der DGl in dieser Tabelle. Die [mit Hilfe von Quadraturen] lösbaren klassischen DGln von Emden-Fowler $y'' = Ax^n y^m$ haben in der Tabelle folgende Nummern: 12 – 16; 24 – 54.

Tabelle 10 Durch Quadraturen lösbare verallgemeinerte DGln von Emden-Fowler

DGl: $y'' = Ax^n y^m (y')^l$					
Nr.der DGl	n	m	l	Nr. der Tabelle	Nr. der DGl in der Tabelle
Zweiparametrige Familien					
1	0	beliebig $(m \neq -1)$	beliebig $(l \neq 2)$	11	1
2	beliebig $(n \neq -1)$	0	beliebig $(l \neq 1)$	11	5
3	beliebig $(n \neq -1)$	beliebig $(m \neq -1$	$\dfrac{2n+m+3}{n+m+2}$	11	9
Einparametrige Familien					
4	-1	-1	beliebig $(l \neq 1; 2)$	11	12
5	0	-1	beliebig $(l \neq 2)$	11	2
6	$-1/2$	$-1/2$	beliebig $(l \neq 3/2)$	18	5
7	-1	0	beliebig $(l \neq 1)$	11	6
8	$-1/2$	beliebig $(m \neq -3/2)$	$\dfrac{3m+5}{2m+3}$	12	7
9	1	beliebig $(m \neq -3/2)$	$\dfrac{3m+5}{2m+3}$	12	4
10	beliebig $(n \neq -3/2)$	$-1/2$	$\dfrac{3n+4}{2n+3}$	12	5
11	beliebig $(n \neq -3/2)$	1	$\dfrac{3n+4}{2n+3}$	12	6
12	beliebig	0	0	11	17
13	0	beliebig $(m \neq -1)$	0	12	1
14	$-m-3$	beliebig	0	12	2
15	$-\dfrac{m+3}{2}$	beliebig	0	11	15
16	beliebig $(n \neq -2)$	1	0	18	1
17	-1	beliebig $(m \neq -1; 0)$	1	11	11
18	beliebig $(n \neq -1)$	0	1	11	7

Tabelle 10 (Fortsetzung) Durch Quadraturen lösbare verallgemeinerte DGln von Emden-Fowler

DGl: $y'' = Ax^n y^m (y')^l$					
Nr.der DGl	n	m	l	Nr. der Tabelle	Nr. der DGl in der Tabelle
19	0	beliebig ($m \neq -1$)	2	11	3
20	beliebig ($n \neq -1; 0$)	-1	2	11	10
21	1	beliebig ($m \neq -2$)	3	18	3
22	beliebig	$-n-3$	3	12	3
23	beliebig ($n \neq -3/2$)	$-n-3$	$\frac{3n+4}{2n+3}$		
Isolierte Punkte					
24	1	-7	0	16	8
25	3	-7	0	16	9
26	0	-4	0	16	1
27	1	-4	0	16	3
28	$-1/2$	$-5/2$	0	17	14
29	0	$-5/2$	0	17	12
30	-2	-2	0	18	11
31	1	-2	0	18	9
32	$-10/3$	$-5/3$	0	15	4
33	$-7/3$	$-5/3$	0	13	6
34	$-5/6$	$-5/3$	0	17	17
35	$-1/2$	$-5/3$	0	17	16
36	1	$-5/3$	0	13	4
37	2	$-5/3$	0	15	1
38	$-13/5$	$-7/5$	0	14	5
39	1	$-7/5$	0	14	3
40	-2	-1	0	12	8
41	$-7/2$	$-1/2$	0	14	2
42	$-5/2$	$-1/2$	0	13	3
43	-2	$-1/2$	0	18	8
44	$-4/3$	$-1/2$	0	16	5
45	$-7/6$	$-1/2$	0	16	6
46	$-1/2$	$-1/2$	0	18	7
47	0	$-1/2$	0	13	1
48	1	$-1/2$	0	14	1
49	1	0	0	13	2

Tabelle 10 (Fortsetzung) Durch Quadraturen lösbare verallgemeinerte DGln von Emden-Fowler

DGl: $y'' = Ax^n y^m (y')^l$					
Nr.der DGl	n	m	l	Nr. der Tabelle	Nr. der DGl in der Tabelle
50	−2	1	0	18	2
51	−5	2	0	17	3
52	−20/7	2	0	17	9
53	−15/7	2	0	17	9
54	0	2	0	17	1
55	−5/2	−1/2	1/2	15	3
56	−15/8	1	1/2	17	26
57	−20/13	1	1/2	17	29
58	−5/4	1	1/2	17	23
59	0	1	1/2	17	21
60	−7/6	−1/2	2/3	16	10
61	−1/2	−5/2	4/5	17	19
62	1	−2	1	12	9
63	−1	−1	1	11	14
64	−1	0	1	11	8
65	−3/4	1	8/7	16	11
66	−1/2	1	8/7	16	7
67	−2/3	−1/2	6/5	17	5
68	−1/2	1	5/4	16	15
69	0	1	5/4	16	13
70	1	−13/8	9/7	14	6
71	1	−1/2	9/7	14	4
72	−5/2	−1/2	13/10	15	6
73	−2/3	−1/2	27/20	17	11
74	−7/2	−1/2	18/13	14	7
75	1	−7/4	7/5	13	5
76	1	−10/7	7/5	15	5
77	1	−2/3	7/5	15	2
78	1	−1/2	7/5	13	5
79	0	1	7/5	17	32
80	1	1	7/5	17	34
81	1	5	7/5	17	18
82	−5/2	−1/2	10/7	13	8
83	−2/3	−1/2	22/15	17	8
84	−1/2	−2	3/2	18	19

Tabelle 10 (Fortsetzung) Durch Quadraturen lösbare verallgemeinerte DGln von Emden-Fowler

DGl: $y'' = Ax^n y^m (y')^l$					
Nr.der DGl	n	m	l	Nr. der Tabelle	Nr. der DGl in der Tabelle
85	1	−2	3/2	18	12
86	−2	−1/2	3/2	18	13
87	−1/2	−1/2	3/2	18	6
88	1	−1/2	3/2	18	10
89	−2	1	3/2	18	18
90	−1/2	1	3/2	18	16
91	−1/2	−2/3	23/15	17	27
92	−1/2	−5/2	11/7	13	16
93	1	0	8/5	17	13
94	−7/4	1	8/5	13	15
95	−10/7	1	8/5	15	11
96	−2/3	1	8/5	15	8
97	−1/2	1	8/5	13	13
98	1	1	8/5	17	15
99	5	1	8/5	17	37
100	−1/2	−7/2	21/13	14	14
101	−1/2	−2/3	33/20	17	30
102	−1/2	−5/2	17/10	15	12
103	−13/8	1	12/7	14	13
104	−1/2	1	12/7	14	11
105	1	−1/2	7/4	16	4
106	1	0	7/4	16	2
107	−1/2	−2/3	9/5	17	24
108	1	−3/4	13/7	16	22
109	1	−1/2	13/7	16	18
110	−1	−1	2	11	14
111	0	−1	2	11	4
112	−2	1	2	12	11
113	−5/2	−1/2	11/5	17	38
114	−1/2	−7/6	7/3	16	21
115	−1/2	−5/2	5/2	15	9
116	1	−15/8	5/2	17	7
117	1	−20/13	5/2	17	10
118	1	−5/4	5/2	17	4
119	1	0	5/2	17	2

Tabelle 10 (Fortsetzung) Durch Quadraturen lösbare verallgemeinerte DGln von Emden-Fowler

DGl: $y'' = Ax^n y^m (y')^l$					
Nr.der DGl	n	m	l	Nr. der Tabelle	Nr. der DGl in der Tabelle
120	2	−5	3	17	22
121	−1/2	−7/2	3	14	9
122	−5/3	−10/3	3	15	10
123	2	−20/7	3	17	28
124	−1/2	−5/2	3	13	11
125	−7/5	−13/5	3	13	12
126	−5/3	−7/3	3	13	14
127	2	−15/7	3	17	25
128	−2	−2	3	18	17
129	−1	−2	3	11	10
130	−1/2	−2	3	18	14
131	1	−2	3	18	4
132	−1/2	−4/3	3	16	16
133	−1/2	−7/6	3	16	17
134	−5/3	−5/6	3	17	36
135	−5/2	−1/2	3	17	33
136	−5/3	−1/2	3	17	35
137	−4	0	3	16	12
138	−5/2	0	3	17	31
139	−1/2	0	3	13	9
140	2	0	3	17	20
141	−7	1	3	16	19
142	−4	1	3	16	14
143	−2	1	3	18	15
144	−5/3	1	3	13	12
145	−7/5	1	3	14	10
146	−1/2	1	3	14	8
147	0	1	3	13	10
148	−5/3	2	3	15	7
149	−7	3	3	16	20

Tabelle 11 Allgemeine Fälle

Nr. der DGl	DGl: $y'' = Ax^n y^m (y')^l$				Lösung	Funktion f
	n	m	l	A		
1	0	beliebig ($m \neq -1$)	beliebig ($l \neq 2$)	$\pm\frac{m+1}{2-l}a^{l-2}b^{1-m-l}$	$x = aC_1^{1-m-l}f(\tau) + C_2$ $y = bC_1^{2-l}\tau$	$\int(1 \pm \tau^{m+1})^{\frac{1}{l-2}}\mathrm{d}\tau$
2	0	-1	beliebig ($l \neq 2$)	$\mp\frac{4b^2}{a^2(2-l)}\left(\mp\frac{a}{2b}\right)^l$	$x = aC_1 f(\tau) + C_2$ $y = bC_1\exp(\mp\tau^2)$	$\int \tau^{\frac{l}{l-2}}\exp(\mp\tau^2)\mathrm{d}\tau$
3	0	beliebig ($m \neq -1$)	2	$\pm(m+1)b^{-1-m}$	$x = C_1 f(\tau) + C_2$ $y = b\tau^{\frac{2}{m-1}}$	$\int \tau^{\frac{1-m}{1-m}}\exp(\mp\tau^2)\mathrm{d}\tau$
4	0	-1	2	beliebig ($A \neq 1$)	$y = (C_1 x + C_2)^{\frac{1}{1-A}}$	–
				1	$y = C_2\exp(C_1 x)$	–
5	beliebig ($n \neq -1$)	0	beliebig ($l \neq 1$)	$\pm\frac{n+1}{1-l}a^{l-n-2}b^{1-l}$	$x = aC_1^{1-l}\tau$ $y = bC_1^{2+n-l}f(\tau) + C_2$	$\int(1 \pm \tau^{n+1})^{\frac{1}{1-l}}\mathrm{d}\tau$
6	-1	0	beliebig ($l \neq 1$)	$\mp\frac{4a^2}{b^2(1-l)}\left(\mp\frac{b}{2a}\right)^{3-l}$	$x = aC_1\exp(\mp\tau^2)$ $y = bC_1 f(\tau) + C_2$	$\int \tau^{\frac{3-l}{1-l}}\exp(\mp\tau^2)\mathrm{d}\tau$
7	beliebig ($n \neq -1$)	0	1	$\mp(n+1)a^{1-n}$	$x = a\tau^{\frac{2}{n-1}}$ $y = bC_1 f(\tau) + C_2$	$\int \tau^{\frac{1-n}{1-n}}\exp(\mp\tau^2)\mathrm{d}\tau$
8	-1	0	1	beliebig ($A \neq 1$)	$y = C_1 x^{A+1} + C_2$	–
				1	$y = C_1\ln\|x\| + C_2$	–
9	beliebig ($n \neq -1$)	beliebig ($m \neq -1$)	$\frac{2n+m+3}{n+m+2}$	beliebig	$x = \exp U$, $y = \tau\exp(\sigma U)$, mit $U = \int\frac{\mathrm{d}\tau}{f(\tau)} + C_2$ $\sigma = -\frac{n+1}{m+1}$	implizit definiert: $\frac{f+(\sigma-1)\tau}{(f+\sigma\tau)^{\frac{\sigma}{\sigma-1}}} = C_1 + \frac{A\tau^{m-2}}{n+m+2}$
10	beliebig ($n \neq -1; 0$)	-1	2	$-a^{-n}$	$x = a\tau^{\frac{1}{n}}$ $y =$ $\pm\exp\left(\int\frac{1}{f}\tau^{\frac{1-n}{n}}\mathrm{d}\tau + C_2\right)$	$\frac{n}{n+1}\tau^{\frac{n-1}{n}} + n\tau^{\frac{1}{n}} + C_1$

Tabelle 11 Allgemeine Fälle (Fortsetzung)

Nr.der DGl	DGl: $y'' = Ax^n y^m (y')^l$				Lösung	Funktion f
	n	m	l	A		
11	-1	beliebig ($m \neq -1; 0$)	1	a^m	$x = \pm\exp\left(\int \frac{1}{f}\tau^{\frac{1-m}{m}}\mathrm{d}\tau + C_2\right)$ $y = a\tau^{\frac{1}{m}}$	$\frac{m}{m+1}\tau^{\frac{m-1}{m}} + m\tau^{\frac{1}{m}} + C_1$
12	-1	-1	beliebig ($l \neq 1; 2$)	beliebig	$x = \pm\left(f - \frac{\tau}{\lambda}\right)^{-1} e^U$ $y = \pm e^{\lambda U}$, mit $U = \frac{1}{\lambda}\int \frac{\mathrm{d}\tau}{f(\tau)} + C_2$	$\ln\left(\frac{f}{\tau} - \frac{1}{\lambda}\right) - \frac{\tau}{\lambda f - \tau} =$ $= \pm\frac{A}{\lambda}\tau^{\lambda} - \ln\tau + C_1,$ $\lambda = \frac{l-1}{l-2}$
13	-1	-1	2	beliebig	$x = \pm e^{\tau}$ $y = C_2 f\exp\left(\pm A\int \frac{\mathrm{d}\tau}{f}\right)$	$\mp A\tau + e^{\tau} + C_1$
14	-1	-1	1	beliebig	$y = \pm e^{\tau}$ $x = C_2 f\exp\left(\mp A\int \frac{\mathrm{d}\tau}{f}\right)$	$\pm A\tau + e^{\tau} + C_1$
15	$-\frac{m+3}{2}$	beliebig ($m \neq -1$)	0	$\left(\frac{a}{b^2}\right)^{\frac{m-1}{2}}$	$x = aC_2^2\exp\left(\int \frac{\mathrm{d}\tau}{\sqrt{f}}\right)$ $y = bC_2\tau\exp\left(\frac{1}{2}\int \frac{\mathrm{d}\tau}{\sqrt{f}}\right)$	$C_1 + \frac{1}{4}\tau^2 + \frac{2}{m+1}\tau^{m+1}$
16	-1	-1	0	$a^{-1}b^2$	$x = aC_2^2\exp\left(\int \frac{\mathrm{d}\tau}{\sqrt{f}}\right)$ $y = bC_2\tau\exp\left(\frac{1}{2}\int \frac{\mathrm{d}\tau}{\sqrt{f}}\right)$	$C_1 + \frac{1}{4}\tau^2 + 2\ln\lvert\tau\rvert$
17	beliebig ($n \neq -1; -2$)	0	0	beliebig	$y(x) = \frac{Ax^{n-2}}{(n+1)(n+2)}$ $+C_1 x + C_2$	–
	-2	0	0	beliebig	$y(x) = -A\ln\lvert x\rvert + C_1 x + C_2$	–
	-1	0	0	beliebig	$y(x) = Af(x) + C_1 x + C_2$	$\int \ln\lvert x\rvert \mathrm{d}x$

Tabelle 12 Trajektorien, erzeugt von der autonomen DGl

Nr.der	DGl: $y'' = Ax^n y^m (y')^l$				μ	Lösung: $x = aC_1^s\Phi(\tau, C_2),\ y = bC_1^k\Psi(\tau, C_2)$			
DGl	n	m	l	A		s	Φ	k	Ψ
1	0	beliebig $(m \neq -1)$	0	$\pm\frac{m+1}{2}a^{-2}b^{1-m}$	–	$1-m$	E_m	2	τ
2	$-m-3$	beliebig $(m \neq -1)$	0	$\pm\frac{m+1}{2}a^{m+1}b^{1-m}$	–	$m-1$	$\frac{1}{E_m}$	$m+1$	$\frac{\tau}{E_m}$
3	beliebig $(n \neq -1)$	$-n-3$	3	$\mp\frac{n+1}{2}a^{1-n}b^{n+1}$	–	$n+1$	$\frac{\tau}{E_n}$	$n-1$	$\frac{1}{E_n}$
4	1	beliebig $(m \neq -\frac{3}{2})$	$\frac{3m+5}{2m+3}$	$-\frac{\mu b^{\frac{1}{\mu+2}}}{(\mu+2)a}\times$ $\times\left[\pm\frac{(\mu+1)a}{2(\mu+2)b}\right]^{\frac{1}{\mu}}$	$-\frac{2m+3}{m+1}$	-2	F_μ	$(\mu+1)\times$ $\times(\mu+2)$	$E_\mu^{\mu+2}$
5	beliebig $(n \neq -\frac{3}{2})$	$-\frac{1}{2}$	$\frac{3n+4}{2n+3}$	$\frac{\mu+3}{a(\mu+1)}a^{\frac{\mu}{\mu-1}}b^{\frac{1}{2}}\left(\pm\frac{a}{b}\right)^{\frac{1}{\mu-3}}$	$-\frac{n}{n+1}$	$(\mu+1)^2$	$\left(\frac{\tau}{E_\mu}\right)^{\mu+1}$	4	F_μ^2
6	beliebig $(n \neq -\frac{3}{2})$	1	$\frac{3n+4}{2n+3}$	$\frac{\mu a^{\frac{1}{\mu+2}}}{(\mu+2)b}\left[\pm\frac{(\mu+1)b}{2(\mu+2)a}\right]^{\frac{1}{\mu}}$	$-\frac{2n+3}{n+1}$	$(\mu-1)\times$ $\times(\mu+2)$	$E_\mu^{\mu+2}$	-2	F_μ
7	$-\frac{1}{2}$	beliebig $(m \neq -\frac{3}{2})$	$\frac{3m+5}{2m+3}$	$-\frac{\mu+3}{b(\mu+1)}a^{\frac{1}{2}}b^{\frac{\mu}{\mu-1}}\times$ $\times\left(\pm\frac{b}{a}\right)^{\frac{1}{\mu-3}}$	$-\frac{m}{m+1}$	4	F_μ^2	$(\mu+1)^2$	$\left(\frac{\tau}{E_\mu}\right)^{\mu+1}$
8	-2	-1	0	$\mp 2b^2$	–	1	$\frac{1}{G}$	0	$\frac{\exp(\mp\tau^2)}{G}$
9	1	-2	1	$\mp\frac{1}{2}a^{-2}b^2$	–	1	H	1	G
10	-1	-2	3	$\pm 2a^2$	–	0	$\frac{\exp(\mp\tau^2)}{G}$	1	$\frac{1}{G}$
11	-2	1	2	$\pm a^2 b^{-2}$	–	1	G	1	H

Bezeichnungen: $E_m = \int(1\pm\tau^{m+1})^{-1/2}\mathrm{d}\tau + C_2,\ F_m = (1\pm\tau^{m+1})^{1/2}E_m - \tau,$
$G = \int\exp(\mp\tau^2)\mathrm{d}\tau + C_2,\ H = 2\tau G \pm \exp(\mp\tau^2).$

Tabelle 13 Trajektorie der Polynome

Nr.der	DGl: $y'' = Ax^n y^m (y')^l$				Lösung: $x = aC_1^s\Phi(\tau, C_2),\ y = bC_1^k\Psi(\tau, C_2)$			
DGl	n	m	l	A	s	Φ	k	Ψ
1	0	$-\frac{1}{2}$	0	$\pm\frac{4}{9}a^{-2}b^{3/2}$	3	P_3	4	P_2^2
2	1	0	0	$6a^{-3}b$	1	τ	3	P_3
3	$-\frac{5}{2}$	$-\frac{1}{2}$	0	$\pm\frac{4}{9}a^{1/2}b^{3/2}$	-3	P_3^{-1}	1	$P_2^2 P_3{-}1$
4	1	$-\frac{5}{3}$	0	$\pm\frac{9}{64}a^{-3}b^{8/3}$	8	P_4	9	$P_3^{3/2}$
5	1	$-\frac{1}{2}$	$\frac{7}{5}$	$\pm 15a^{-2}b^{1/2}\left(\frac{a}{16b}\right)^{2/5}$	1	$P_2P_3^{-1/2}$	16	P_4^2
6	$-\frac{7}{3}$	$-\frac{5}{3}$	0	$\pm\frac{9}{64}a^{1/3}b^{8/3}$	-8	P_4^{-1}	1	$P_3^{3/2}P_4^{-1}$
7	1	$-\frac{7}{4}$	$\frac{7}{5}$	$\pm\frac{5}{12}a^{-2}b^{7/4}\left(\frac{a}{9b}\right)^{2/5}$	27	$P_3^{-1/2}P_6$	32	$P_4^{4/3}$
8	$-\frac{5}{2}$	$-\frac{1}{2}$	$\frac{10}{7}$	$28a(ab)^{1/2}\left(\frac{a}{27b}\right)^{3/7}$	-1	$P_3^{-1}P_4^{2/3}$	27	$P_3^{-1}P_6^2$
9	$-\frac{1}{2}$	0	3	$\mp\frac{4}{9}a^{3/2}b^{-2}$	4	P_2^2	3	P_3
10	0	1	3	$-6ab^{-3}$	3	P_3	1	τ
11	$-\frac{1}{2}$	$-\frac{5}{2}$	3	$\mp\frac{4}{9}a^{3/2}b^{1/2}$	1	$P_2^2P_3^{-1}$	-3	P_3^{-1}
12	$-\frac{5}{3}$	1	3	$\mp\frac{9}{64}a^{8/3}b^{-3}$	9	$P_3^{3/2}$	8	P_4
13	$-\frac{1}{2}$	1	$\frac{8}{5}$	$\mp 15a^{1/2}b^{-2}\left(\frac{b}{16a}\right)^{2/5}$	16	P_4^2	1	$P_2P_3^{-1/2}$
14	$-\frac{5}{3}$	$-\frac{7}{3}$	3	$\mp\frac{9}{64}a^{8/3}b^{1/3}$	1	$P_3^{3/2}P_4^{-1}$	-8	P_4^{-1}
15	$-\frac{7}{4}$	1	$\frac{8}{5}$	$\mp\frac{5}{12}a^{7/4}b^{-2}\left(\frac{b}{9a}\right)^{2/5}$	32	$P_4^{4/3}$	27	$P_3^{-1/2}P_6$
16	$-\frac{1}{2}$	$-\frac{5}{2}$	$\frac{11}{7}$	$-28b(ab)^{1/2}\left(\frac{b}{27a}\right)^{3/7}$	27	$P_3^{-1}P_6^2$	-1	$P_3^{-1}P_4^{2/3}$

Bezeichnungen: $P_2 = \pm(\tau^2 - 1),\ P_3 = \tau^3 - 3\tau + C_2,\ P_4 = \pm(\tau^4 - 6\tau^2 + 4C_2\tau - 3),$
$P_6 = \pm(\tau^6 - 15\tau^4 + 20C_2\tau^3 - 45\tau^2 + 12C_2\tau + 27 - 8C_2^2)$

Tabelle 14 Euler-Trajektorie

Nr.der	DGl: $y'' = Ax^n y^m (y')^l$				Lösung: $x = aC_1^s\Phi(\tau, C_2),\ y = bC_1^k\Psi(\tau, C_2)$			
DGl	n	m	l	A	s	Φ	k	Ψ
1	1	$-\frac{1}{2}$	0	$16a^{-3}b^{3/2}$	1	$E^{-1/3}S_1$	2	$E^{-2/3}S_2^2$
2	$-\frac{7}{2}$	$-\frac{1}{2}$	0	$16(ab)^{3/2}$	-1	$E^{1/3}S_1^{-1}$	1	$E^{-1/3}S_1^{-1}S_2^2$
3	1	$-\frac{7}{5}$	0	$\frac{5}{1024}a^{-3}b^{12/5}$	4	$E^{-2/3}S_3$	5	$E^{-5/6}S_1^{5/2}$
4	1	$-\frac{1}{2}$	$\frac{9}{7}$	$7a^{-2}b^{1/2}\left(\frac{a}{64b}\right)^{2/7}$	1	$E^{-1/6}S_1^{-1/2}S_2$	8	$E^{-4/3}S_3^2$
5	$-\frac{13}{15}$	$-\frac{7}{5}$	0	$\frac{5}{1024}a^{3/5}b^{12/5}$	-4	$E^{2/3}S_3^{-1}$	1	$E^{-1/6}S_1^{5/2}S_3^{-1}$
6	1	$-\frac{13}{8}$	$\frac{9}{7}$	$\frac{7}{25}a^{-2}b^{13/8}\left(\frac{25a}{256b}\right)^{2/7}$	25	$E^{-5/6}S_1^{-1/2}S_4$	32	$E^{-16/15}S_3^{8/5}$
7	$-\frac{7}{2}$	$-\frac{1}{2}$	$\frac{18}{13}$	$-208a^{5/2}b^{1/2}\left(\frac{2}{25b}\right)^{5/13}$	-1	$E^{1/15}S_1^{-1}S_3^{2/5}$	25	$E^{-5/3}S_1^{-1}S_4^2$
8	$-\frac{1}{2}$	1	3	$-16a^{3/2}b^{-3}$	2	$E^{-2/3}S_2^2$	1	$E^{-1/3}S_1$
9	$-\frac{1}{2}$	$-\frac{7}{2}$	3	$-16(ab)^{3/2}$	1	$E^{-1/3}S_1^{-1}S_2^2$	-1	$E^{1/3}S_1^{-1}$
10	$-\frac{7}{5}$	1	3	$-\frac{5}{1024}a^{12/5}b^{-3}$	5	$E^{-5/6}S_1^{5/2}$	4	$E^{-2/3}S_3$
11	$-\frac{1}{2}$	1	$\frac{12}{7}$	$-7a^{1/2}b^{-2}\left(\frac{b}{64a}\right)^{2/7}$	8	$E^{-4/3}S_3^2$	1	$E^{-1/6}S_1^{-1/2}S_2$
12	$-\frac{7}{5}$	$-\frac{13}{5}$	3	$-\frac{5}{1024}a^{12/5}b^{3/5}$	1	$E^{-1/6}S_1^{5/2}S_3^{-1}$	-4	$E^{2/3}S_3^{-1}$
13	$-\frac{13}{8}$	1	$\frac{12}{7}$	$-7a^{13/8}b^{-2}\left(\frac{25b}{256a}\right)^{2/7}$	32	$E^{-16/15}S_3^{8/5}$	25	$E^{-5/6}S_1^{-1/2}S_4$
14	$-\frac{1}{2}$	$-\frac{7}{2}$	$\frac{21}{13}$	$208a^{1/2}b^{5/2}\left(\frac{b}{25a}\right)^{5/13}$	25	$E^{-5/3}S_1^{-1}S_4^2$	-1	$E^{1/15}S_1^{-1}S_3^{2/5}$

Bezeichnungen: $E = \exp(\sqrt{3}\tau),\ S_1 = E + C_2\sin\tau,\ S_2 = 2E - C_2\sin\tau + \sqrt{3}C_2\cos\tau,$
$S_3 = 2\sqrt{3}S_1S_2' - \sqrt{3}S_1'S_2 - S_1S_2,\ S_4 = 2\sqrt{3}S_1S_3' - 5\sqrt{3}S_1'S_3 + S_1S_3$

Tabelle 15 Trajektorie der Tangensse

Nr.der DGl	DGl: $y''=Ax^ny^m(y')^l$				Lösung: $x=aC_1^s\Phi(\tau,C_2),\ y=bC_1^k\Psi(\tau,C_2)$			
	n	m	l	A	s	Φ	k	Ψ
1	2	$-\frac{5}{3}$	0	$-\frac{3}{16}a^{-4}b^{8/3}$	2	T_1T_2	3	$T_1^{3/2}$
				$\frac{3}{4}a^{-4}b^{8/3}$	2	θ_2	3	$\theta_1^{3/2}$
2	1	$-\frac{2}{3}$	$\frac{7}{5}$	$-5a^{-2}b^{2/3}\left(\frac{a}{12b}\right)^{2/5}$	1	$T_1^{1/2}T_3$	6	$T_1^3T_2^3$
				$5a^{-2}b^{2/3}\left(\frac{a}{6b}\right)^{2/5}$	1	$\theta_1^{-1/2}\theta_3$	6	θ_2^3
3	$-\frac{5}{2}$	$-\frac{1}{2}$	$\frac{1}{2}$	$-4ab$	-1	T_1^{-1}	1	$T_1T_3^2$
4	$-\frac{10}{3}$	$-\frac{5}{3}$	0	$-\frac{3}{16}a^{4/3}b^{8/3}$	-2	$T_1^{-1}T_2^{-1}$	1	$T_1^{1/2}T_2^{-1}$
				$\frac{3}{4}a^{4/3}b^{8/3}$	-2	θ_2^{-1}	1	$\theta_1^{3/2}\theta_2^{-1}$
5	1	$-\frac{10}{7}$	$\frac{7}{5}$	$-\frac{5}{9}a^{-2}b^{10/7}\left(\frac{9a}{28b}\right)^{2/5}$	9	$T_1^{3/2}T_4$	14	$T_1^{7/3}T_2^{7/3}$
				$\frac{5}{9}a^{-2}b^{10/7}\left(\frac{9a}{14b}\right)^{2/5}$	9	$\theta_1^{-1/2}\theta_4$	14	$\theta_2^{7/3}$
6	$-\frac{5}{2}$	$-\frac{1}{2}$	$\frac{13}{10}$	$-20a(ab)^{1/2}\left(\frac{a}{9b}\right)^{3/10}$	-1	$T_1^{-1/3}T_2^{2/3}$	9	$T_1^3T_4^2$
7	$-\frac{5}{3}$	2	3	$\frac{3}{16}a^{8/3}b^{-4}$	3	$T_1^{3/2}$	2	T_1T_2
				$-\frac{3}{4}a^{8/3}b^{-4}$	3	$\theta_1^{3/2}$	2	θ_2
8	$-\frac{2}{3}$	1	$\frac{8}{5}$	$5a^{2/3}b^{-2}\left(\frac{b}{12a}\right)^{2/5}$	6	$T_1^3T_2^3$	1	$T_1^{1/2}T_3$
				$-5a^{2/3}b^{-2}\left(\frac{b}{6a}\right)^{2/5}$	6	θ_2^3	1	$\theta_1^{-1/2}\theta_3$
9	$-\frac{1}{2}$	$-\frac{5}{2}$	$\frac{5}{2}$	$4ab$	1	$T_1T_3^2$	-1	T_1^{-1}
10	$-\frac{5}{3}$	$-\frac{10}{3}$	3	$\frac{3}{16}a^{8/3}b^{8/3}$	1	$T_1^{1/2}T_2^{-1}$	-2	$T_1^{-1}T_2^{-1}$
				$-\frac{3}{4}a^{8/3}b^{4/3}$	1	$\theta_1^{3/2}\theta_2^{-1}$	-2	θ_2^{-1}
11	$-\frac{10}{7}$	1	$\frac{8}{5}$	$\frac{5}{9}a^{10/7}b^{-2}\left(\frac{9b}{28a}\right)^{2/5}$	14	$T_1^{7/3}T_2^{7/3}$	9	$T_1^{3/2}T_4$
				$-\frac{5}{9}a^{10/7}b^{-2}\left(\frac{9b}{14a}\right)^{2/5}$	14	$\theta_2^{7/3}$	9	$\theta_1^{-1/2}\theta_4$
12	$-\frac{1}{2}$	$-\frac{5}{2}$	$\frac{17}{10}$	$20b(ab)^{1/2}\left(\frac{b}{9a}\right)^{3/10}$	9	$T_1^3T_4^2$	-1	$T_1^{-1/3}T_2^{2/3}$

Bezeichnungen: $T_1=\cosh(\tau+C_2)\cos\tau,\ T_2=\tanh(\tau+C_2)+\tan\tau,\ T_3=\tanh(\tau+C_2)-\tan\tau,\ T_4=3T_2T_3-4;$
$\theta_1=\cosh\tau-\sin(\tau+C_2),\ \theta_2=\sinh\tau+\cos(\tau+C_2),\theta_3=\sinh\tau-\cos(\tau+C_2),\ \theta_4=3\theta_2\theta_3-2\theta_1^2$

Tabelle 16 Trajektorie der elleptischen Integrale

Nr.der	DGl: $y'' = Ax^n y^m (y')^l$				Lösung: $x = aC_1^s\Phi(\tau, C_2),\ y = bC_1^k\Psi(\tau, C_2)$			
DGl	n	m	l	A	s	Φ	k	Ψ
1	0	−4	0	$\mp 6a^{-2}b^5$	5	$\tau^{-1}F_1$	2	τ^{-1}
2	1	0	$\frac{7}{4}$	$\mp\frac{2}{3}a^{-2}\left(\mp\frac{6a}{b}\right)^{3/4}$	−3	R	5	$\tau^{-1}F_1$
3	1	−4	0	$\mp 6a^{-3}b^5$	5	τF_1^{-1}	3	F_1^{-1}
4	1	$-\frac{1}{2}$	$\frac{7}{4}$	$\mp\frac{2}{3}a^{-2}b^{1/2}\left(\pm\frac{3a}{b}\right)^{3/4}$	−1	F_2	5	$\tau^2F_1^{-2}$
5	$-\frac{4}{3}$	$-\frac{1}{2}$	0	$\pm\frac{4}{3}a^{-2/3}b^{3/2}$	9	F_1^3	4	F_2^2
6	$-\frac{7}{6}$	$-\frac{1}{2}$	0	$\pm\frac{4}{3}a^{-5/6}b^{3/2}$	9	F_1^{-3}	5	$F_1^{-3}F_2^2$
7	$-\frac{1}{2}$	1	$\frac{8}{7}$	$\mp\frac{7}{16}a^{-1/2}b^{-1}\left(\frac{16a}{3b}\right)^{1/7}$	−16	F_3^2	5	$F_1^{-3/2}F_2$
8	1	−7	0	$\pm\frac{3}{64}a^{-3}b^8$	8	F_3	3	$F_1^{1/2}$
9	3	−7	0	$\pm\frac{3}{64}a^{-5}b^8$	8	F_3^{-1}	5	$F_1^{1/2}F_3^{-1}$
10	$-\frac{7}{6}$	$-\frac{1}{2}$	$\frac{2}{3}$	$\mp 4a^{-5/6}b^{3/2}\left(\frac{a}{b}\right)^{2/3}$	5	$F_1^{-3}F_3^6$	1	$F_1^{-3}F_4^2$
11	$-\frac{3}{4}$	1	$\frac{8}{7}$	$\mp\frac{7}{32}a^{-1/4}b^{-1}\left(\frac{32a}{3b}\right)^{1/7}$	−32	F_3^{-4}	3	$F_1^{-3/2}F_4$
12	−4	0	3	$\pm 6a^5b^{-2}$	2	τ^{-1}	5	$\tau^{-1}F_1$
13	0	1	$\frac{5}{4}$	$\pm\frac{2}{3}b^{-2}\left(\mp\frac{6b}{a}\right)^{3/4}$	5	$\tau^{-1}F_1$	−3	R
14	−4	1	3	$\pm 6a^5b^{-3}$	3	F_1^{-1}	5	τF_1^{-1}
15	$-\frac{1}{2}$	1	$\frac{5}{4}$	$\pm\frac{2}{3}a^{1/2}b^{-2}\left(\pm\frac{3b}{a}\right)^{3/4}$	5	$\tau^2F_1^{-2}$	−1	F_2
16	$-\frac{1}{2}$	$-\frac{4}{3}$	3	$\mp\frac{4}{3}a^{3/2}b^{-2/3}$	4	F_2^2	9	F_1^3
17	$-\frac{1}{2}$	$-\frac{7}{6}$	3	$\mp\frac{4}{3}a^{3/2}b^{-5/6}$	5	$F_1^{-3}F_2^2$	9	F_1^{-3}
18	1	$-\frac{1}{2}$	$\frac{13}{7}$	$\pm\frac{7}{16}a^{-1}b^{-1/2}\left(\frac{16b}{3a}\right)^{1/7}$	5	$F_1^{-3/2}F_2$	−16	F_3^2
19	−7	1	3	$\pm\frac{3}{64}a^8b^{-3}$	3	$F_1^{1/2}$	8	F_3
20	−7	3	3	$\pm\frac{3}{64}a^8b^{-5}$	5	$F_1^{1/2}F_3^{-1}$	8	F_3^{-1}
21	$-\frac{1}{2}$	$-\frac{7}{6}$	$\frac{7}{3}$	$\pm 4a^{3/2}b^{-5/6}\left(\frac{b}{a}\right)^{2/3}$	1	$F_1^{-3}F_4^2$	5	$F_1^{-3}F_3^6$
22	1	$-\frac{3}{4}$	$\frac{13}{7}$	$\pm\frac{7}{32}a^{-1}b^{-1/4}\left(\frac{32b}{3a}\right)^{1/7}$	3	$F_1^{-3/2}F_4$	−32	F_3^{-4}

Bezeichnungen: $R = \sqrt{\pm(4\tau^3 - 1)}$, $F_1 = 2\tau I(\tau) + C_2\tau \mp R$, $F_2 = \tau^{-1}(RF_1 - 1)$, $F_3 = 4\tau F_1^2 \mp F_2^2$, $F_4 = F_2F_3 - 8F_1^2$, dabei bedeutet $I(\tau) = \int \frac{\tau d\tau}{R}$ - das unvollständige elleptische Integral in Weierstraßscher Form

Tabelle 17 Weierstraßsche Trajektorie

Nr.der	DGl: $y'' = Ax^n y^m (y')^l$				Lösung: $x = aC_1^s\Phi(\tau, C_2),\ y = bC_1^k\Psi(\tau, C_2)$			
DGl	n	m	l	A	s	Φ	k	Ψ
1	0	2	0	$\pm 6a^{-2}b^{-1}$	−1	τ	2	$\wp$
2	1	0	$\frac{5}{2}$	$\mp\frac{2}{b}\left(\pm\frac{6}{ab}\right)^{1/2}$	−3	$\wp'$	1	τ
3	−5	2	0	$\pm 6a^3b^{-1}$	1	τ^{-1}	3	$\tau^{-1}\wp$
4	1	$-\frac{5}{4}$	$\frac{5}{2}$	$-\frac{1}{2}a^{-1}b^{1/4}\left(\pm\frac{3a}{2b}\right)^{1/2}$	−1	$\tau\wp' - \wp$	2	τ^4
5	$-\frac{2}{3}$	$-\frac{1}{2}$	$\frac{6}{5}$	$\pm\frac{5}{3}a^{-1/3}b^{1/2}\left(\frac{a}{4b}\right)^{1/5}$	9	$\tau^{-3}\wp^3$	4	$(\tau\wp' - \wp)^2$
6	$-\frac{15}{7}$	2	0	$\pm\frac{6}{49}a^{1/7}b^{-1}$	7	τ^7	1	τE_3
7	1	$-\frac{15}{8}$	$\frac{5}{2}$	$\frac{1}{8}a^{-1}b^{7/8}\left(\mp\frac{3a}{b}\right)^{1/2}$	3	$\tau^{-6}E_1$	4	τ^{-8}
8	$-\frac{2}{3}$	$-\frac{1}{2}$	$\frac{22}{15}$	$-5a^{-1/3}b^{1/2}\left(\pm\frac{a}{4b}\right)^{7/15}$	−1	$\tau^3E_3^3$	4	$\tau^{-12}E_1^2$
9	$-\frac{20}{7}$	2	0	$\pm\frac{6}{49}a^{6/7}b^{-1}$	7	τ^{-7}	6	$\tau^{-6}E_3$
10	1	$-\frac{20}{13}$	$\frac{5}{2}$	$\mp\frac{2}{13}a^{-1}b^{7/13}\left(\pm\frac{6a}{13b}\right)^{1/2}$	1	τE_2	13	τ^{13}
11	$-\frac{2}{3}$	$-\frac{1}{2}$	$\frac{27}{20}$	$\frac{20}{3}a^{-1/3}b^{1/2}\left(\pm\frac{a}{4b}\right)^{7/20}$	−9	$\tau^{-18}E_3^3$	1	$\tau^2E_2^2$
12	0	$-\frac{5}{2}$	0	$\mp 3a^{-2}b^{7/2}$	7	$\wp^{-2}E_4$	4	$\wp^{-2}$
13	1	0	$\frac{8}{5}$	$\mp\frac{5}{6}a^{-2}\left(\frac{3a}{b}\right)^{3/5}$	−3	$\wp'$	7	$\wp^{-2}E_4$
14	$-\frac{1}{2}$	$-\frac{5}{2}$	0	$\mp 3a^{-3/2}b^{7/2}$	7	$\wp^2E_4^{-1}$	3	E_4^{-1}
15	1	1	$\frac{8}{5}$	$\frac{10}{3}a^{-2}b^{-1}\left(\frac{3a}{b}\right)^{3/5}$	−8	E_5	7	$\wp E_4^{-1/2}$
16	$-\frac{1}{2}$	$-\frac{5}{2}$	0	$-\frac{1}{6}a^{-3/2}b^{8/3}$	16	E_5^2	9	$E_4^{3/2}$
17	$-\frac{5}{6}$	$-\frac{5}{3}$	0	$-\frac{1}{6}a^{-7/6}b^{8/3}$	16	E_5^{-2}	7	$E_4^{3/2}E_5^{-2}$
18	1	5	$\frac{7}{5}$	$-10a^{-2}b^{-5}\left(\frac{a}{b}\right)^{2/5}$	−27	$E_3E_4^{-1/2}$	8	$E_5^{-1/3}$
19	$-\frac{1}{2}$	$-\frac{5}{2}$	$\frac{4}{5}$	$-5a^{-3/2}b^{7/2}\left(\frac{a}{2b}\right)^{4/5}$	27	$E_3^2E_4^{-1}$	7	$E_4^{-1}E_5^{4/3}$
20	2	0	3	$\mp 6a^{-1}b^{-2}$	2	$\wp$	−1	τ

Tabelle 17, Weierstraßsche Trajektorie (Fortsetzung)

Nr.der	DGl: $y'' = Ax^n y^m (y')^l$				Lösung: $x = aC_1^s\Phi(\tau, C_2)$, $y = bC_1^k\Psi(\tau, C_2)$			
DGl	n	m	l	A	s	Φ	k	Ψ
21	0	1	$\frac{1}{2}$	$\pm\frac{2}{a}\left(\pm\frac{6}{ab}\right)^{1/2}$	1	τ	−3	$\wp'$
22	2	−5	3	$\mp 6a^{-1}b^3$	3	$\tau^{-1}\wp$	1	τ^{-1}
23	$-\frac{5}{4}$	1	$\frac{1}{2}$	$\frac{1}{2}a^{1/4}b^{-1}\left(\pm\frac{3b}{2a}\right)^{1/2}$	2	τ^4	−1	$\tau\wp' - \wp$
24	$-\frac{1}{2}$	$-\frac{2}{9}$	$\frac{9}{2}$	$\mp\frac{5}{9}a^{1/2}b^{-1/3}\left(\frac{b}{4a}\right)^{1/5}$	4	$(\tau\wp' - \wp)^2$	9	$\tau^{-3}\wp^3$
25	2	$-\frac{15}{7}$	3	$\mp\frac{6}{49}a^{-1}b^{1/7}$	1	τE_3	7	τ^7
26	$-\frac{15}{8}$	1	$\frac{1}{2}$	$-\frac{1}{8}a^{7/8}b^{-1}\left(\mp\frac{3b}{a}\right)^{1/2}$	4	τ^{-8}	3	$\tau^{-6}E_1$
27	$-\frac{1}{2}$	$-\frac{2}{3}$	$\frac{23}{15}$	$5a^{1/2}b^{-1/3}\left(\pm\frac{b}{4a}\right)^{7/15}$	4	$\tau^{-12}E_1^2$	−1	$\tau^3 E_3^3$
28	2	$-\frac{20}{7}$	3	$\mp\frac{6}{49}a^{-1}b^{6/7}$	6	$\tau^{-6}E_3$	7	τ^{-7}
29	$-\frac{20}{3}$	1	$\frac{1}{2}$	$\pm\frac{2}{13}a^{7/13}b^{-1}\left(\pm\frac{6b}{13a}\right)^{1/2}$	13	τ^{13}	1	τE_2
30	$-\frac{1}{2}$	$-\frac{2}{5}$	$\frac{33}{20}$	$-\frac{20}{3}a^{1/2}b^{-1/3}\left(\pm\frac{b}{4a}\right)^{7/20}$	1	$\tau^2 E_2^2$	−9	$\tau^{-18}E_3^3$
31	$-\frac{5}{2}$	0	3	$\pm 3a^{7/2}b^{-2}$	4	$\wp^{-2}$	7	$\wp^{-2}E_4$
32	0	1	$\frac{7}{5}$	$\pm\frac{5}{6}b^{-2}\left(\frac{3b}{a}\right)^{3/5}$	7	$\wp^{-2}E_4$	−3	$\wp'$
33	$-\frac{5}{2}$	$-\frac{1}{2}$	3	$\pm 3a^{7/2}b^{-3/2}$	3	E_4^{-1}	7	$\wp^2 E_4^{-1}$
34	1	1	$\frac{7}{5}$	$-\frac{10}{3}a^{-1}b^{-2}\left(\frac{3b}{a}\right)^{3/5}$	7	$\wp E_4^{-1/2}$	−8	E_5
35	$-\frac{5}{3}$	$-\frac{1}{2}$	3	$\frac{1}{6}a^{8/3}b^{-3/2}$	9	$E_4^{3/2}$	16	E_5^2
36	$-\frac{5}{3}$	$-\frac{5}{6}$	3	$\frac{1}{6}a^{8/3}b^{-7/6}$	7	$E_4^{3/2}E_5^{-2}$	16	E_5^{-2}
37	5	1	$\frac{8}{5}$	$10a^{-5}b^{-2}\left(\frac{b}{a}\right)^{2/5}$	8	$E_5^{-1/3}$	−27	$E_3 E_4^{-1/2}$
38	$-\frac{5}{2}$	$-\frac{1}{2}$	$\frac{11}{2}$	$5a^{7/2}b^{-3/2}\left(\frac{b}{2a}\right)^{4/5}$	7	$E_4^{-1}E_5^{4/3}$	27	$E_3^2 E_4^{-1}$

Bezeichnungen: die Funktion $\wp$-Funktion ist implizit definiert:

$$\tau = \int \frac{d\wp}{\sqrt{\pm(4\wp^3 - 1)}} - C_2 \text{ und [richtig ist: oder] } \wp' = \sqrt{\pm(4\wp^3 - 1)};$$

$$E_1 = \tau^3\wp' + 3\tau^2\wp \mp 1,\ E_2 = \tau^3\wp' - 4\tau^2\wp \pm 6,\ E_3 = \tau^2\wp \mp 1,\ E_4 = \wp' \pm 2\tau\wp^2,\ E_5 = \tau\wp' + 2\wp.$$

Das obere Vorzeichen in den Formeln entspricht der klassischen elleptischen Weierstraßschen-Funktion $\wp = \wp(\tau + C_2, 0, 1)$.

Tabelle 18 Besselsche Trajektorie

Nr.der	DGl: $y'' = Ax^n y^m (y')^l$				Lösung: $x = a^\lambda f(\tau, C_1, C_2),\ y = b^\lambda g(\tau, C_1, C_2)$			
DGl	n	m	l	A	λ	f	g	ν
1	beliebig $(n \neq -2)$	1	0	$\mp\left(\frac{n+2}{2a}\right)^2$	1	$\tau^{2\nu}$	$\tau^\nu Z_\nu$	$\frac{1}{n+2}$
2	-2	1	0	$A > -\frac{1}{4}$	0	τ^2	$\tau(C_1\tau^\nu + C_2\tau^{-\nu})$	$\sqrt{1+4A}$
				$-\frac{1}{4}$	0	τ^2	$\tau(C_1 \ln\tau + C_2)$	–
				$A < -\frac{1}{4}$	0	τ^2	$\tau C_1 \sin(\nu \ln\tau + C_2)$	$\sqrt{-1-4A}$
3	1	beliebig $(m \neq -2)$	3	$\pm\left(\frac{m+2}{2b}\right)^2$	1	$\tau^\nu Z_\nu$	$\tau^{2\nu}$	$\frac{1}{m+2}$
4	1	-2	3	$A < \frac{1}{4}$	0	$\tau(C_1\tau^\nu + C_2\tau^{-\tau})$	τ^2	$\sqrt{1-4A}$
				$\frac{1}{4}$	0	$\tau(C_1 \ln\tau + C_2)$	τ^2	–
				$A > \frac{1}{4}$	0	$\tau C_1 \sin(\nu \ln\tau + C_2)$	τ^2	$\sqrt{4A-1}$
5	$-\frac{1}{2}$	$-\frac{1}{2}$	beliebig $\left(l \neq \frac{3}{2}\right)$	$\frac{1}{3-2l}\left(\mp\frac{b}{a}\right)^{\frac{3}{2}-l}$	1	$\tau^{2\nu} Z_\nu^2$	$\tau^{-2\nu}(\tau Z'_\nu + \nu Z_\nu)^2$	$\frac{1-l}{3-2l}$
6	$-\frac{1}{2}$	$-\frac{1}{2}$	$\frac{3}{2}$	$\mp\lvert A\rvert$	0	$\pm\tau^2(C_1\tau^\nu + C_2\tau^{-\nu})^2$	$\frac{1}{4\tau^2}Q^2$	$\sqrt{\frac{A^2+4}{A^2}}$
7	$-\frac{1}{2}$	$-\frac{1}{2}$	0	$\mp\frac{b}{3a}\left(\mp\frac{b}{a}\right)^{1/2}$	1	$\tau^{2/3}Z^2$	$\tau^{-2/3}U_1^2$	–
8	-2	$-\frac{1}{2}$	0	$\mp\frac{1}{3}b^{3/2}$	1	$\tau^{-2/3}Z^{-2}$	$\tau^{-4/3}Z^{-2}U_1^2$	–
9	1	-2	0	$-\frac{9}{2}\left(\frac{b}{a}\right)^3$	1	$\tau^{-2/3}U_2$	$\tau^{2/3}Z^2$	–

Tabelle 18 Besselsche Trajektorie Fortsetzung

Nr.der	DGl: $y'' = Ax^n y^m (y')^l$				Lösung: $x = a^\lambda f(\tau, C_1, C_2),\ y = b^\lambda g(\tau, C_1, C_2)$			
DGl	n	m	l	A	λ	f	g	ν
10	1	$-\frac{1}{2}$	$\frac{3}{2}$	$-\frac{2}{a}\left(\mp\frac{3}{2}\right)^{1/2}$	1	$\tau^{-2/3}Z^{-1}U_1$	$\tau^{-4/3}U_2^2$	–
11	−2	−2	0	$-\frac{9}{2}b^3$	1	$\tau^{2/3}U_2^{-1}$	$\tau^{4/3}Z^2U_2^{-1}$	–
12	1	−2	$\frac{3}{2}$	$-\frac{b}{a^2}(\pm 3ab)^{1/2}$	1	$\tau^{-4/3}Z^{-1}U_3$	$\tau^{-2/3}U_2$	–
13	−2	$-\frac{1}{2}$	$\frac{3}{2}$	$\pm\frac{2}{3}a^{3/2}$	1	$\tau^{-4/3}Z^{-2}U_2$	$\tau^{-8/3}Z^{-2}U_3^2$	–
14	$-\frac{1}{2}$	−2	3	$\pm\frac{1}{3}a^{3/2}$	1	$\tau^{-4/3}Z^{-2}U_1^2$	$\tau^{-2/3}Z^{-2}$	–
15	−2	1	3	$\frac{9}{2}\left(\frac{a}{b}\right)^3$	1	$\tau^{2/3}Z^2$	$\tau^{-2/3}U_2$	–
16	$-\frac{1}{2}$	1	$\frac{3}{2}$	$\frac{2}{b}\left(\mp\frac{3}{b}\right)^{1/2}$	1	$\tau^{-4/3}U_2^2$	$\tau^{-2/3}Z^{-1}U_1$	–
17	−2	−2	3	$\frac{9}{2}a^3$	1	$\tau^{4/3}Z^2U_2^{-1}$	$\tau^{2/3}U_2^{-1}$	–
18	−2	1	$\frac{3}{2}$	$\frac{a}{b^2}(\pm 3ab)^{1/2}$	1	$\tau^{-2/3}U_2$	$\tau^{-4/3}Z^{-1}U_3$	–
19	$-\frac{1}{2}$	−2	$\frac{3}{2}$	$\mp\frac{2}{3}b^{3/2}$	1	$\tau^{-8/3}Z^{-2}U_3^2$	$\tau^{-4/3}Z^{-2}U_2$	–

Bezeichnungen: $Z_\nu = \begin{cases} C_1 J_\nu(\tau) + C_2 Y_\nu(\tau) & \text{für das obere Vorzeichen,} \\ C_1 I_\nu(\tau) + C_2 K_\nu(\tau) & \text{für das untere Vorzeichen,} \end{cases}$

$Z = Z_{1/3},\ Z' = \frac{\mathrm{d}Z}{\mathrm{d}\tau},\ Q = (1+\nu)C_1\tau^\nu + (1-\nu)C_2\tau^{-\nu},\ U_1 = \tau Z' + \frac{1}{3}Z,\ U_2 = U_1^2 \pm \tau^2 Z^2,\ U_3 = \pm\frac{2}{3}\tau^2 Z^3 - 2U_1U_2.$

2.4 Differentialgleichungen der Form:

$$y'' = Ae^x y^m (y')^l \text{ und } y'' = Ax^n e^y (y')^l$$

In diesem Abschnitt sind (Tabelle 19) die Lösungen von Emden-Fowler-DGln mit der Exponentialfunktion als Faktor angegeben.

Tabelle 19 Verallgemeinerte Emden-Fowler-DGl mit Exponentialfunktionen

Nr.der DGl	m	l	Lösung der DGl: $y'' = Ae^x y^m (y')^l$
1	0	beliebig ($l \neq 1$)	$x = \ln\left[\pm \frac{1}{A(1-l)} C_1^{1-l}\tau\right]$, $y = C_1 \int \frac{1}{\tau}(1 \pm \tau)^{\frac{1}{1-l}} \mathrm{d}\tau + C_2$
2	0	1	$x = \ln\left(\pm \frac{\tau}{A}\right)$, $y = C_1 \int \frac{1}{\tau} \exp(\pm\tau) \mathrm{d}\tau + C_2$
3	beliebig ($m \neq -1$)	2	$x = \int \frac{\mathrm{d}\tau}{f} + C_2$, $y = \tau \exp\left[-\frac{1}{m+1}\left(\int \frac{\mathrm{d}\tau}{f} + C_2\right)\right]$, wobei die Abhängigkeit der Funktion f vom Parameter τ mit Hilfe des Ausdrucks $\ln\left(\frac{f}{\tau} - \frac{1}{m+1}\right) - \frac{\tau}{(m+1)f - \tau} = \frac{A}{m+1}\tau^{m+1} - \ln\tau + C_1$ gegben wird. [Anm. d. Übers.: Was oben Ausdruck genannt wird, ist eine Gleichung]
4	-1	2	$y(x) = C_2 \exp\left(\int \frac{\mathrm{d}x}{x + Ae^x + C_1}\right)$
5	1	0	Für $A > 0$: $y(x) = C_1 I_0(2\sqrt{A}e^{x/2}) + C_2 K_0(2\sqrt{A}e^{x/2})$, I_0, K_0 sind die modifizierten Bessel-Funktionen Für $A < 0$: $y(x) = C_1 J_0(2\sqrt{-A}e^{x/2}) + C_2 Y_0(2\sqrt{-A}e^{x/2})$, J_0, Y_0 sind die Bessel-Funktionen [Anm. d. Übers.: Y_0 ist die Neumansche Funktion zum Index 0.]
6	$-\frac{1}{2}$	$\frac{3}{2}$	$x = \tau^2 - \ln(Af)$, $y = C_1[2\tau f - \exp(\tau^2)]^2$, mit $f = \int \exp(\tau^2) \mathrm{d}\tau + C_2$

Fortsetzung der Tabelle 19 s. nächste Seite

Nr.der DGL			Lösung der DGl: $y'' = Ae^x y^m (y')^l$
7	1	$\frac{3}{2}$	$x = -\ln\left[AC_1^3(\sqrt{\tau^2+\tau} - f)\right]$, $y = 2C_1^2\left(1 - f\sqrt{\frac{\tau+1}{\tau}}\right)$, mit $f = \ln(\sqrt{\tau} + \sqrt{\tau+1}) + C_2$
			Lösung der DGl: $y'' = Ax^n e^y (y')^l$
8	0	beliebig $(l \neq 2)$	$x = C_1 \int \frac{1}{\tau}(1 \pm \tau)^{\frac{1}{l-2}} \mathrm{d}\tau + C_2$ $y = \ln\left[\pm \frac{1}{A(2-l)} C_1^{l-2} \tau\right]$
9	0	2	$x = C_1 \int \frac{1}{\tau}\exp(\mp\tau)\mathrm{d}\tau + C_2,\ y = \ln\left(\pm\frac{\tau}{A}\right)$
10	beliebig $(n \neq -1)$	1	$x = \tau\exp\left[-\frac{1}{n+1}\left(\int\frac{\mathrm{d}\tau}{f} + C_2\right)\right],\ y = \int\frac{\mathrm{d}\tau}{f} + C_2$, wobei die Abhängigkeit der Funktion f vom Parameter τ mit Hilfe des Ausdrucks $\ln\left(\frac{f}{\tau} - \frac{1}{n+1}\right) - \frac{\tau}{(n+1)f-\tau} = -\frac{A}{n+1}\tau^{n+1} - \ln\tau + C_1$ gegeben wird. [Anm. d. Übers.: Was oben Ausdruck genannt wird, ist eine Gleichung]
11	-1	1	$x = C_2\exp\left(\int\frac{\mathrm{d}y}{y - Ae^y + C_1}\right)$
12	$-\frac{1}{2}$	$\frac{3}{2}$	$x = C_1[2\tau f - \exp(\tau)^2]^2,\ y = \tau^2 - \ln(-Af)$, mit $f = \int\exp(\tau^2)\mathrm{d}\tau + C_2$
13	1	$\frac{3}{2}$	$x = 2C_1^2\left(1 - f\sqrt{\frac{\tau+1}{\tau}}\right)$, $y = -\ln[AC_1^3(f - \sqrt{\tau^2+\tau})]$, mit $f = \ln(\sqrt{\tau} + \sqrt{\tau+1}) + C_2$
14	1	3	Für $A > 0$: $x = C_1 J_0(2\tau) + C_2 Y_0(2\tau),\ y = \ln(\tau/\sqrt{A})$, $J_0,\ Y_0$ sind die Besselschen Funktionen [Anm. d. Übers.: Y_0 ist die Neumansche Funktion zum Index 0.] Für $A < 0$: $x = C_1 I_0(2\tau) + C_2 K_0(2\tau),\ y = \ln(\tau/\sqrt{-A})$, $I_0,\ K_0$ sind die modifizierten Besselschen Funktionen. [Anm. d. Übers.: K_0 ist die MacDonaldsche Funktion zum Index 0.]
Lösung der DGl: $y'' = Ae^x e^y (y')^l$			
15	$x = \int\frac{1}{f}\tau^{-l}\mathrm{d}\tau + C_2,\ y = \ln\left(\frac{f}{A}\right) - \int\frac{1}{f}\tau^{-l}\mathrm{d}\tau - C_2$, mit $f = \begin{cases} \frac{1}{2-l}\tau^{2-l} + \frac{1}{1-l}\tau^{1-l} + C_1 & \text{für } l \neq 1; 2 \\ \tau + \ln\lvert\tau\rvert + C_1 & \text{für } l = 1 \\ \ln\lvert\tau\rvert - \frac{1}{\tau} + C_1 & \text{für } l = 2 \end{cases}$		

2.5 Weitere nichtlineare Differentialgleichungen

1.– 16. Autonome DGl der Form $y'' = F(y, y')$

2.5.1. $\boldsymbol{y'' + a\sin y = 0}$

DGl der Pendelschwingungen.
Die den Anfangsbedingungen $y(x_0) = \alpha$, $y'(x_0) = \beta$ genügende Lösung läßt sich in impliziter Form aufschreiben:

$$x - x_0 = \int_\alpha^y [2a\cos y + \beta^2 - 2a\cos\alpha]^{-1/2}\mathrm{d}y.$$

[Anm. d. Übers.: Diese Lösung kann auch explizit dargestellt werden. Es sei $a > 0$ (der Fall $a < 0$ wird auf ähnliche Weise behandelt). Setzen wir $b = \frac{1}{2}\sqrt{\beta^2 + 4a\sin^2\frac{\alpha}{2}}$. Es sei ferner $F(\varphi, k) = \int_0^\varphi (1 - k^2\sin^2 t)^{1/2}\mathrm{d}t$ das Legendresche elleptische Normalintegral 1. Gattung und $\varphi = \operatorname{am} u$ die Umkehrfunktion zu $u = F(\varphi, k)$ bei festem k. Die Jacobische elliptische Funktion $\operatorname{sn} u$ wird mit Hilfe der Formel $\operatorname{sn} u = \sin(\operatorname{am} u)$ definiert. Die obige implizite Lösung ergibt $F(y/2, \sqrt{a}/b) = b(x - x_0) + F(\alpha/2, \sqrt{a}/b)$, folglich gilt $y/2 = \operatorname{am}[b(x - x_0) + F(\alpha/2, \sqrt{a}/b)]$, und deshalb ist die explizite Lösung

$$y = 2\arcsin\{sn\,[b(x - x_0) + F(\alpha/2, \sqrt{a}/b)]\}. \quad]$$

2.5.2. $\boldsymbol{y'' + a(y')^2 + 2by = 0}$

Dieser DGl gehorchen kleine Schwingungen, wenn das Abklingen [Anm. d. Übers.: richtig ist die Dämpfungskraft] dem Quadrat der Geschwindigkeit proportional ist [dabei muß $a > 0$ sein].
Allg. Lösung in impliziter Form

$$x = C_2 \pm a\int \frac{\mathrm{d}y}{\sqrt{C_1 a^2 e^{-2ay} + b(1 - 2ay)}}.$$

2.5.3. $\boldsymbol{y'' + a(y')^2 + b\sin y = 0}$

Dieser DGl gehorchen die Pendelschwingungen, wenn das Abklingen [eigtl. die Dämpfungskraft] dem Quadrat der Geschwindigkeit proportional ist [dabei gilt $a > 0$ und $b > 0$]. Nach einmaligem Integrieren erhalten wir die DGl mit getrennten Variablen:

$$(y')^2 = Ce^{-2ay} + \frac{2b}{4a^2 + 1}(\cos y - 2a\sin y). \tag{1}$$

[Anm. d. Übers.: Unter einmaligem Integrieren ist hier folgendes zu verstehen. Setzt man $y' = p$, so gilt $y'' = \mathrm{d}(p^2/2)/\mathrm{d}y$, und deshalb genügt die Funktion $p = p(y)$ der DGl $\mathrm{d}(p^2)/\mathrm{d}y + 2ap^2 = -2a\sin y$. Nach p^2 auflösend erhält man die DGl (1).]

2.5.4. $\boldsymbol{y'' - y' = \pm 2a^2 y^{-1}}$

Allg. Lösung in parametrischer Form:

$$x = -\ln\left[C_1 \int \exp(\pm\tau^2)\mathrm{d}\tau + C_2\right],$$

$$y = aC_1 \exp(\pm\tau^2)\left[C_1 \int \exp(\pm\tau^2)\mathrm{d}\tau + C_2\right]^{-1}.$$

2.5.5. $\boldsymbol{y'' - y' = a y^{-1/2}}$

Allg. Lösung in parametrischer Form:

$$x = -\ln(\tau^{2/3} f^2), \quad y = |3a|^{2/3}\tau^{-4/3}\left[\tau(\ln f)'_\tau + \frac{1}{3}\right]^2;$$

dabei läßt sich die Funktion $f(\tau)$ [mit Hilfe folgender Formeln] durch die Besselschen und die modifizierten Besselschen Funktionen ausdrücken:

$$f = \begin{cases} C_1 J_{1/3}(\tau) + C_2 Y_{1/3}(\tau) & \text{für } a < 0 \\ C_1 I_{1/3}(\tau) + C_2 K_{1/3}(\tau) & \text{für } a > 0 \end{cases}.$$

2.5.6. $\boldsymbol{y'' - y' = a y^{-2}}$

Allg. Lösung in parametrischer Form:

$$x = \ln\left\{\tau^{2/3}\left[\left(\tau Z' + \frac{1}{3}Z\right)^2 + \tau^2 Z^2\right]^{-1}\right\},$$

$$y = -\left(\frac{2}{9}a\right)^{1/3}\tau^{4/3} Z^2\left[\left(\tau Z' + \frac{1}{3}Z\right)^2 + \tau^2 Z^2\right]^{-1},$$

dabei ist $Z = C_1 J_{1/3}(\tau) + C_2 Y_{1/3}(\tau)$; $J_{1/3}$, und $Y_{1/3}$ sind die Besselschen Funktionen [Y ist die Neumansche Funktion].

2.5.7. $\boldsymbol{y'' - y' = -\frac{2(m+1)}{(m+3)^2} y \pm \frac{m+1}{2a^2} y^m,}$ mit $m \neq \pm 1, m \neq -3$

Allg. Lösung in parametrischer Form:

$$x = \frac{m+3}{m-1}\ln\left\{aC_1^{1-m}\frac{m-1}{m+3}\int \frac{\mathrm{d}\tau}{\sqrt{1 \pm \tau^{m+1}}} + C_2\right\},$$

$$y = C_1^2 \tau \left\{aC_1^{1-m}\frac{m-1}{m+3}\int \frac{\mathrm{d}\tau}{\sqrt{1 \pm \tau^{m+1}}} + C_2\right\}^{\frac{2}{m-1}}.$$

2.5.8. $\boldsymbol{y'' - y' = \frac{6}{25}y + ay^2}$

Allg. Lösung in parametrischer Form:

$$x = 5\ln\left(\int \frac{d\tau}{\sqrt{4\tau^3 - 1}} + C_1\right) + C_2,$$

$$y = \frac{6}{25a}\left\{\tau\left(\int \frac{d\tau}{\sqrt{4\tau^3 - 1}} + C_1\right)^2 - 1\right\}.$$

2.5.9. $\boldsymbol{y'' - y' = -\frac{2}{9}y + \frac{16}{9}a^{3/2}y^{-1/2}}$

Allg. Lösung in parametrischer Form:

$$x = -3\ln\left\{C_1 \exp\left(-\frac{\sqrt{3}}{3}\tau\right)[\exp(\sqrt{3}\tau) + C_2 \sin\tau]\right\},$$

$$y = a\exp\left(\frac{2\sqrt{3}}{3}\tau\right)\left[\exp(\sqrt{3}\tau) + C_2 \sin\tau\right]^{-2}$$
$$\times\left[2\exp(\sqrt{3}\tau) - C_2 \sin\tau + \sqrt{3}C_2 \cos\tau\right]^2.$$

2.5.10. $\boldsymbol{y'' - y' = -\frac{9}{100}y \pm \frac{9}{100}a^{8/3}y^{-5/3}}$

Allg. Lösung in parametrischer Form:

$$x = -\frac{5}{4}\ln[\pm(\tau^4 - 6\tau^2 + 4C_1\tau - 3)] + C_2,$$

$$y = a(\tau^3 - 3\tau + C_1)^{3/2}[\pm(\tau^4 - 6\tau^2 + 4C_1\tau - 3)]^{-9/8}.$$

2.5.11. $\boldsymbol{y'' - y' = -\frac{3}{16}y - \frac{3}{64}a^{8/3}y^{-5/3}}$

Allg. Lösung in parametrischer Form:

$$x = C_1 - 4\int \frac{d\tau}{\tan\tau + \tanh(\tau + C_2)},$$

$$y = a[\tan\tau + \tanh(\tau + C_2)]^{-3/2}.$$

2.5.12. $\boldsymbol{y'' - y' = \frac{15}{4}y \pm \frac{3}{4}a^8 y^{-7}}$

Allg. Lösung in parametrischer Form:

$$x = \frac{1}{4}\ln[4\tau f^2 \mp \tau^{-2}(Rf-1)^2] + C_1,$$

$$y = a\sqrt{f}[4\tau f^2 \mp \tau^{-2}(Rf-1)^2]^{-3/8},$$

mit

$$R = \sqrt{\pm(4\tau^3 - 1)}, \qquad f = C_2\tau \mp R + 2\tau\int\frac{\tau\,\mathrm{d}\tau}{R}.$$

2.5.13. $\boldsymbol{y'' - y' = f(y)}$

Diese DGl kommt in der Theorie der chemischen Reaktionen und in der Theorie des Brennens vor. Spezielle Fälle dieser DGl sind die DGl 2.5.4 – 2.5.12.
Die Transformation $w(y) = y'$ ergibt folgende Abelsche DGl zweiter Art:

$$ww' = w + f(y) \tag{1}$$

Im Abschn. 1.3 sind analytische Lösungen der DGl (1) für gewisse konkrete Funktionen $f(y)$ angegeben.
[Anm. d. Übers.: Unter analytischen Lösungen vesteht man jetzt Lösungen, die analytische, d.h. in Potenzreihen zerlegbare, Funktionen sind. Hier handelt es sich aber nicht um die Analytizität der Lösungen, sondern darum, daß in Abschn. 1.3 Formeln angegeben sind, die im Fall bestimmter Funktionen $f(y)$ die Lösungen ausdrücken.]
Ist die Lösung der DGl (1) in parameterischer Form

$$y = \varphi(t, C_1), \qquad w = \psi(t, C_1),$$

ausgedrückt, so kann die allgemeine Lösung der vorgegebenen DGl mit Hilfe der Formeln:

$$x = \int\frac{\varphi'(t, C_1)}{\psi(t, C_1)}\mathrm{d}t + C_2, \quad y = \varphi(t, C_1)$$

ausgedrückt werden.

2.5.14. $\boldsymbol{y'' + f(y)y' + y = 0}$

Dieser DGl gehorchen nichtlineare Schwingungen. Im Fall gewisser Funktionen $f(y)$ kann die allgemeine Lösung durch f ausgedrückt werden. [Führt man $w(y) = y'$ als neue unbekannte Funktion ein, so genügt $w(y)$ der DGl erster Ordnung $ww' + f(y)w + y = 0$].

2.5.15. $\boldsymbol{y'' + F(y') + y = 0}$

Dieser DGl gehorchen nichtlineare Schwingungen. Nach x differenzierend und nachher die neue unbekannte Funktion $u(x) = y'$ einführend erhalten wir folgende DGl vom Typ 2.5.14:

$$u'' + f(u)u' + u = 0, \text{ mit } f(u) = F'(u).$$

2.5.16. $\boldsymbol{yy'' + \frac{3}{2}(y')^2 + f(y'/y) = g(y)}$

Dieser DGl gehorcht der veränderliche Halbmesser einer Blase im Fall nichtnewtonischer Flüssigkeit. Im Fall gewisser Funktionen f und g kann die allgemeine Lösung durch f und g ausgedrückt werden.

17. – 49. Differentialgleichungen mit Potenzfunktionen

2.5.17. $\boldsymbol{9x^2y'' + ay^3 + 2y = 0}$

Die Transformation $\xi = x^{1/3}$, $\eta = yx^{-1/3}$ ergibt die autonome DGl vom Typ 2.2.1:

$$\eta'' + a\eta^3 = 0.$$

2.5.18. $\boldsymbol{y'' = ax^ny + by^{-3}}$

Partieller Fall der DGl 2.2.23.

2.5.19. $\boldsymbol{y'' = n(n+1)x^{-2}y + ax^{n(m+3)}y^m}$

Spezieller Fall der DGl 2.2.22.

2.5.20. $\boldsymbol{y'' = (ax^{-2/3} + b)y^{-5/3}}$

Die Transformation $x = x(t)$, $y = \pm(x')^{3/2}$ ergibt folgende DGl dritter Ordnung:

$$2x'x''' - (x'')^2 = \frac{4}{3}(ax^{-2/3} + b).$$

Indem man diese DGl nach t differentiert und nachher durch x' kürzt, erhält man die DGl vom Typ 4.2.1: $9x^{(4)} = -4ax^{-5/3}$. Ihre [allgemeine] Lösung in die vorgegebene DGl einsetzend, kommt man zur Beziehung zwischen den Integrationskonstanten und dem Parameter b.

2.5.21. $\boldsymbol{y'' = (ax^{-2/3} + bx^{-4/3})y^{-5/3}}$

Die Transformation $x = t^{-1}$, $y = wt^{-1}$ ergibt folgende DGl vom Typ 2.5.20:

$$w'' = (at^{-2/3} + b)w^{-5/3}.$$

2.5.22. $\boldsymbol{y'' = ax^{-2}(y^n - y)}$

Die Transformation $\xi = x^k$, $\eta = x^{(k-1)/2}y$ mit $\eta = \eta(\xi)$ und $k = \sqrt{1-4a}$ ergibt folgende DGl von Emden-Fowler:

$$\eta'' = \frac{a}{1-4a}\xi^{\frac{n-1}{2k} - \frac{n+3}{2}}\eta^n,$$

die in Abschn 2.3 behandelt wurde.

2.5.23. $\boldsymbol{y'' = ax^{-1}y' + bx^{2a}y^m}$

Spezieller Fall der DGl 2.2.24.

2.5.24. $\boldsymbol{y'' = ay^n(y')^2 + bx^m y'}$

Allg. Lösung:

$$\int \exp[-a\varphi(y)]\mathrm{d}y = C_1 + C_2 \int \exp[b\psi(x)]\mathrm{d}x,$$

mit

$$\varphi(y) = \begin{cases} \dfrac{1}{n+1}y^{n+1} & \text{für } n \neq -1 \\ \ln y & \text{für } n = -1 \end{cases}$$

$$\psi(x) = \begin{cases} \dfrac{1}{m+1}x^{m+1} & \text{für } m \neq -1 \\ \ln x & \text{für } m = -1. \end{cases}$$

2.5.25. $\boldsymbol{y'' = ax^{n+1}y^m(y')^2 - ax^n y^{m+1}y'}$

Spezieller Fall der DGl 2.2.27.

2.5.26. $\boldsymbol{y'' = ay^n(y')^2 + by^m(y')^k}$

Spezieller Fall der DGl 2.2.19.

2.5.27. $\boldsymbol{y'' = ax^{-m-1}y^m(y')^{k+1} - ax^{-m-2}y^{m+1}(y')^k}$

Spezieller Fall der DGl 2.2.28.

2.5.28. $\boldsymbol{xy'' = ay' + bx^n y^m(y')^l}$

Ist $a \neq -1$, so ergibt die Transformation $\xi = x^{a+1}$ die im Abschn. 2.3 behandelte DGl von Emden und Fowler:

$$y''_{\xi\xi} = b(a+1)^{l-2}\xi^k(y'_\xi)^l y^m$$

mit $k = \dfrac{n + al - 2a - 1}{a + 1}$. Die vorgegebene DGl kann z. B. im Falle $n = 1 - 2a$ integriert werden.

2.5.29. $\boldsymbol{y'' = Ax^n y^m (y')^l + Bx^k y^s (y')^r}$

Spezielle Fälle dieser DGl sind die DGln 2.5.17 – 2.5.28. Viele [mittels Quadraturen] auflösbare DGl von diese Typ sind im 2. Teil des Buches [5], Abschn. 2.3 angegeben.

2.5.30. $\boldsymbol{y'' = (ax^2 + bx + c)^m y^{-2m-3}}$

Spezieller Fall der DGl 2.2.15.

2.5.31. $\boldsymbol{(x - a)^2 y'' = bx^{-n-1} y^n}$, mit $\boldsymbol{a \neq 0}$

Spezieller Fall der DGl 2.2.97.

2.5.32. $\boldsymbol{y'' = \lambda y^{-1/3} + (ax^2 + bx + c) y^{-5/3}}$

Die Transformation $x = x(t)$, $y = (x')^{3/2}$ ergibt die DGl dritter Ordnung:

$$2x'x''' - (x'')^2 = \frac{4}{3}\lambda(x')^2 + \frac{4}{3}(ax^2 + bx + c).$$

Indem man beide Seiten nach t differenziert und nachher durch $x'(t)$ kürzt, erhält man die lineare DGl vierter Ordnung mit konstanten Koeffizienten:

$$3x^{(4)} = 2\lambda x'' + 4ax + 2b.$$

2.5.33. $\boldsymbol{y'' = \lambda x^{-8/3} y^{-1/3} + (cx^{-4/3} + bx^{-7/3} + ax^{-10/3}) y^{-5/3}}$

Die Transformation $x = t^{-1}$, $y = wt^{-1}$ ergibt die DGl vom Typ 2.5.32:

$$w'' = \lambda w^{-1/3} + (at^2 + bt + c) w^{-5/3}.$$

2.5.34. $\boldsymbol{x^2 y'' + axy' + by = cx^n y^m}$

Die Transformation $x = \xi^\alpha$, $y = \xi^\beta w$, mit $w = w(\xi)$, $\alpha = \pm\dfrac{1}{\sqrt{D}}$, $\beta = \pm\dfrac{1-a}{2\sqrt{D}} - \dfrac{1}{2}$ und $D = (1-a)^2 - 4b$, ergibt die DGl von Emden und Fowler:

$$w'' = c\alpha^2 \xi^{n\alpha + m\beta - \beta - 2} w^m.$$

Sie ist im Abschn. 2.3 behandelt.

2.5.35. $\boldsymbol{3yy'' - 2(y')^2 = ax^2 + bx + c}$

Die Transformation $y = w^3$ ergibt die DGl vom Typ 2.5.30:

$$3w'' = (ax^2 + bx + c) w^{-5}$$

mit $w = w(x)$.

2.5.36. $\boldsymbol{yy'' - \frac{1}{4}(y')^2 = ax^2 + bx + c}$

Die Transformation $y = w^{4/3}$ mit $w = w(x)$ ergibt die DGl:

$$4w'' = 3(ax^2 + bx + c)w^{-5/3}.$$

Sie ist ein spezieller Fall von Dgl 2.5.32

2.5.37. $\boldsymbol{y^2y'' + y(y')^2 = ax + b}$

Die Transformation $1/y = u'(x)$ ergibt

$$u'u''' + 3(u'')^2 = (ax + b)(u')^5.$$

Indem man u als eine Variable und x als Funktion von u einführt, erhält man die lineare DGl mit konstanten Koeffizienten: $x''' = ax + b$.

2.5.38. $\boldsymbol{y'' = ax^n(xy' - y)^m}$

Die Transformation $y = xw(x)$ ergibt folgende DGl:

$$xw'' + 2w' = ax^{n+2m}(w')^m.$$

Das ist eine Bernoulli-DGl mit der unbekannten Funktion $w'(x)$. Nach 1.1.4 erhält man als Lösung:

$$y = x \int \left(C_1 + a\frac{1-m}{2+n}x^{2+n} \right)^{\frac{1}{1-m}} \frac{dx}{x^2} + C_2 x,$$

dabei muß $m \neq 1$ und $n \neq -2$ sein.

2.5.39. $\boldsymbol{y'' = ax^{-n-3}y^n(xy' - y)^m}$

Spezieller Fall der DGl 2.2.94.

2.5.40. $\boldsymbol{y'' = kx^a(xy' - y)^b(y')^c}$

Die Legendre-Transformation $x = w'$, $y = tw' - w$, mit $w = w(t)$ ergibt folgende verallgemeinerte DGl von Emden und Fowler:

$$w'' = \frac{1}{k}t^{-c}w^{-b}(w')^{-a}.$$

Viele [mit Hilfe von Quadraturen] auflösbare DGl von diesem Typ sind im Abschn. 2.3 behandelt.

2.5.41. $\boldsymbol{y'' = ax^{n-1}y^{m-1}(y')^{\frac{2n+m-nk}{n+m}}(xy' - y)^k}$

Spezieller Fall der DGl 2.2.39.

2.5.42. $\boldsymbol{y'' = ax^n(xy' - y)^2 + bx^m}$

Die Transformation $y = xw(x)$ ergibt folgende Riccati-DGl mit der unbekannten Funktion w':

$$xw'' + 2w' = ax^{n+4}(w')^2 + bx^m.$$

Führt man die neue Variable $z = x^{n+4}w'$ ein, so ergibt sich folgende DGl vom Typ 1.2.16:

$$xz' = az^2 + (n+2)z + bx^{n+m+4}$$

[z ist keine Variable, sondern die neue unbekannte Funktion].

2.5.43. $\boldsymbol{x^n(y - bx)y'' = a(xy' - y)^2}$

Die Transformation $y = bx + xw(x)$ ergibt folgende DGl:

$$xww'' + 2ww' - ax^{3-n}(w')^2 = 0.$$

Die weitere Transformation $v = w'/w$ führt zur Bernoulli-DGl:

$$xv' + 2v + x(1 - ax^{2-n})v^2 = 0.$$

Ist $n = 2$, so gilt:

$$w = \pm|C_1 + C_2x^{-1}|^{\frac{1}{1-a}}.$$

2.5.44. $\boldsymbol{(\alpha y^2 + \beta x^2)^2 y'' + \gamma y = 0}$

Integrierend erhalten wir folgende DGl erster Ordnung mit getrennten Variablen:

$$(x^2u')^2 = \frac{\gamma}{\alpha(\alpha u^2 + \beta)} + C, \quad u = \frac{y}{x}.$$

2.5.45. $\boldsymbol{(y^2 + \alpha x^2 + 2\beta x + \gamma)^2 y'' + \delta y = 0}$

Beide Seiten durch den Koeffizient des Gliedes mit y'' dividierend und mit

$$\alpha x(xy' - y) + \beta(2xy' - y) + \gamma y'$$

multiplizierend, erhalten wir eine exakte DGl. Das Integrieren dieser DGl ergibt:

$$(\alpha x^2 + 2\beta x + \gamma)(y')^2 - 2(\alpha x + \beta)yy' + \alpha y^2 + \frac{\delta y^2}{y^2 + \alpha x^2 + 2\beta x + \gamma} = C.$$

2.5.46. $\boldsymbol{y'' = (ay^2 + bxy + cx^2 + \alpha y + \beta x + \gamma)^{-3/2}}$, mit $\boldsymbol{a \neq 0}$

Die Transformation $2au = 2ay + bx + \alpha$ ergibt die DGl:

$$u'' = u^{-3} f\left(\frac{u}{\sqrt{Ax^2 + Bx + C}}\right),$$

mit $f(\xi) = \xi^{-3}(a\xi^2+1)^{-3/2}$, $A = \dfrac{4ac-b^2}{4a}$, $B = \dfrac{2a\beta - b\alpha}{2a}$, $C = \dfrac{4a\gamma-\alpha^2}{4a}$.

2.5.47. $(a^2-x^2)(b^2-y^2)y'' + (a^2-x^2)y(y')^2 = x(b^2-y^2)y'$

Die Transformation $y' = u(x)\sqrt{b^2-y^2}$ ergibt die DGl mit getrennten Variablen: $(a^2-x^2)u' = xu$. Das Integrieren dieser DGl ergibt:

$$\arcsin\frac{y}{b} = C_1 + C_2 \arcsin\frac{x}{a}.$$

2.5.48. $ayy'' + b(y')^2 - (x^2+d)^{-1/2}yy' = 0$

Allg. Lösung:

$$y^{\frac{a+b}{a}} = C_1 + C_2(x+\sqrt{x^2+d})^{\frac{1}{a}}(\sqrt{x^2+d} - ax).$$

2.5.49. $[f(y)y']' + x^n y' = 0$

Diese DGl kommt der Wärmestrahlungs- und in der Grenzschichttheorie vor. Im Falle gewisser Funktionen $f(y)$ läßt sich die allgemeine Lösung mit Hilfe von Quadraturen ausdrücken; s. [5], Abschn. 4.1–2.

50.– 66. Differentialgleichungen mit Exponentialfunktionen

2.5.50. $y'' = Ax^n \exp(ky')$

Allg. Lösung:

$$y = \begin{cases} \dfrac{1}{k}\displaystyle\int \ln\left(C_1 - \frac{Ak}{n+1}x^{n+1}\right)\mathrm{d}x + C_2 & \text{für } n \neq -1 \\ \dfrac{1}{k}\displaystyle\int \ln(C_1 - Ak\ln x)\mathrm{d}x + C_2 & \text{für } n = -1 \end{cases}$$

2.5.51. $y'' = Ay^m \exp(ky')$

Allg. Lösung: für $m \neq -1$:

$$x = \frac{k}{A}\int \left[C_1 - \frac{m+1}{Ak^2}(\tau+1)e^{-\tau}\right]^{-\frac{m}{m+1}} e^{-\tau}\mathrm{d}\tau + C_2,$$

$$y = \left[C_1 - \frac{m+1}{Ak^2}(\tau+1)e^{-\tau}\right]^{\frac{1}{m+1}}.$$

Allg. Lösung: für $m = -1$:

$$x = \frac{k}{A}\int\left[C_1 - \tau - \frac{1}{Ak^2}(\tau+1)e^{-\tau}\right]\mathrm{d}\tau + C_2,$$

$$y = \exp\left[C_1 - \frac{1}{Ak^2}(\tau+1)e^{-\tau}\right].$$

2.5.52. $\boldsymbol{y'' = Ae^x e^y e^{y'}}$

Allg. Lösung in parameterischer Form:

$$x = \int\frac{e^{-\tau}\mathrm{d}\tau}{AC_1 - (\tau+1)e^{-\tau}} + C_2,$$

$$y = \ln\left[C_1 - \frac{1}{A}(\tau+1)e^{-\tau}\right] - \int\frac{e^{-\tau}\mathrm{d}\tau}{AC_1 - (\tau+1)e^{-\tau}} - C_2 + 1.$$

2.5.53. $\boldsymbol{y'' = \lambda^2 y + a\exp[\lambda(m+3)x]y^m}$

Spezieller Fall der DGl 2.2.43.

2.5.54. $\boldsymbol{y'' = ay' + be^{2ax}y^m}$

Spezieller Fall der DGl 2.2.44.

2.5.55. $\boldsymbol{y'' + ay' + by = ce^{\lambda x}y^m}$

Die Transformation $\xi = e^x$ ergibt folgende DGl vom Typ 2.5.34:

$$\xi^2 y'' + (a+1)\xi y' + by = c\xi^\lambda y^m.$$

2.5.56. $\boldsymbol{y'' = y' + A\exp[(n+2-l)x]y^m(y')^l}$

Die Transformation $\xi = e^x$ ergibt folgende verallgemeinerte DGl von Emden und Fowler:

$$y'' = A\xi^n y^m (y')^l.$$

Sie wurde im Abschn. 2.3 behandelt.

2.5.57. $\boldsymbol{y'' = -(y')^2 + Ax^n\exp[(m+l-1)y](y')^l}$

Die Transformation $w = e^y$ ergibt die verallgemeinerte DGl von Emden und Fowler:

$$w'' = Ax^n w^m (w')^l.$$

Sie wurde im Abschn. 2.3 behandelt.

2.5.58. $\boldsymbol{xy'' = -y' + ax^n \exp(\lambda y)}$

Diese DGl kommt in Hydrodynamik vor. Die Transformation $\xi = \ln x$, $w = \lambda y + (n+1)\ln x$ ergibt folgende autonome DGl vom Typ 2.2.1:

$$w'' = a\lambda e^w.$$

Ihre Integration ermöglicht das Ausdrücken der Lösung der vorgegebenen DGl in parameterischer Form:

$$x = \exp[C_1 \pm f(t)], \quad y = \frac{t}{\lambda} + \frac{n+1}{\lambda}[C_1 \pm f(t)],$$

mit

$$f(t) = \begin{cases} \dfrac{1}{\sqrt{C_2}} \ln \dfrac{\sqrt{C_2 + 2a\lambda e^t} - \sqrt{C_2}}{\sqrt{C_2 + 2a\lambda e^t} + \sqrt{C_2}} & \text{für } C_2 > 0 \\ -\dfrac{2}{\sqrt{2a\lambda e^t}} & \text{für } C_2 = 0 \\ \dfrac{1}{\sqrt{-C_2}} \arctan \dfrac{\sqrt{C_2 + 2a\lambda e^t}}{\sqrt{-C_2}} & \text{für } C_2 < 0 \end{cases}$$

2.5.59. $\boldsymbol{xy'' = ay' + bx^{2a+1}e^{ky}}$

Spezieller Fall der DGl 2.2.24.

2.5.60. $\boldsymbol{xy'' = -y' + ax^n e^{\lambda y}(y')^m}$

Die Transformation $\zeta = xy'$, $w = x^{n-m+1}e^{\lambda y}$ mit $w = w(\zeta)$ ergibt nach Kürzen durch w, folgende lineare DGl erster Ordnung:

$$a\zeta^m w' = \lambda\zeta + n - m + 1.$$

2.5.61. $\boldsymbol{xy'' = -y' + (ax^n e^{\lambda y} + bx^{m-1})(y')^m}$

Die Transformation $\zeta = xy'$, $w(\zeta) = x^{n-m+1}e^{\lambda y}$ ergibt folgende DGl erster Ordnung mit getrennten Variablen:

$$\zeta^m(aw + b)w' = (\lambda\zeta + n - m + 1)w.$$

2.5.62. $\boldsymbol{yy'' - (y')^2 = ae^{\lambda x}y^n(y')^m}$

Die Transformation $\xi = y'/y$, $w(\xi) = e^{\lambda x}y^{n+m-2}$ ergibt nach Kürzen durch w folgende lineare DGl erster Ordnung:

$$a\xi^m w' = (n + m - 2)\xi + \lambda.$$

2.5.63. $\boldsymbol{yy'' - (y')^2 = (ae^{\lambda x}y^n + by^{2-m})(y')^m}$

Die Transformation $\xi = y'/y,\ w(\xi) = e^{\lambda x}y^{n+m-2}$ ergibt folgende DGl erster Ordnung mit getrennten Variablen:

$$\xi^m(aw + b)w' = [(n + m - 2)\xi + \lambda]w.$$

2.5.64. $\boldsymbol{y'' = Ae^{\lambda y}e^{ax^2+bx+c}}$

Spezieller Fall der DGl 2.2.14.

2.5.65. $\boldsymbol{y'' = \lambda^2 y + a(\sinh \lambda x)^n y^{-n-3}}$

Spezieller Fall der DGl 2.2.45.

2.5.66. $\boldsymbol{y'' = \lambda^2 y + a(\cosh \lambda x)^n y^{-n-3}}$

Spezieller Fall der DGl 2.2.46.

67.– 75. Differentialgleichungen mit trigonometrischen Funktionen

2.5.67. $\boldsymbol{xy'' = a \sin^n(\lambda y)y'}$

Spezieller Fall der DGl 2.2.9.

2.5.68. $\boldsymbol{yy'' = a \sin^n(\lambda x)(y')^2}$

Spezieller Fall der DGl 2.2.10.

2.5.69. $\boldsymbol{xy'' = ay' + bx^{2a+1} \sin^n(\lambda y)}$

Spezieller Fall der DGl 2.2.24.

2.5.70. $\boldsymbol{y'' = -a^2 y + k \sin^n(ax)y^{-n-3}}$

Spezieller Fall der DGl 2.2.55.
Allg. Lösung:

$$\int \left(C_1 - \frac{2k}{n+2}w^{-n-2}\right)^{-1/2} \mathrm{d}w = \pm\frac{1}{a}\cot(ax) + C_2,$$

mit $w = \dfrac{y}{\sin(ax)}$.

2.5.71. $y'' = -a^2 y + k\cos^n(ax) y^{-n-3}$

Spezieller Fall der DGl 2.2.56.

2.5.72. $y'' = 2(\sin x)^{-2} y + a(\tan x)^{m+3} y^m$

Spezieller Fall der DGl 2.2.57.

2.5.73. $y'' = 2(\cos x)^{-2} y + a(\cot x)^{m+3} y^m$

Spezieller Fall der DGl 2.2.58.

2.5.74. $xy'' = ay' + bx^{2a+1} \tan^n(\lambda y)$

Spezieller Fall der DGl 2.2.24.

2.5.75. $y'' = ay' + be^{2ax} \sin^n(\lambda y)$

Spezieller Fall der DGl 2.2.44.

76. – 81. Differentialgleichungen mit logarithmischen Funktionen

2.5.76. $xy'' = a\ln^n(\lambda y) y'$

Spezieller Fall der DGl 2.2.9.

2.5.77. $yy'' = a\ln^n(\lambda x)(y')^2$

Spezieller Fall der DGl 2.2.10.

2.5.78. $xy'' = (ay + b\ln x) y'$

Spezieller Fall der DGl 2.2.17.

2.5.79. $yy'' = (ax + b\ln y)(y')^2$

Spezieller Fall der DGl 2.2.18.

2.5.80. $xy'' = ay' + bx^{2a+1} \ln^n(\lambda y)$

Spezieller Fall der DGl 2.2.24.

2.5.81. $y'' = ay' + be^{2ax} \ln^n(\lambda y)$

Spezieller Fall der DGl 2.2.44.

Kapitel 3

Differentialgleichungen 3. Ordnung

3.1 Lineare DGl

3.1.1. $y''' + \lambda y = 0$

Allg. Lösung :

$$y = \begin{cases} C_1 + C_2 x + C_3 x^2 & \text{für } \lambda = 0, \\ C_1 e^{-kx} + e^{kx/2}\left(C_2 \cos\dfrac{kx\sqrt{3}}{2} + C_3 \sin\dfrac{kx\sqrt{3}}{2}\right) & \text{für } \lambda \neq 0, \end{cases}$$

dabei ist k die reelle Wurzel der Gleichung $\lambda = k^3$.

3.1.2. $y''' + 3ay'' + 3a^2 y' + a^3 y = 0$

Allg. Lösung :

$$e^{-ax}(C_1 + C_2 x + C_3 x^2).$$

3.1.3. $y''' + a_2 y'' + a_1 y' + a_0 y = 0$

Es sei: $P(\lambda) = \lambda^3 + a_2\lambda^2 + a_1\lambda + a_0$.
1. Das charakteristische Polynom P sei in Faktoren zerlegbar:

$$P(\lambda) = (\lambda - \lambda_1)(\lambda - \lambda_2)(\lambda - \lambda_3);$$

dabei seien λ_1, λ_2, und λ_3 reelle Zahlen. Es sind folgende Fälle möglich:

a) Alle λ_i sind voneinander verschieden: $y = C_1 e^{\lambda_1 x} + C_2 e^{\lambda_2 x} + C_3 e^{\lambda_3 x}$,

b) Ist $\lambda_1 = \lambda_2 \neq \lambda_3$, so gilt $y = (C_1 + C_2 x)e^{\lambda_1 x} + C_3 e^{\lambda_3 x}$

c) $\lambda_1 = \lambda_2 = \lambda_3$; [in diesem Fall gehört die DGl zum Typ 3.1.2.]

2. Ist $P(\lambda) = (\lambda - \lambda_1)(\lambda^2 + 2b_1\lambda + b_0)$, mit reellen Koeffizienten b_0, b_1 und $b_1^2 < b_0$, so gilt

$$y = C_1 e^{\lambda_1^2 x} + e^{-b_1^2 x}(C_2 \sin \mu x + C_3 \cos \mu x), \quad \mu = \sqrt{b_0 - b_1^2}.$$

3.1.4. $\boldsymbol{y''' + \lambda y = ax^2 + bx + c}$

Allg. Lösung :

$$y = \lambda^{-1}(ax^2 + bx + c) + w(x),$$

dabei genügt die Funktion $w(x)$ der DGl 3.1.1.: $w''' + \lambda w = 0$.

3.1.5. $\boldsymbol{y''' = axy + b}$

Spezialfall der DGl 4.1.21.

3.1.6. $\boldsymbol{y''' + ax^3 y = bx}$

Die Transformation $\xi = x^2$ ergibt die DGl vom Typ 3.1.18.:

$$2\xi y''' + 3y'' + \frac{a}{4}\xi y = \frac{b}{4}.$$

3.1.7. $\boldsymbol{y''' = ax^{-3/2} y}$

Spezialfall der DGl 4.1.29.

3.1.8. $\boldsymbol{y''' = ax^{-9/2} y}$

Spezialfall der DGL 4.1.30.

3.1.9. $\boldsymbol{y''' = ax^b y}$

1. Die Transformation $x = t^{-1}$, $y = t^{-2}u$ ergibt die DGL gleichen Typs

$$u''' = -at^{-b-6}u,$$

die im Spezialfall $b = -6$ mit der DGl 3.1.1. zusammenfällt.
2. Die Transformation

$$\xi = cx^{(b+3)/3}, \ w = x^{b/3}y,$$

mit $w = w(\xi)$ ergibt die DGl vom Typ 3.1.35:

$$\xi^3 w''' + (1 - \nu^2)\xi w' + (\nu^2 - 1 - ac^{-3}\nu^3\xi^3)w = 0,$$

mit $\nu = 3/(b+3)$.

3.1.10. $\boldsymbol{y''' \pm xy' \pm ny = 0}$, $\boldsymbol{n}$ = ganzzahlig

Allg. Lösung :

$$y = w^{(n-1)},$$

dabei genügt die Funktion w der DGl

$$w'' \pm xw = C;$$

C ist eine willkürliche Konstante.

3.1.11. $\boldsymbol{y''' + 2axy' + ay = 0}$

Allg. Lösung :

$$y = C_1 y_1^2 + C_2 y_1 y_2 + C_3 y_2^2,$$

dabei sind y_1, y_2 lin. unabh. Lösungen der DGl

$$2y'' + axy = 0$$

(Typ 2.1.11.).

3.1.12. $\boldsymbol{y''' - 6xy'' + 2(4x^2 + 2a - 1)y' - 8axy = 0}$

Allg. Lösung :

$$y = C_1 y_1^2 + C_2 y_1 y_2 + C_3 y_2^2,$$

dabei sind y_1, y_2 lin. unabh. Lösungen der DGl

$$y'' - 2xy' + ay = 0$$

(Typ 2.1.20).

3.1.13. $\boldsymbol{y''' + 3axy'' + 3a^2x^2y' + a^3x^3y = 0}$

Allg. Lösung :

$$y \exp\left(\frac{ax^2}{2}\right) = \begin{cases} C_1 + C_2 \cos\left(x\sqrt{|3a|}\right) + C_3 \sin\left(x\sqrt{|3a|}\right) & \text{für } a < 0, \\ C_1 + C_2 \cosh\left(x\sqrt{|3a|}\right) + C_3 \sinh\left(x\sqrt{|3a|}\right) & \text{für } a > 0. \end{cases}$$

3.1.14. $\boldsymbol{y''' + ax^{2b-2}y' + a(b-1)x^{2b-3} = 0}$

Allg. Lösung :

$$y = C_1 x J_\nu^2(u) + C_2 x J_\nu(u) Y_\nu(u) + C_3 x Y_\nu^2(u),$$

mit $\nu = \frac{1}{2b}$, $u = \frac{\sqrt{a}}{2b}x^b$; J_ν und Y_ν sind die Besselschen Funktionen (Y_ν ist die Neumannsche Funktion).

3.1.15. $\boldsymbol{y''' + ax^{\mu+1}y' + a(3+\mu)x^\mu y = 0}$

Spezialfall der DGl 4.1.20.

3.1.16. $\boldsymbol{xy''' - 3my'' + axy = 0,}$ m = natürliche Zahl

Spezialfall der DGl 4.1.23.
Allg. Lösung :

$$y = x^{3m+2}\left(\frac{1}{x^2}\frac{\mathrm{d}}{\mathrm{d}x}\right)^m\left(\frac{w}{x^2}\right),$$

dabei genügt die Funktion $w = w(x)$ der DGl 3.1.1.: $w''' + aw = b$.

3.1.17. $\boldsymbol{xy''' + 3y'' + axy = b}$

Die Transformation $w = xy$ ergibt die DGl (m. konst. Koeffizienten):

$$w''' + aw = b$$

(Typ 3.1.4.)

3.1.18. $\boldsymbol{2xy''' + 3y'' + axy = 0,}$ $a \neq 0$

Allg. Lösung:

$$y = \sum_{\nu=1}^{4} C_\nu \int_0^{\epsilon_\nu} \frac{e^{xz}\mathrm{d}z}{\sqrt{2z^3 + a}},$$

dabei sind ϵ_1, ϵ_2 und ϵ_3 die Wurzeln der kubischen Gleichung

$$2\epsilon^3 + a = 0;\ \epsilon_4 = -\infty \text{ für } x > 0 \text{ und } \epsilon_4 = +\infty \text{ für } x < 0;$$

außerdem genügen die Integrationskonstanten der Bedingung $\sqrt{a}(C_1 + C_2 + C_3 + C_4) + b = 0$, Integrationswege sind gerade Linien.

3.1.19. $\boldsymbol{2xy''' + 3(2ax + k)y'' + 6(bx + ak)y' + (2cx + 3bk)y = 0,}$ $k > 0$

Allg. Lösung :

$$y = \sum_{\nu=1}^{4} C_\nu \int_0^{\epsilon_\nu} e^{xz}[P(z)]^{(k-2)/2}\mathrm{d}z,$$

mit $P(z) = z^3 + 3az^2 + 3bz + c$, dabei sind ϵ_1, ϵ_2, und ϵ_3 die Wurzeln dieses Polynoms, wobei voausgesetzt wird, daß $\epsilon_1 \neq \epsilon_2 \neq \epsilon_3$; $\epsilon_4 = -\infty$ für $x > 0$ und $\epsilon_4 = +\infty$ für $x < 0$; $C_4 = -C_1 - C_2 - C_3$.

3.1.20. $\mathbf{2xy''' - 4(x+v-1)y'' + (2x+6v-5)y' + (1-2v)y = 0}$

Allg. Lösung :

$$y = C_1 e^x + x^\nu e^{x/2}[C_2 I_\nu(x/2) + C_3 K_\nu(x/2)],$$

dabei sind I_ν, K_ν die modifizierten Besselschen Funktionen (K_ν ist die MacDonaldsche Funktion).

3.1.21. $\mathbf{xy'''_{xxx} + 3y''_{xx} + ax^2 y = 0}$

Die Transformation $w = xy$ ergibt die DGL

$$w''' + axw = b$$

(Typ 4.1.21.).

3.1.22. $\mathbf{x^2 y'''_{xxx} - 6y'_x + ax^2 y + 2bx = 0}$

Die Transformation $y = x^2 w$ ergibt die DGl 3.1.36 mit der unbekannten Funktion w anstelle von y.

3.1.23. $\mathbf{y''' + (a+b)y'' - xy' - ay = 0;}$ mit $\mathbf{a > 0,\ b > 0}$

Allg. Lösung :

$$y = \sum_{\nu=1}^{3} C_\nu \int_{\beta_\nu}^{\alpha_\nu} |t|^{a-1}|t^2 - 1|^{(b-2)/2} e^{-tx} \mathrm{d}t,$$

mit $\alpha_1 = -1, \beta_1 = \alpha_2 = 0$, $\beta_2 = +1$; für $x > 0$ ist $\alpha_3 = 1$, $\beta_3 = +\infty$; für $x < 0$ ist $\alpha_3 = -\infty$, $\beta_3 = -1$.

3.1.24. $\mathbf{xy''' - (x+2v)y'' - (x-2v-1)y' + (x-1)y = 0}$

Allg. Lösung:

$$y = C_1 e^x + x^{\nu+1}[C_2 I_{\nu+1}(x) + C_3 K_{\nu+1}(x)],$$

dabei sind I_ν und K_ν die modifizierten Besselschen Funktionen.

3.1.25. $\mathbf{x^2 y''' + 3xy'' - 3y' + ax^2 y + b = 0}$

Allg. Lösung:

$$y = \frac{\mathrm{d}}{\mathrm{d}x}\left(\frac{w}{x}\right),$$

dabei genügt die Funktion $w = w(x)$ der linearen DGl mit konstanten Koeffizienten:

$$w''' + aw = b$$

(Typ 3.1.4.).

3.1.26. $x^2y''' + 6xy'' + 6y' + ax^2y = b$

Die Transformation $w = x^2y$ ergibt die lineare DGl mit konstanten Koeffizienten

$$w''' + aw = b$$

(Typ 3.1.4.).

3.1.27. $x^2y''' + 6xy'' + 6y' + ax^3y = b$

Die Transformation $w = x^2y$ ergibt die DGl

$$w''' + axw = b$$

(Typ 4.1.21.).

3.1.28. $x^2y''' - (x^2 - 2x)y'' - (x^2 + a)y' + (x^2 - 2x + a)y = 0$

Allg. Lösung:

$$y = C_1e^x + \sqrt{x}[C_2I_\nu(x) + C_3K_\nu(x)],$$

dabei sind I_ν, K_ν die modifizierten Besselschen Funktionen; $\nu^2 = a + \dfrac{1}{4}$.

3.1.29. $x^2y''' - 2(n + 1)xy'' - (ax^2 - 6n)y' - 2axy = 0$

Allg. Lösung:

$$y = C_1 + C_2x^4 + C_3x^{2n+1} \text{ für } a = 0,$$

$$y = C_1(-ax^2 + 4n - 2) + C_2e^{x\sqrt{a}}P(x) + C_3e^{-x\sqrt{a}}Q(x) \text{ für } a \neq 0.$$

Dabei sind P und Q Polynome, deren Grad nicht höher als $2n + 2$ ist.

3.1.30. $x^2y''' - (x + v)xy'' + v(2x + 1)y' - v(x + 1)y = 0$

Allg. Lösung:

$$y = C_1e^x + x^{(\nu+1)/2}[c_2J_{\nu+1}(2\sqrt{\nu x}) + C_3Y_{\nu+1}(2\sqrt{\nu x})],$$

dabei sind J_ν und Y_ν die Besselschen Funktionen.

3.1.31. $\boldsymbol{x^2y''' - 3(p+q)xy'' + 3p(3q+1)y' - x^2y = 0}$ dabei sind p und q natürliche Zahlen

Allg. Lösung:

$$\sum_{\mu=0}^{p-1}(\delta - 3\mu - 1)\sum_{\nu=0}^{q-1}(\delta - 3\nu - 2)\sum_{k=1}^{3} C_r \exp(\omega_k x),$$

mit $\delta = \dfrac{\mathrm{d}}{\mathrm{d}x}$; ω_k sind die drei Wurzeln der Gleichung $\omega^3 = 1$.

3.1.32. $\boldsymbol{2x(x-1)y''' + 3(2x-1)y'' + (2ax+b)y_x^x + ay = 0}$

Allg. Lösung:

$$y = C_1y_1^2 + C_2y_1y_2 + C_3y_2^2,$$

dabei sind y_1 und y_2 zwei (beliebige) linear unabhängige Lösungen der hypergeometrischen DGl

$$8x(x-1)y'' + 4(2x-1)y' + (2ax+b-2)y = 0.$$

Sie kann mit Hilfe der Transformation $x = \cos^2\xi$ auf die Matthieusche DGl

$$2y'' = (a + b - 2 + a\cos\xi/y$$

mit $y = y(\xi)$ zurückgeführt werden.

3.1.33. $\boldsymbol{x^2y''' - 2x(x-1)y'' + (x^2 - 2x + a)y' - ay = 0}$

Allg. Lösung:

$$C_1e^x + \sqrt{x}e^{x/2}[C_2I_\nu(x/2) + C_3K_\nu(x/2)],$$

dabei sind I_ν und K_ν die modifizierten Besselschen Funktionen, $a = \dfrac{1}{4} - \nu^2$.

3.1.34. $\boldsymbol{x^3y''' + A_2x^2y'' + A_1xy' + A_0y = 0}$

Eulersche DGl. Die Transformation $t = \ln|x|$ergibt die (lineare) DGl mit konstanten Koeffizienten (s. 3.1.3.):

$$y''' + (A_2 - 3)y'' + (2 - A_2 + A_1)y' + A_0y = 0.$$

3.1.35. $\boldsymbol{x^3y''' + (1-v^2)xy' + (ax^3 + v^2 - 1)y = 0}$

Für $\nu \pm 1$ ist dies eine lineare DGl mit konstanten Koeffizienten (s. 3.1.34.), für $a = 0$ eine Eulersche DGl. Ist $a \neq 0$ und a eine natürliche Zahl, so gilt

$$y = x^{1-\nu}\sum_{k=1}^{3} C_k \exp(-\lambda_k x)P_k(x);$$

dabei sind λ_1, λ_2 und λ_3 die Wurzeln der kubischen Gleichung $\lambda^3 = a$; $P_k(x)$ ist ein bestimmtes Polynom, dessen Grad nicht höher als $3\nu - 1$ ist. [Anm. d. Übers.: Die die allgemeine Lösung ausdrückende Formel enthält drei Polynome $P_k(x)$, $k \in \{1, 2, 3\}$.] Bezeichnet man mit y_ν die dem Parameter ν – der auch komplexe Werte annehmen kann – entsprechende Lösung der vorgegebenen DGl, so gilt die $y_{\nu+3}$ durch y_ν ausdrückende rekurrente Formel:

$$y_{\nu+3} = ay_\nu + (2\nu + 3)x^{-1}y_\nu^{''} - (2\nu + 3)(\nu + 1)(x^{-2}y_\nu^{'} - x^{-3}y_\nu). \tag{1}$$

Da die, den Nullstellen der Gleichung $\lambda^3 = a$ zugeordneten Funktionen $y_{\pm 1} = \exp(-\lambda)$ ein Fundamentalsystem von Lösungen bilden, kann man mit Hilfe der Formel (1) allen den durch 3 nicht teilbaren ganzzahligen Werten von n entsprechende Lösungen y_n bestimmen. Als Spezialfall ist

$$y_2 = (x^{-1} + \lambda)e^{-\lambda x}, \quad \lambda^3 = a,$$

hervorzuheben.

3.1.36. $x^3y^{'''} + 6x^2y^{''} + (ax^3 - 12)y + 2b = 0$

Allg. Lösung:

$$y = \frac{\mathrm{d}}{\mathrm{d}x}\frac{w}{x^2};$$

dabei genügt die Funktion $w = w(x)$ der DGl mit konstanten Koeffizienten (s. 3.1.4.):

$$w^{'''} + aw = b.$$

3.1.37. $x^3y^{'''} + (ax^3 + bx)y^{'} - by = 0$

Allg. Lösung:

$$y = C_1xJ_\nu^2(u) + C_2xJ_\nu(u)Y_\nu(u) + C_3xY_\nu^2(u),$$

dabei sind J_ν und Y_ν die Besselschen Funktionen, $u = 2a^{-1/2}x$, $4v^2 = 1 - b$.

3.1.38. $x^3y^{'''}3kx^2y^{''} + 3k(k-1)xy^{'} + [ax^3 + k(k-1)(k-2)]y = 0$

Die Tansformation $w = x^k y$ ergibt die lineare DGl mit konstanten Koeffizienten (s. 3.1.1.):

$$w^{'''} + aw = 0.$$

3.1.39. $x^3y^{'''} + (ax^{2v} + 1 - v^2)xy^{'} + [bx^{3v} + a(v-1)x^{2v} + v^2 - 1]y = 0$

Die Transformation $\xi = x^\nu/\nu$, $w = x^{\nu-1}$, mit $w = w(\xi)$, ergibt die (lineare) DGl mit konstanten Koeffizienten:

$$w^{'''} + aw^{'} + bw = 0.$$

3.1.40. $\boldsymbol{x^3y''' + 3kx^2y'' + 3k(k-1)xy' + [ax^{n+3} + k(k-1)(k-2)]y = x^{m+3-k}}$

Die Transformation $w = x^k y$ ergibt die DGl

$$w''' + ax^n w = bx^m.$$

3.1.41. $\boldsymbol{x^3y''' + 3(1-a)x^2y'' + \{4b^2c^2x^{2c+1} + [1 - 4v^2c^2 + 3a(a-1)]x\}y' + [4b^2c^2(c-a)x^{2c} + a(4v^2c^2 - a^2)]y = 0}$

Allg. Lösung:

$$y = C_1 x^a J_\nu^2(u) + C_2 x^a J_\nu(u) Y_\nu(u) + C_3 x^a Y_n^2(u),$$

mit $u = bx^c$; J_ν und Y_ν sind die Besselschen Funktionen.

3.1.42. $\boldsymbol{x^6y''' = ay + bx^2}$

Die Transformation $x = t^{-1}$, $y = t^{-2}w$, mit $w = w(t)$ ergibt die (lineare) DGl mit konstanten Koeffizienten:

$$w''' + aw + b = 0.$$

3.1.43. $\boldsymbol{x^6x''' + 6x^5y'' - ay + 2bx = 0}$

Die Transformation $x = \xi^{-1}$ ergibt die DGl vom Typ 3.1.22.:

$$\xi^2 y''' - 6y' + a\xi^2 y - 2b\xi = 0.$$

3.1.44. $\boldsymbol{(x-a)^3(x-b)^3y''' - cy = 0}, \quad a \neq b$

Die Transformation $\xi = \ln \dfrac{x-a}{x-b}$, $w = \dfrac{y}{(x-b)^2}$, mit $w = w(t)$, ergibt die (lineare) DGl mit konstanten Koeffizienten

$$(a-b)^3(w''' - 3w'' + 2w') - cw = 0.$$

3.1.45. $\boldsymbol{x^7y''' = ay + bx^3}$

Spezialfall der DGl 4.1.22.

3.1.46. $\boldsymbol{y''' + 2f(x)y' + f_x'(x)y = 0}$

Allg. Lösung:

$$y = C_1 y_1^2 + C_2 y_1 y_2 + C_3 y_2^2,$$

dabei sind y_1 und y_2 linear unabhängige Lösungen der DGl 2. Ordnung:

$$2y'' + f(x)y = 0.$$

3.1.47. $\boldsymbol{y''' = f(x)y + g(x)}$

Die Transformation $x = t^{-1}$, $y = t^{-2}w$, mit $w = w(t)$ ergibt folgende DGl desselben Typs:

$$w''' = -t^{-6}f\left(\frac{1}{t}\right)w - t^{-4}g\left(\frac{1}{t}\right).$$

3.1.48. $\boldsymbol{y''' + f(x)y'' + y' + f(x)y = 0}$

Die Transformation $u(x) = y'' + y$, ergibt folgende DGl:

$$u' + f(x)u = 0.$$

Deshalb gilt:

$$y = C_1 \cos x + C_2 \sin x + C_3 \left(\sin x \int E \cos x \mathrm{d}x - \cos x \int E \sin x \mathrm{d}x\right),$$

mit $E = \exp\left(-\int f \,\mathrm{d}x.\right)$

3.1.49. $\boldsymbol{(\alpha x + \beta)xy''' + (\gamma x + \delta)y'' + y' + y = f(x)}$

Exakte DGl; ihre Lösungen ergeben sich aus der DGl 2. Ordnung:

$$(\alpha x + \beta)xy'' + [(\gamma - 2\alpha)x + \delta - \beta]y' + (x + 2\alpha - \gamma)y = \int f(x)\mathrm{d}x + C.$$

3.1.50. $\boldsymbol{y''' + f(x)\left(x^2y'' - 2xy' + 2y\right) = 0}$

Allg. Lösung:

$$y = C_1x + C_2x^2 + C_3\left(x \int x^{-2}u\mathrm{d}x - x^2 \int x^{-3}u\mathrm{d}x\right),$$

mit $u = \exp\left[-\int x^2 f(x)\mathrm{d}x\right]$.

3.1.51. $\boldsymbol{xy''' + (x^2 - 3) - y'' + 4xy' + 2y = f(x)}$

Zweimaliges Integrieren ergibt folgende lineare DGl erster Ordnung:

$$xy' + (x^2 - 5)y = C_1 + C_2x + \int\int f(x)\,\mathrm{d}x\,\mathrm{d}x.$$

[Anm. d. Übers.: Das in dieser Formel vorkommende Doppelintegral kann durch ein einfaches ersetzt werden; es gilt:

$$\int \left(\int f(x)\,\mathrm{d}x \right) \mathrm{d}x = \int_0^x (x-t) f(t)\,\mathrm{d}t. \text{]}$$

3.1.52. $\boldsymbol{x^3 y''' + [(a+6)x^2 + b]y'' + 2(2a+3)xy' + 2ay = f(x)}$

Zweimaliges Integrieren ergibt die lineare DGl erster Ordnung:

$$x^3 y'(ax^2 + b)y = C_1 + C_2 x \int\int f(x)\,\mathrm{d}x\,\mathrm{d}x.$$

(s. a. die Anmerkung zu 3.1.51.).

3.1.53. $\boldsymbol{x^3 y''' + x^2(bx^{2a+1} - 3a)y'' + 2a(a+1)(2a+1)y = f(x)}$

Zweimaliges Integrieren ergibt die folgende lineare DGl erster Ordnung:

$$x^{-2a} y' + (ax^{-2a-1} + b)y = C_1 + C_2 x + \int\int f x^{-2a-3}\,\mathrm{d}x\,\mathrm{d}x.$$

(s. a. die Anmerkung zu 3.1.51.).

3.1.54. $\boldsymbol{y''' + fy'' + gy' + (fg + g'_x)y = 0,}$ mit $f = f(x)$, $g = g(x)$

Einmaliges Integrieren ergibt die DGl erster Ordnung:

$$y'' + gy = C \exp\left(-\int f\,\mathrm{d}x \right).$$

Dabei ist C eine willkürliche Konstante.

3.1.55. $\boldsymbol{y''' + 3fy'' + (f' + 2f^2 + 4g)y' + 2(2fg + g')y = 0,}$ mit $f = f(x)$, $g = g(x)$

Allg. Lösung:

$$y = C_1 y_1^2 + C_2 y_1 y_2 + C_3 y_2^2,$$

dabei sind y_1 und y_2 linear unabhängige Lösungen der DGl 2. Ordnung:

$$y'' + f(x)y' + g(x)y = 0.$$

3.1.56. $\boldsymbol{y''' + fy'' + ax^n y' + ax^{n-1}(xf + n)y + g = 0,}$ mit $f = f(x), g = g(x)$

Die Transformation $w = y'' + ax^n y$ ergibt folgende DGl erster Ordnung:

$$w' + fw + g = 0.$$

3.1.57. $y''' + f(x)y'' + g(x)\left(xy' - y\right) = 0$

Die Transformation $z(x) = xy' - y$ ergibt die DGl 2. Ordnung:

$$xz'' + [xf(x) - 1]z' + x^2 g(x)z = 0.$$

3.2 Nichtlineare DGl mit beliebigen Funktionen

3.2.1. $y''' = y^{-5/2} f\left(\frac{y'}{\sqrt{y}}\right)$

Spezialfall der DGl 3.2.12.; er entspricht folgenden Werten der Parameter: $a = 1,\ b = 0,\ c = 0$.

3.2.2. $y''' = y^{-5/4} f\left(\frac{y'}{y^{1/4}}\right)$

Spezialfall der DGl 3.2.12.; er entspricht folgenden Werten der Parameter: $b = 1,\ a = 0,\ c = 0$.

3.2.3. $y''' = xf(xy' - y)$

Die Transformation $z = xy' - y$, mit $z = z(x)$, ergibt folgende DGl 2. Ordnung mit $a = 1$ (Typ 2.2.24):

$$z'' = x^{-1}z' + x^2 f(z).$$

3.2.4. $y''' = x^{-2} F\left(y' - \frac{y}{x}\right)$

Die Transformation $z = xy' - y$ mit $z = z(x)$ ergibt die folgende DGl:

$$xz'' = z' + F(z/x).$$

Spezialfall der DGl 2.2.25.; er emtspricht den Werten der Parameter: $n = -1$, $m = 1$, $k = -1$; $F(z) = zf(z)$.

3.2.5. $y''' = x^{-4} f\left(y' - 2\frac{y}{x}\right)$

Die Transformation $t = 1/x$, $u = y/x^2$, mit $u = u(t)$ ergibt die DGl:

$$u''' = -f(-u').$$

Die weitere Transformation $w = -u'$ ergibt folgende, mittels Quadraturen integrierbare DGl 2. Ordnung (Typ 2.2.1.):

$$w'' = f(w).$$

3.2.6. $\boldsymbol{y''' = x^{-3}(xy' - y)f\left(\frac{y}{x}\right)}$

Spezialfall der DGl 3.2.24.; Man erhält ihn, indem man $a = 0$, $k = -1$ sowie $g(z) = 0$ setzt.
Die Transformation $z = \frac{y}{x}$, $w = \left(y' - \frac{y}{x}\right)^2$, $w = w(z)$ ergibt folgende lineare DGl 2. Ordnung:

$$y' = z + \left\{z^2 + C_1 z + C_2 + 2\int\left(\int f(z)\mathrm{d}z\right)\mathrm{d}z\right\}^{1/2},$$

mit $z = y/x$.

3.2.7. $\boldsymbol{y''' = x^{-5}\left(\frac{y}{x^2}\right)(xy' - 2y)}$

DGl vom Typ 3.2.11.; Die Transformation $t = 1/x$, $u = y/x^2$, mit $u = u(t)$, ergibt $u''' = f(u)u'$. Die weitere Transformation $w(u) = (u')^2$ mit $w = w(u)$ ergibt die DGl 2. Ordnung:

$$w'' = 2f(u),$$

die man leicht integrieren kann.

3.2.8. $\boldsymbol{y''' = x^{-5}(xy' - y)^3 f\left(\frac{y}{x}\right)}$

Die Transformation $z = \frac{y}{x}$, $w = \left(y' - \frac{y}{x}\right)^2$ mit $w = w(u)$ ergibt folgende lineare DGl 2. Ordnung:

$$w'' = 2f(z)w + 2.$$

3.2.9. $\boldsymbol{y''' = -x^{-2}y' + x^{-3}y + x^{1/2}y^{-5/2}f\left(\frac{xy' - y}{\sqrt{xy}}\right)}$

Die Transformation $t = \ln x$, $z = y/x$, mit $z = z(t)$, und darauffolgendem Einführen der neuen unbekannten Funktion $w(z) = (z')^2$ ergibt folgende DGl 2. Ordnung (Typ 2.2.4.):

$$w'' = z^{-3}\varphi(w/z), \text{ mit } \varphi(\xi) = 2\xi^{-1/2}f(\sqrt{\xi}).$$

3.2.10. $y''' = -x^{-2}y' + x^{-3}y + x^{-3/4}y^{-5/4}f\left(\frac{xy'-y}{x^{3/4}y^{1/4}}\right)$

Die Transformation $t = \ln x$, $z = y/x$, mit $z = z(t)$, und darauffolgendem Einführen der neuen unbekannten Funktion $w(z) = (z')^2$ ergibt folgende DGl 2. Ordnung (Typ 2.2.5.):

$$w'' = z^{-3/2}\varphi(w/z^{-1/2}), \text{ mit } \varphi(\xi) = 2\xi^{-1/2}f(\sqrt{\xi}).$$

3.2.11. $y''' = x^{-5}f\left(\frac{y}{x^2}\right)(xy'-2y) + x^{-7}g\left(\frac{y}{x^2}\right)(xy'-2y)^3$

Die Transformation $t = 1/x$, $u = y/x^2$ mit $u = u(t)$ und nachfolgendem Einführen der neuen unbekannten Funktion $w(u) = (u')^2$ ergibt die lineare DGl 2. Ordnung:

$$w'' = 2g(u)w + 2f(u).$$

3.2.12. $y''' = (ay^2+by+c)^{-5/4}f\left(\frac{y'}{(ay^2+by+c)^{1/4}}\right)$

Die Transformation $w(y) = (y')^2$ ergibt folgende DGl vom Typ 2.2.15:

$$w'' = w^{-3}F\left(\frac{y'}{\sqrt{ay^2+by+c}}\right),$$

mit $F(z) = \pm 2z^{5/2}f(\pm\sqrt{z})$.

3.2.13. $y''' = \frac{x}{P^{5/4}}f\left(\frac{xy'-y}{P^{1/4}}\right)$, mit $P = ay^2 + bx^2y + cx^4$

Die Transformation $t = 1/x$, $u = y/x^2$, mit $u = u(t)$, ergibt die DGl vom Typ 3.2.12.:

$$u''' = -(au^2+bu+c)^{-5/4}\left(\frac{-u'}{(au^2+bu+c)^{1/4)}}\right).$$

3.2.14. $y''' = x^{-1}f(xy'-y)y''$

Die Transformation $z(x) = xy' - y$ ergibt folgende DGl 2. Ordnung (Typ 2.2.9.):

$$z'' = x^{-1}[f(z)+1]z'.$$

3.2.15. $\boldsymbol{y''' = -\frac{3}{2}x^{-1}y'' + x^{-3}(2xy' - x - y)f\left(\frac{y}{\sqrt{x}}\right)}$

Spezialfall der DGl 3.2.24.; man erhält die vorgegebene DGl, indem man in der Gl. 3.2.2. $a = 0, k = -1/2$ und $g(z) = 0$ setzt. Die Transformation

$$z = \frac{y}{\sqrt{x}},\ w = \frac{1}{x}\left(xy' - \frac{y}{2}\right)^2,$$

mit $w = w(z)$, ergibt folgende lineare DGl 2. Ordnung:

$$2w'' = 8f(z) + 1.$$

3.2.16. $\boldsymbol{y''' = -\frac{3}{2}x^{-1}y'' + x^{-4}(2xy' - y)^3 f\left(\frac{y}{\sqrt{x}}\right)}$

Die Transformation $z = \frac{y}{\sqrt{x}},\ w = \frac{1}{x}\left(xy' - \frac{1}{2}y\right)^2$, mit $w = w(z)$, ergibt die lineare DGl 2. Ordnung:

$$w'' = 32f(z)w + 1.$$

3.2.17. $\boldsymbol{y''' = -3y'' + 2y + f(e^x y)(y' + y)}$

Spezialfall der DGl 3.2.,25.; die Transformation $z = e^x y,\ w = e^{2x}(y' + y)^2$, mit $w = w(z)$, ergibt die lineare DGl 2. Ordnung:

$$w'' = 2f(z) + 6.$$

Durch Integration erhält man die Lösung:

$$\int [3z^2 + C_1 z + C_2 + \Phi(z)]^{-1/2} \mathrm{d}z = \pm x + C_3,$$

mit $z = e^x y$ und $\Phi(z) = \int \left(\int f(z)\mathrm{d}z\right) \mathrm{d}z$.

3.2.18. $\boldsymbol{y''' = xf(xy' - y)g(y'')}$

Die Legendre-Transformation $x = w',\ y = tw' - t$, mit $w = w(t)$, ergibt die DGl:

$$w''' = -f(w)w' g(1/w'')(w'')^3.$$

Die weitere Transformation $z(w) = (w')^2/2$, ergibt die DGl 2. Ordnung (Typ 2.2.2.):

$$z'' = -f(w)g(1/z')(z')^3;$$

das Integrieren dieser DGl bietet keine Schwierigkeit.

3.2.19. $y''' = x^{-1} f(xy' - y + a \ln x) y''$

Die Transformation $w = xy' - y$ ergibt die folgende DGl 2. Ordnung (Typ 2.2.17.):

$$w'' = x^{-1} f(\ln(x^a e^w)) w'.$$

3.2.20. $y''' = x f(xy'_x - y)(y'')^2 + x g(xy' - y)(y'')^k$

Die Legendre-Transformation $x = w'$, $y = tw' - w$, mit $w = w(t)$, ergibt

$$w''' = -f(w) w' w'' - g(w) w' (w'')^{3-k}.$$

Erniedrigen der Ordnung dieser DGl mit Hilfe der Transformation $z(w) = w''$, $z' = w'''/w'$, ergibt die folgende Bernoulli-Gleichung:

$$z' = -f(w) z - g(w) z^{3-k}.$$

3.2.21. $y''' = [x f(y') + y g(y') + h(y')](y'')^3 + \varphi(y')(y'')^2$

Die Legendre-Transformation $x = w'$, $y = tw' - w$, mit $w = w(t)$, ergibt die folgende lineare DGl:

$$w''' = \varphi(t) w'' - [f(t) + t g(t)] w' + g(t) w - h(t).$$

3.2.22. $y''' = x^{-5} F\left(\dfrac{xy' - y}{x^2}\right)(y'')^3$

Die Legendre-Transformation $x = w'$, $y = tw' - w$, mit $w = w(t)$, ergibt folgende DGl vom Typ 3.2.1.:

$$w''' = x^{-5/2} f(w^{-1/2} w') \text{ mit } F(\xi) = -\xi^{-5/2} f(\xi^{-1/2}).$$

3.2.23. $y''' = x^{-5} F\left(\dfrac{xy' - y}{x^4}\right)(y'')^3$

Die Legendre-Transformation $x = w'$, $y = tw' - w$, mit $w = w(t)$, ergibt folgende DGl vom Typ 3.2.2.:

$$w''' = w^{-5/4} f(w^{-1/4} w'), \text{ mit } F(\xi) = -\xi^{-5/4}(\xi^{-1/4}).$$

3.2.24. $$\boldsymbol{y''' = -3(k+1)x^{-1}y'' + ax^{-2}y' + k[a+(k+1)(2k+1)]x^{-3}y + x^{-3}(xy'+ky)f(x^k y) + x^{2k-3}(xy'+ky)^3 g(x^k y)}$$

Die Transformation $t = \ln x$, $z = x^k y$, mit $z = z(t)$, und anschließendem Einführen der neuen, unbekannten Funktion $w(z) = (z')^2$, ergibt folgende lineare DGl 2. Ordnung:

$$w'' = 2g(z)w + 2f(z) + 2a + 6k^2 + 6k + 2.$$

3.2.25. $$\boldsymbol{y''' = -3y'' + ay' + (a+2)y + (y'+y)f(e^x y) + y^{-2}(y'+y)^3 g(e^x y)}$$

Die Transformation $z(x) = e^x y$ mit anschließendem Erniedrigen der Ordnung der DGl mit Hilfe der neuen unbekannten Funktion $w(z) = (z')^2$ ergibt folgende lineare DGl 2. Ordnung:

$$w'' = 2a + 6 + 2f(z) + 2z^{-2}g(z)w.$$

3.2.26. $$\boldsymbol{y''' = -\frac{1}{2}\lambda^2(y')^3 + (\sin\lambda y)^{-3}y' F\left(\frac{y'}{\sqrt{\sin\lambda y}}\right)}$$

Die Transformation $z(y) = (y')^2$ ergibt die DGl (Typ 2.2.55.):

$$z'' = -\lambda^2 z + (\sin\lambda y)^{-3} f\left(\frac{z}{\sin\lambda y}\right),$$

mit $f(\xi) = 2F(\pm\sqrt{\xi})$.

3.2.27. $$\boldsymbol{y''' = -\frac{1}{2}\lambda^2(y')^3 + (\cos\lambda y)^{-3}y' F\left(\frac{y'}{\sqrt{\cos\lambda y}}\right)}$$

Die Transformation $z(y) = (y')^2$ ergibt die DGl (Typ 2.2.56.):

$$z'' = -\lambda^2 z + (\cos\lambda y)^{-3} f\left(\frac{z}{\cos\lambda y}\right),$$

mit $f(\xi) = 2F(\pm\sqrt{\xi})$.

3.2.28. $$\boldsymbol{y''' = (\sin y)^{-2}(y')^3 + (\tan y)^3 F(y'\sqrt{\tan y})y'}$$

Die Transformation $z(y) = (y')^2$ ergibt die DGl (Typ 2.2.57.):

$$z'' = 2(\sin y)^{-2}z + (\tan y)^3 f(z\tan y),$$

mit $f(\xi) = 2F(\pm\sqrt{\xi})$.

3.2.29. $y''' = (\cos y^{-2}(y')^3 + (\cot y)^3 F(y'\sqrt{\cot y})y'$

Die Transformation $z(y) = (y')^2$ ergibt die DGl (Typ 2.2.58.):

$$z'' = 2(\cos y)^{-2}z + (\cot y)^3 f(z\cot y)$$

mit $f(\xi) = 2F(\pm\sqrt{\xi})$.

3.2.30. $y''' = f(y)y' + g(y)(y')^3$

Die Transformation $z(y) = (y')^2$ ergibt folgende lineare DGl 2. Ordnung:

$$z'' = 2g(y)z + 2f(y).$$

3.2.31. $y''' = f(y)(y')^3 + a(y')^{-5}$

Die Transformation $z(y) = (y')^2$ ergibt die DGl Typ 2.2.23.:

$$z'' = 2f(y)z + 2az^{-3}.$$

3.2.32. $y''' = [x^3 f(xy' - y) + ax^{-5}](y'')^3$

Die Legendre-Transformation $x = u'$, $y = tu' - u$, mit $u = u(t)$, ergibt folgende DGl (Typ 3.2.31.):

$$u''' = -f(u)(u')^3 - a(u')^{-5}.$$

3.2.33. $y''' = \frac{\lambda^2}{2}(y')^3 + e^{3\lambda y} f(e^{\lambda y/2}y')y'$

Die Transformation $z(y) = (y')^2$ ergibt folgende lineare DGl 2. Ordnung (Typ 2.2.43.):

$$z'' = \lambda^2 z + 2e^{3\lambda y} f(\pm\sqrt{e^{\lambda y}z}).$$

3.2.34. $y''' = \frac{1}{2}\lambda^2(y')^3 + (\cosh\lambda y)^{-3} f\left(\frac{y'}{\sqrt{\cosh\lambda y}}\right) y'$

Die Transformation $z(y) = (y')^2$ ergibt die lineare DGl 2. Ordnung (Typ 2.2.46):

$$z'' = \lambda^2 z + 2(\cosh\lambda y)^{-3} f\left(\pm\sqrt{\frac{z}{\cosh\lambda y}}\right).$$

3.2.35. $\boldsymbol{y''' = x^{-4} f(x^{-2} y)}$

Die Transformation $t = 1/x$, $w = y/x^2$, mit $w = w(t)$, ergibt folgende autonome DGl:

$$w''' = -f(w).$$

3.2.36. $\boldsymbol{x(x-a)^3 y''' = f(yx^{-2}), \quad a \neq 0}$

Die Transformation $\xi = \ln\left(\dfrac{x-a}{x}\right)$, $w = \dfrac{y}{x^2}$, mit $w = w(\xi)$, ergibt die autonome DGl (Typ 3.2.47):

$$w''' - 3w'' + 2w' = a^{-3} f(w).$$

3.2.37. $\boldsymbol{y''' = f(y, y')}$

Spezialfall der autonomen DGl 3.2.47; die Transformation

$$x = \int |\varphi(\tau)|^{-3/2} \mathrm{d}\tau, \quad y = [\varphi(\tau)]^{-1}, \tag{1}$$

mit $\varphi = \varphi(\tau)$, ergibt die autonome DGl mit der unbekannten Funktion φ:

$$\varphi''' = -\varphi^{-5/2} f(\varphi^{-1}, \varphi^{-1/2}\varphi').$$

Wir wollen zwei wichtige Transformationen spezieller DGl hervorheben:

$$y''' = f(y) \overset{\text{Transform. (2.2)}}{\longrightarrow} \varphi''' = -\varphi^{-5/2} f(\varphi^{-1}), \text{ mit } \varphi = \varphi(\tau)$$

$$y''' = Ay^n \overset{\text{Transform. (1)}}{\longrightarrow} \varphi''' = -A\varphi^{-n-5/2}, \text{ mit } \varphi = \varphi(\tau).$$

3.2.38. $\boldsymbol{yy''' = f(x)}$

Einfaches Integrieren ergibt:

$$yy'' - \frac{1}{2}(y')^2 = \int f(x)\mathrm{d}x + C.$$

Die Transformation $y = w^2$ führt diese DGl auf den Typ 2.2.100. zurück:

$$w'' = \frac{1}{2}\left[\int f(x)\mathrm{d}x + C\right] w^{-3}.$$

3.2.39. $\boldsymbol{f(y)y''' = y'g(y'')}$

Einfaches Integrieren und anschließendes Einführen der neuen unbekannten Funktion $w(y) = (y')^2/2$ ergibt die DGl erster Ordnung

$$\int \frac{d\xi}{g(\xi)} = \int \frac{dy}{f(y)} + C, \quad \text{mit } \xi = w'.$$

Mit y für w' läßt sich diese DGl integrieren.

3.2.40. $\boldsymbol{y''' = f(y)g(y')h(y'')}$

Die Transformation $w(y) = (y')^2/2$ ergibt die DGl 2. Ordnung:

$$w'' = f(y)\varphi(w)h(w'), \text{ mit } \varphi(w) = \pm g(\pm\sqrt{2w})/\sqrt{2w}.$$

Für bestimmte konkrete Funktionen f, φ, und h kann diese DGl mittels Quadraturen aufgelöst werden.

3.2.41. $\boldsymbol{(y+a)y''' + 3y'y'' = f(x)}$

Allg. Lösung:

$$(y+a)^2 = C_2x^2 + C_1x + C_0 + \int\limits_{x_0}^{x} (x-t)^2 f(t)\mathrm{d}t,$$

mit beliebigem x_0.

3.2.42. $\boldsymbol{(y+a)y''' + by'y'' + g(y)y' = f(x)}$

Einfaches Integrieren ergibt:

$$(y+a)y'' + \frac{1}{2}(b-1)(y')^2 + \int g(y)\mathrm{d}y = \int f(x)\mathrm{d}x + C.$$

3.2.43. $\boldsymbol{y^2y''' - 3yy'y'' + 2(y')^3 = f(x)y^3}$

Allg. Lösung:

$$\ln|y| = C_2x^2 + C_1x + C_0 + \frac{1}{2}\int\limits_{x_0}^{x} (x-t)^2 f(t)\mathrm{d}t,$$

mit beliebigem x_0.

3.2.44. $\boldsymbol{y''' + 3\lambda y' y'' + \lambda^2 (y')^3 = f(x) e^{-\lambda y}}$, mit $\lambda \neq 0$

Allg. Lösung:

$$e^{\lambda y} = C_2 x^2 + C_1 x + C_0 \frac{\lambda}{2} \int_{x_0}^{x} (x-t)^2 f(t) \mathrm{d}t.$$

3.2.45. $\boldsymbol{y^2 y''' + 3(n-1) y y' y'' + (n-1)(n-2)(y')^3 = f(x) y^{3-n}}$

Für $n = 0$ fällt diese DGl mit 3.2.43. zusammen. Allg. Lösung für $n \neq 0$:

$$y^n = C_2 x^2 + C_1 x + C_0 + \frac{n}{2} \int_{x_0}^{x} (x-t)^2 f(t) \mathrm{d}t,$$

mit beliebigem x_0.

3.2.46. $\boldsymbol{y''' = F(x, y', y'')}$

Die Transformation $u(x) = y'$ ergibt folgende DGl 2. Ordnung:

$$u'' = F(x, u, u'').$$

3.2.47. $\boldsymbol{y''' = F(y, y', y'')}$

Die Transformation $w(y) = (y')^2$ ergibt folgende DGl 2. Ordnung:

$$w'' = \pm \frac{2}{\sqrt{w}} F(y, \pm\sqrt{w}, \frac{1}{2} w').$$

3.2.48. $\boldsymbol{y''' = F(x, xy' - y, xy'')}$

Die Transformation $z = xy' - y$ ergibt die folgende DGl 2. Ordnung:

$$z'' = x^{-1} z' + x F(x, z, z').$$

3.2.49. $\boldsymbol{y''' = x^{-k-3} F(x^k y, x^{k+1} y', x^{k+2} y'')}$

Die Transformation $t = \ln x$, $u = x^k y$, mit $u = u(t)$, führt zur DGL

$$u''' = 3(k+1)u'' - (3k^2 + 6k + 2)u' + k(k+1)(k+2)u$$
$$+ F(u, u' - ku, u'' - (2k+1)u' + k(k+1).$$

Die weitere Transformation $w(u) = (u')^2$ ergibt die DGl 2. Ordnung:

$$w'' = \pm 3(k+1)w^{-1/2}w' - 2(3k^2+6k+2) \pm 2k(k+1)(k+2)uw^{-1/2}$$

$$\pm 2w^{-1/2}F\left(u, \pm w^{-1/2} - ku, \frac{1}{2}w' \mp (2k+1)w^{1/2} + k(k+1)u\right).$$

3.2.50. $\boldsymbol{y''' = \frac{1}{x^4}F\left(\frac{y}{x^2}, y' - 2\frac{y}{x}\right)}$

Die Transformation $t = 1/x$, $u = y/x^2$, mit $u = u(t)$, ergibt die DGl (Typ 3.2.47.):

$$u''' = -F(u, -u').$$

Die weitere Transformation $w(u) = (u')^2$ ermöglicht ein Erniedrigen der Ordnung der DGl:

$$w'' = \mp 2w^{-1/2}F(u, \mp w^{1/2}).$$

3.2.51. $\boldsymbol{y''' = F(x, y)}$

Die Transformation $x = 1/t$, $y = u/t^2$, mit $u = u(t)$, ergibt folgende DGl:

$$u''' = -t^{-4}F\left(\frac{1}{t}, \frac{u}{t^2}\right).$$

3.2.52. $\boldsymbol{y''' = F(x, y, y', y'')}$

Die Legendre-Transformation $x = w'$, $y = tw' - w$, mit $w = w(t)$, ergibt unter Berücksichtigung der Bedingungen $y' = t$, $y'' = 1/w''$, $y''' = -w'''/(w'')^3$ folgende DGl:

$$w''' = -F\left(w', tw' - w, t, \frac{1}{w''}\right)(w'')^3.$$

3.3 Parameterabhängige nichtlineare DGl

3.3.1. $\boldsymbol{y''' = ay^{-5/2}}$

Allgemeine Lösung in parametrischer Form:

$$x = -\left(\frac{6}{a}\right)^{1/3} c_1^7 \int \frac{\mathrm{d}\tau}{(\tau^3 - 3\tau + C_2)^{3/2}} + C_3,$$

$$y = C_1^6(\tau^3 - 3\tau + C_3)^{-1}.$$

3.3.2. $\boldsymbol{y''' = ay^{-5/2} + by^{-7/2}, \quad b \neq 0}$

Mit Hilfe der in Absatz 3.2.37. angeführten Transformation läßt sich diese DGl auf eine lineare inhomogene DGl mit konstanten Koeffizienten zurückführen.
Allgemeine Lösung in parametrischer Form:

$$x = \int \frac{\mathrm{d}\tau}{[\varphi(\tau)]^{3/2}} + C_3, \qquad y = \frac{1}{\varphi(\tau)},$$

mit $\varphi = -\dfrac{a}{b} + C_1 e^{-k\tau} + C_2^{k\tau/2} \sin\dfrac{k\tau\sqrt{3}}{2}, \qquad k = b^{1/3}.$

3.3.3. $\boldsymbol{y''' = axy^{-5/2} + bx^3y^{-7/2}}$

Die Transformation $x = 1/t$, $y = u/t^2$, mit $u = u(t)$, ergibt folgende autonome DGl vom Typ 3.3.2.:

$$u''' = -au^{-5/2} - bu^{-7/2}.$$

3.3.4. $\boldsymbol{y''' = x(ay^2 + bx^2y + cx^4)^{-5/4}}$

Spezialfall der DGl 3.2.13.

3.3.5. $\boldsymbol{(x-a)^3 y''' = bx^{-1-2n}y^n}$

Spezialfall der DGl 3.2.36.

3.3.6. $\boldsymbol{y''' = \alpha y^{-3}y' + \beta y^{-5/2} + \gamma y^{-7/2}}$

Die Transformation

$$x = \int \frac{\mathrm{d}\tau}{[\varphi(\tau)]^{3/2}}, \qquad y = \frac{1}{[\varphi(\tau)]},$$

ergibt folgende lineare DGl mit konstanten Koeffizienten:

$$\varphi''' = \alpha\varphi' - \gamma\varphi - \beta.$$

3.3.7. $\boldsymbol{y''' = ax^{-n-2}y^ny' - ax^{-n-3}y^{n+1}}$

Die Transformation

$$z = \frac{y}{x}, \; w = \left(y' - \frac{y}{x}\right)^2, \quad \text{mit } w = w(z),$$

ergibt folgende, lineare DGl 2. Ordnung:

$$w'' = 2az^n + 2.$$

Zweifaches Integrieren ergibt folgende homogene DGl 1. Ordnung:

$$y' = z + \left[\frac{2a}{(n+1)(n+2)} z^{n+2} + z^2 + C_1 z + C_2\right]^{1/2},$$

mit $z = \frac{y}{x}$.

3.3.8. $\boldsymbol{y''' = ax^{-2n-4}y^n y' - 2ax^{-2n-5}y^{n+1}}$

Die Transformation $t = x^{-1}$, $v = yx^{-2}$, mit $v = v(t)$, ergibt

$$v''' = av^n v'.$$

Die weitere Transformation $w(v) = (v')^2$ ergibt folgende lineare DGL 2. Ordnung:

$$w' = 2av^n.$$

Integration führt zur allgemeinen Lösung:

$$\frac{1}{x} = C_1 \pm \int \left[\frac{2av^{n+2}}{(n+1)(n+2)} + C_2 v + C_3\right]^{-1/2} dv, \text{ mit } v = \frac{y}{x^2}.$$

3.3.9. $\boldsymbol{y''' = ay^n (y')^3 + by^m y'}$

Die Transformation $z(y) = (y')^2$ ergibt folgende lineare DGl 2. Ordnung:

$$z'' = 2ay^n z + 2by^m.$$

3.3.10. $\boldsymbol{y''' = a(y')^{-5} + by^k (y')^3}$

Spezialfall der DGL 3.2.31.

3.3.11. $\boldsymbol{y''' = (ay^2 + by + c)^{-\frac{m+5}{4}} (y')^m}$

Spezialfall der DGL 3.2.12.

3.3.12. $\boldsymbol{y''' + y(y'')^{2-n} = 0}$

Diese DGl kommt in der Grenzschichttheorie nicht-Newtonscher Flüssigkeiten vor. In analytischer Form ausdrückbare Lösungen gibt es z. B. in folgenden Fällen:

$$n = -1,\ 1/7,\ 1/5,\ 1/4,\ 1/2,\ 3/5,\ 5/7,\ 2.$$

3.3.13. $yy''' = ay'y''$, $a \neq -1$

Allg. Lösung:

$$x = C_1 \pm \int \frac{\mathrm{d}y}{\sqrt{C_2 y^{a+1} + C_3}}.$$

3.3.14. $y''' = Ay^n (y')^{2m+1} (y'')^l$

Die Transformation $w(y) = (y')^2$ ergibt die verallgemeinerte DGl von Emden und Fowler

$$w'' = 2^{1-l} A y^n w^m (w')^l. \qquad (1)$$

Für einige Werte der Parameter m, n, und l sind ihre Lösungen in Abschn. 2.3. angegeben.
Ist $w = g(y, C_1, C_2)$ die (allgemeine) Lösung von (1), so lautet die (allgemeine) Lösung der vorgegebenen DGl (in impliziter Form):

$$x = \pm \int \frac{\mathrm{d}y}{\sqrt{g(y, C_1, C_2)}} + C_3.$$

Ist die allgemeine Lösung von (2.6) in Parameter-Darstellung durch

$$y = f(t, C_1, C_2), \qquad w = g(t, C_1, C_2)$$

gegeben, so lautet die (allgemeine) Lösung der vorgegebenen DGl:

$$x = \pm \int \frac{f' - t(t, C_1, C_2)}{\sqrt{g(t, C_1, C_2)}} \mathrm{d}t + C_3, \qquad y = f(t, C_1, C_2).$$

3.3.15. $yy''' + \frac{1}{2} y'y'' = ax + b$

Die Transformation $x = x(t)$, $y = (x')^2$ ergibt folgende lineare DGl 4. Ordnung:

$$2x^{(4)} = ax + b.$$

3.3.16. $yy''' + \frac{1}{2} y'y'' = ax^{-5/3}$

Die Transformation $x = x(t)$, $y = (x')^2$ ergibt die DGl vom Typ 4.2.1.:

$$2x^{(4)} = ax^{-5/3}.$$

3.3.17. $2y'y''' - (y'')^2 + \lambda(y')^2 = ay^2 + by + c$

Nach x differenziert und anschließend durch y' gekürzt erhalten wir folgende lineare DGl mit konstanten Koeffizienten:

$$2y^{(4)} + 2\lambda y'' = 2ay + b.$$

3.3.18. $y''' = [ax(y')^k + by(y')^n + c(y'_n)^m](y'')^3$

Die Legendre-Transformation $x = w'$, $y = tw' - w$, mit $w = w(t)$, ergibt folgende lineare DGl:

$$w''' = -(at^k - bt^{n+1})w' + bt^n w - ct^m.$$

3.3.19. $y''' = Ax^\alpha y^\beta (y')^\gamma (y'')^\delta$

Viele mittels Quadrieren auflösbare DGl von diesem Typ sind in [5], 2. Teil, Abschnitt 2.4 angegeben.

Kapitel 4

DGl vierter und höherer Ordnungen

4.1 Lineare DGl

4.1.1. $\boldsymbol{y^{(4)} + ay = 0}$

Lösung:
1. Für $a = 0:$

$$y = C_1 + C_2 x + C_3 x^2 + C_4 x^3.$$

2. Für $a = 4k^4 > 0:$

$$y = C_1 \cosh kx \cos kx + C_2 \cosh kx \sin kx + C_3 \sinh kx \cos kx + C_4 \sinh kx \sin kx.$$

3. Für $a = -k^4 < 0:$

$$y = C_1 \cos kx + C_2 \sin kx + C_3 \cosh kx + C_4 \sinh kx.$$

4.1.2. $\boldsymbol{y^{(4)} + 2ay'' + a^2 y = 0}$

Lösung:
1. Für $a = k^2 > 0:$

$$y = (C_1 + C_2 x)\cos kx + (C_3 + C_4 x)\sin kx.$$

2. Für $a = -k^2 < 0:$

$$y = (C_1 + C_2 x)\exp(kx) + (C_3 + C_4 x)\exp(-kx).$$

4.1.3. $\boldsymbol{y^{(4)} + (a + b)y'' + aby = 0}$

Der Fall $a = b$ ist unter Nr. 4.1.2. behandelt. Es sei $a \neq b$.

Lösung:
1. Für $a = \alpha^2 > 0$, $b = \beta^2 > 0$:

$$y = C_1 \cos \alpha x + C_2 \sin \alpha x + C_3 \cos \beta x + C_4 \sin \beta x.$$

2. Für $a = \alpha^2 > 0$, $b = -\beta^2 < 0$:

$$y = C_1 \cos \alpha x + C_2 \sin \alpha x + C_3 \exp(\beta x) + C_4 \exp(-\beta x).$$

3. Für $a = -\alpha^2 < 0$, $b = \beta^2 > 0$:

$$y = C_1 \exp(\alpha x) + C_2 \exp(-\alpha x) + C_3 \cos \beta x + C_4 \sin \beta x.$$

4. Für $a = -\alpha^2 < 0$, $b = -\beta^2 < 0$:

$$y = C_1 \exp(\alpha x) + C_2 \exp(-\alpha x) + C_3 \exp(\beta x) + C_4 \exp(-\beta x).$$

4.1.4. $\boldsymbol{y^{(4)} + a_3 y''' + a_2 y'' + a_1 y' + a_0 y = 0}$

Ist $a_0 = 0$, so ergibt die Transformation $w(x) = y'$ eine DGl dritter Ordnung. Es sei $a_0 \neq 0$ und

$$P(\lambda) = \lambda^4 + a_3\lambda^3 + a_2\lambda^2 + a_1\lambda + a_0$$

das charakteristische Polynom.
1. Es gelte die Zerlegung:

$$P(\lambda) = (\lambda - \lambda_1)(\lambda - \lambda_2)(\lambda - \lambda_3)(\lambda - \lambda_4),$$

mit reellen $\lambda_1, \lambda_2, \lambda_3$ und λ_4. Es sind folgende Fälle möglich:

a) Alle λ_i sind voneinander verschieden; dann gilt:

$$y = C_1 e^{\lambda_1 x} + C_2 e^{\lambda_2 x} + C_3 e^{\lambda_3 x} + C_4 e^{\lambda_4 x};$$

b) $\lambda_1 = \lambda_2 = \lambda_3$ und λ_4 sind voneinander und von λ_1 verschieden. Dann ist

$$y = (C_1 + C_2 x)e^{\lambda_1 x} + C_3 e^{\lambda_3 x} + C_4 e^{\lambda_4 x};$$

c) $\lambda_1 = \lambda_2 = \lambda_3 \neq \lambda_4$; die allgemeine Lösung lautet dann

$$y = (C_1 + C_2 x + C_3 x^2)e^{\lambda_1 x} + C_4 e^{\lambda_4 x};$$

d) $\lambda_1 = \lambda_2 = \lambda_3 = \lambda_4$; in diesem Fall gilt:

$$y = (C_1 + C_2 x + C_3 x^2 + C_4 x^3)e^{\lambda_1 x}.$$

2. Es sei

$$P(\lambda) = (\lambda - \lambda_1)(\lambda - \lambda_2)(\lambda^2 + 2b_1\lambda + b_0$$

mit reellen λ_1, λ_2 und mit $b_1^2 - b_0 < 0$ [b_0 und b_1 sind reell].

a) $\lambda_1 \neq \lambda_2$ [dann gilt]:

$$y = C_1 e^{\lambda_1 x} + C_2 e^{\lambda_2 x} + e^{-b_1 x}(C_3 \cos \mu x + C_4 \sin \mu x),$$

mit $\mu = \sqrt{b_0 - b_1^2}$.

b) $\lambda_1 = \lambda_2$ [dann ist]:

$$y = (C_1 + C_2 x)e^{\lambda_1 x} + e^{-b_1 x}(C_3 \cos \mu x + C_4 \sin \mu x).$$

3. Es sei

$$P(\lambda) = (\lambda^2 + 2b_1\lambda + b_0)(\lambda^2 + 2\beta_1\lambda + \beta_0); \quad b^2 - b_0 < 0,\ \beta_1^2 - \beta_0 < 0.$$

a) Ist $(b_1 - \beta_1)^2 + (b_0 - \beta_0)^2 \neq 0$, so gilt:

$$y = e^{-b_1 x}(C_1 \cos \mu x + C_2 \sin \mu x) + e^{-\beta_1 x}(C_3 \cos \nu x + C_4 \sin \nu x).$$

mit $\mu = \sqrt{b_0 - b_1^2}$, $\nu = \sqrt{\beta_0 - \beta_1^2}$.

b) Für $b_1 = \beta_1$, $b_0 = \beta_0$ lautet die allgemeine Lösung:

$$y = e^{-b_1 x}[(C_1 + C_2 x)\sin \mu x + (C_3 + C_4 x)\cos \mu x],$$

$\mu = \sqrt{b_0 - b_1^2}$.

4.1.5. $y^{(4)} - 2a^2 y'' + a^4 y - \lambda(ax - b)(y'' - a^2 y) = 0$

Diese DGl kommt in der Theorie der Turbulenz vor. Die Transformation ergibt

$$z(x) = y'' - a^2 y, \tag{1}$$

$$z'' - a^2 z - \lambda(ax - b)z = 0. \tag{2}$$

Sind die Randbedingungen

$$y(0) = y'(0) = 0,\ y(1) = y'(1) = 0, \tag{3}$$

vorgeschrieben, so ist

$$2ay = e^{ax}\int\limits_0^x e^{-ax} z\,\mathrm{d}x - e^{-ax}\int\limits_0^x e^{ax} z\,\mathrm{d}x$$

die den ersten zwei der Bedingungen (3) genügende Lösung von (1). Um auch den letzten zwei Randbedingungen zu genügen, muß man in der vorigen Formel die Funktion $z(x)$ durch eine den Bedingungen

$$\int\limits_0^1 e^{-ax} z\,\mathrm{d}x = \int\limits_0^1 e^{ax} z\,\mathrm{d}x = 0.$$

genügende Funktion ersetzen.

4.1.6. $\boldsymbol{y^{(4)} + 4axy''' + 6a^2x^2y'' + 4a^3x^3y' + a^4x^4y = 0}$

Lösung:

$$y = \sum_{k=1}^{4} C_k \exp\left(\lambda_k - \frac{ax^2}{2}\right),$$

dabei sind die Zahlen λ_k Wurzeln der biquadratischen Gleichung:

$$\lambda^4 - 6a\lambda^2 + 3a^2 = 0.$$

4.1.7. $\boldsymbol{xy^{(4)} - 4my''' + axy = 0,}$ mit $m =$ natürliche Zahl

Lösung:

$$y = x^{4m+3}\left(\frac{1}{x^3}\frac{d}{dx}\right)^m\left(\frac{w}{x^3}\right),$$

dabei ist w die allgemeine Lösung der [linearen] DGl 4.1.1. mit konstanten Koeffizienten:

$$w^4 + aw = 0.$$

4.1.8. $\boldsymbol{x^2y^{(4)} + 6xy''' + 6y'' - \lambda^2y = 0}$

DGl der Querschwingungen eines Stabes mit spitzem Ende.
Lösung:

$$y = \frac{1}{\sqrt{x}}[C_1J_1(2\sqrt{\lambda x}) + C_2Y_1(2\sqrt{\lambda x}) + C_3I_1(2\sqrt{\lambda x}) + C_4K_1(2\sqrt{\lambda x})],$$

dabei sind J_1, Y_1 die Besselschen und I_1, K_1 die modifizierten Besselschen Funktionen. [Y_1 ist die Neumannsche Funktion.]

4.1.9. $\boldsymbol{x^2y^{(4)} + 2(\nu+2)xy''' + (\nu+1)(\nu+2)y'' - b^4y = 0}$

Lösung:

$$y = x^{-\nu/2}[C_1J_\nu(\xi) + C_2Y_\nu(\xi) + C_3I_\nu(\xi) + C_4K_\nu(\xi)],$$

mit $\xi = 2b\sqrt{x}$; J_ν, Y_ν und I_ν, K_ν die modifizierten Besselschen Funktionen.

4.1.10. $\boldsymbol{x^4y^{(4)} + A_3x^3y''' + A_2x^2y'' + A_1xy' + A_0y = 0}$

Die Eulersche DGl. Die Transformation $t = \ln|x|$ ergibt folgende [lineare] DGl mit konstanten Koeffizienten (s. 4.1.4.)

$$y^{(4)} + (A_3 - 6)y''' + (11 - 3A_3 + A_2)y'' + (2A_3 - A_2 + A_1 - 6)y' + A_0y = 0.$$

4.1.11. $\boldsymbol{\nu^4x^4y^{(4)} + 2(2\nu-1)\nu^3x^3y''' + (\nu-1)(2\nu-1)\nu^2x^2y'' - b^4x^{\frac{2}{\nu}}y = 0}$

Lösung:

$$y = \sqrt{x}[C_1J_\nu(u) + C_2Y_\nu(u) + C_3I_\nu(u) + C_4K_\nu(u)],$$

mit $u = 2bx^{\frac{1}{2\nu}}$; J_ν, Y_ν und I_ν, K_ν die modifizierten Besselschen Funktionen.

4.1.12. $\boldsymbol{x^8y^{(4)} = ay}$

Die Transformation $x = t^{-1}, y = t^{-3}u(t)$ ergibt folgende DGl mit konstanten Koeffizienten (s. 4.1.1.):

$$u^{(4)} = au.$$

4.1.13. $\boldsymbol{[f(x)y'']'' = 0}$

DGl der Querschwingungen eines Stabes.
Lösung:

$$y = C_1 + C_2x + \int_a^x \frac{x-t}{f(t)}(C_3 + C_4t)\mathrm{d}t.$$

4.1.14. $\boldsymbol{y^{(4)} + f(x)y''' - 2a^2y'' - a^2f(x)y' + a^4y = 0}$

Partikuläre Lösung: $y = e^{\pm ax}$. Die Transformation $y = e^{ax}\int z(x)\mathrm{d}x$ ergibt folgende DGl

$$z''' + (4a + f)z'' + a(4a + 3f)z' + 2a^2fz = 0.$$

Die weitere Transformation $z = e^{-2ax} \int u(x)\mathrm{d}x$ ergibt folgende DGl zweiter Ordnung:

$$u'' + (f - 2a)u' - afu = 0.$$

4.1.15. $\boldsymbol{y^{(6)} + ay = 0}$

1. Für $a = 0$:

$$y = C_1 + C_2x + C_3x^2 + C_4x^3 + C_5x^4 + C_6x^5.$$

2. Für $a = k^6 > 0$:
$[y = C_1 \cos kx + C_2 \sin kx + \cos\left(\frac{kx}{2}\right)(C_3 \cosh\xi + C_4 \sinh\xi) + \sin\left(\frac{kx}{2}\right)(C_5 \cosh\xi + C_6 \sinh\xi),$
mit $\xi = kx\sqrt{3}/2$.
3. Für $a = -k^6 < 0$:

$$y = C_1 \cosh kx + C_2 \sinh kx + \mathrm{ch}\left(\frac{kx}{2}\right)(C_3 \cos\xi + C_4 \sin\xi) + \sinh\left(\frac{kx}{2}\right)(C_5 \cos\xi + C_6 \sin\xi),$$

mit $\xi = kx\sqrt{3}/2$.

4.1.16. $\boldsymbol{y^{(n)} = f(x)}$

Lösung:

$$y = \sum_{\nu=0}^{n-1} C_\nu x^\nu + \int_{x_0}^{x} \frac{(x-t)^{n-1}}{(n-1)!} f(t)\mathrm{d}t,$$

mit willkürlicher Konstante x_0.

4.1.17. $\boldsymbol{y^{(2n)} = a^{2n}y}$

Lösung:

$$y = C_1e^{ax} + C_2e^{-ax} + \sum_{k=1}^{n-1} e^{\varphi_k}(A_k \cos\Theta_k + B_k \sin\Theta_k),$$

mit $\varphi_k = ax\cos\frac{k\pi}{n}$, $\Theta_k = ax\sin\frac{k\pi}{n}$; $C_1, C_2, A_k, B_k\ (k = 1, \ldots, n-1)$ sind willkürliche Konstanten.

4.1.18. $\boldsymbol{y^{(n)} + a_{n-1}y^{(n-1)} + \ldots + a_1y' + a_0y = 0}$

Lineare homogene DGl mit konstanten Koeffizienten.
Hat das charakteristische Polynom

$$P(\lambda) = \lambda^n + a_{n-1}\lambda^{n-1} + \ldots + a_1\lambda + a_0$$

die Nullstellen $\lambda_1, \lambda_2, \ldots, \lambda_r$ mit den Vielfachheiten $m_1, m_2 \ldots, m_r$, d.h. gilt die Produktdarstellung

$$P(\lambda) = (\lambda - \lambda_1)^{m_1}(\lambda - \lambda_2)^{m_2} \ldots (\lambda - \lambda_r)^{m_r},$$

so drückt die Formel

$$y = \sum_{k=1}^{r} \exp(\lambda_k x)\left(C_{k,0} + C_{k,0}x + \ldots + C_{k,m_k-1}x^{m_k-1}\right),$$

mit den willkürlichen Konstanten $C_{k,s}$ die allgemeine Lösung der vorgegebenen DGl aus.
Hat das Polynom $P(\lambda)$ konjugiert komplexe Wurzeln, so ist in dieser Lösung der Realteil mit Hilfe der Formel

$$\exp(\mu + i\nu) = e^{\mu}(\cos\nu + i\sin\nu)$$

zu eliminieren.

4.1.19. $\boldsymbol{y^{(n)} + ax^{\nu}y' + a\nu x^{\nu-1}y = 0}$

Diese DGl läßt sich auf die DGl $(n-1)$-ter Ordnung

$$y^{(n-1)} + ax^{\nu}y = C,$$

mit der willkürlichen Konstanten C zurückführen.

4.1.20. $\boldsymbol{y^{(n)} + ax^{\mu+1}y' + a(\mu+n)x^{\mu}y = 0}$

Die Transformation $x = t^{-1}, y = t^{1-n}w(t)$ ergibt die folgende DGl vom Typ 4.1.19:

$$w^{(n)} + bt^{\nu}w_t' + b\nu t^{\nu-1}w = 0,$$

mit $b = -a(-1)^n$, $\nu = 1 - \mu - 2n$ $[b = (-1)^{n+1}a]$

4.1.21. $\boldsymbol{y^{(n)} = axy + b, \ \ a > 0}$

Lösung:

$$y = \sum_{\nu=0}^{n} C_{\nu}\varepsilon_{\nu} \int_0^{\infty} \exp\left[\varepsilon_{\nu}xt - \frac{t^{n+1}}{a(n+1)}\right] dt,$$

mit $\varepsilon_{\nu} = \exp\dfrac{2\nu\pi i}{n+1}$, $\sum\limits_{\nu=0}^{n} C_{\nu} = \dfrac{b}{a}$.

4.1.22. $\boldsymbol{y^{(n)} = ax^{-2n-1}y + bx^{-n-1}}$

Die Transformation $x = t^{-1}, y = t^{1-n}w(t)$ ergibt folgende DGl 4.1.21.:

$$w^{(n)} = (-1)^n(atw + b).$$

4.1.23. $\boldsymbol{xy^{(n)} - nmy^{n-1} + axy = 0,}$ mit $m, n =$ natürliche Zahlen, $a \geq 2$

Lösung:

$$y = x^{(m+1)n-1}\left(x^{1-n}\frac{\mathrm{d}}{\mathrm{d}x}\right)^m (x^{1-n}w),$$

dabei ist w die allgemeine Lösung der [linearen] DGl mit konstanten Koeffizienten

$$w^{(n)} + aw = 0.$$

4.1.24. $\boldsymbol{xy^{(n)} + ny^{(n-1)} = axy + b}$

Die Transformation $w = xy$ ergibt folgende DGl mit konstanten Koeffizienten:

$$w^{(n)} = aw + b.$$

4.1.25. $\boldsymbol{a_n x^n y^{(n)} + a_{n-1}x^{n-1}y^{(n-1)} + \ldots + a_1 xy' + a_0 y = 0}$

Euler DGl.
Sind alle Wurzeln $\alpha_k (k = 1, 2, \ldots, n)$ der algebraischen Gleichung

$$\sum_{\nu=1}^{n} a_\nu \alpha(\alpha - 1)\ldots(\alpha - \nu + 1) = -a_0$$

verschieden, so lautet die allgemeine Lösung der vorgegebenen DGl

$$y = C_1|x|^{\alpha_1} + C_2|x|^{\alpha_2} + \ldots + C_n|x|^{\alpha_n}.$$

Im allgemeinen Fall ergibt die Transformation $t = \ln|x|$ folgende [lineare] DGl mit konstanten Koeffizienten (s. 4.1.18):

$$\sum_{\nu=1}^{n} a_\nu D(D-1)\ldots(D-\nu+1)y = -a_0 y,$$

mit $D = \dfrac{\mathrm{d}}{\mathrm{d}x}$.

4.1.26. $\boldsymbol{x^{2n}y^{(n)} = ay, \quad a \neq 0}$

Durch Nachrechnen [eigtl. mit Hilfe der vollständigen Induktion] kann man sich überzeugen, daß

$$\frac{\mathrm{d}^n}{\mathrm{d}x^n}(x^{n-1}e^{\sigma/x}) = (-1)^n\sigma^n x^{-n-1}e^{\sigma/x}.$$

Deshalb ist

$$y = x^{n-1}\exp\left(-\frac{\lambda}{x}\right)$$

mit $\lambda'' = a$ eine [partikuläre] Lösung der vorgegebenen DGl. Setzt man die n verschiedenen dieser Bedingung genügenden Werte von λ ein, so erhält man n linear unabhängige Lösungen.
Es läßt sich nachweisen, daß mit Hilfe der Transformation $x = t^{-1}$, $y =^{1-n} w(t)$ die vorgegebene DGl in folgende [lineare] DGl mit konstanten Koeffizienten

$$w^{(n)} = (-1)^n aw$$

übergeführt werden kann.

4.1.27. $\boldsymbol{x^n y^{(2n)} = ay}$

Lösung:

$$y = x^{n/2} \sum_{k=1}^{n} \{C_{k_1} I_n(2\beta_k\sqrt{x}) + C_{k_2} K_n(2\beta_k\sqrt{x})\},$$

dabei sind I_n und K_n die modifizierten Besselschen Funktionen und $\beta_1, \beta_2, \ldots, \beta_n$ die Wurzeln der Gleichung $\beta^n = \sqrt{a}$.

4.1.28. $\boldsymbol{x^{3n} y^{(2n)} = ay}$

Die Transformation $x = t^{-1}, y = t^{1-2n}w(t)$ ergibt folgende DGl vom Typ 4.1.27.:

$$t^n w^{(2n)} = aw.$$

4.1.29. $\boldsymbol{x^{n+1/2} y^{(2n+1)} = ay}$

Lösung:

$$y = x^{(2n+1)/4} \sum_{k=0}^{2n} C_k [J_{-n-1/2}\left(2\beta_k\sqrt{x}\right)] + iJ_{n+1/2}\left(2\beta_k\sqrt{x}\right)],$$

dabei sind $\beta_0, \beta_1, \ldots, \beta_{2n}$ die Wurzeln der Gleichung: $\beta^{2n+1} = ai$; $i^2 = -1$.

4.1.30. $\boldsymbol{x^{3n+3/2} y^{(2n+1)} = -ay}$

Die Transformation $x = t^{-1}, y = t^{-2n}w(t)$ ergibt folgende DGl vom Typ 4.1.29.:

$$t^{n+1/2} w^{(2n+1)} = aw.$$

4.1.31. $\boldsymbol{xy^{(n)} + ny^{(n-1)} = ax^2 y + b}$

Die Transformation $w(x) = xy$ ergibt folgende DGl vom Typ 4.1.21.:

$$w^{(n)} = axw + b.$$

4.1.32. $\boldsymbol{x^2y^{(n)} + 2nxy^{(n-1)} + n(n-1)y^{(n-2)} = ax^2y + b}$

Die Transformation $w(x) = x^2y$ ergibt folgende [lineare] DGl mit konstanten Koeffizienten:

$$w^{(n)} = aw + b.$$

4.1.33. $\boldsymbol{x^2y^{(n)} + 2nxy^{(n-1)} + n(n-1)y^{(n-2)} = ax^3y + b}$

Die Transformation $w(x) = x^2y$ ergibt folgende DGl vom Typ 4.1.21.:

$$w^{(n)} = axw + b.$$

4.1.34. $\boldsymbol{(x-a)^n(x-b)^ny^{(n)} = cy, \quad a \neq b}$

Die Transformation $\xi = \ln \dfrac{x-a}{x-b}$, $w = (x-b)^{1-n}y$, ergibt eine [lineare] DGl mit konstanten Koeffizienten und mit der unbekannten Funktion $w = w(\xi)$.

4.1.35. $\boldsymbol{y^{(n)} + f(x)y^{(n-1)} + g(x)y^{(n-2)} + h(x) = 0}$

Die Transformation $w(x) = y^{(n-2)}$ ergibt folgende lineare DGl zweiter Ordnung:

$$w'' + f(x)w' + g(x)w + h(x) = 0.$$

4.1.36. $\boldsymbol{\sum_{\nu=2}^{n} f_\nu(x)y^{(\nu)} = g(x)(xy' - y)}$

Die Transformation $y = xu(x)$ ergibt folgende DGl

$$\sum_{\nu=2}^{n} f_\nu(x)\left[xu^{(\nu)} + \nu u^{(\nu-1)}\right] = x^2g(x)u',$$

deren Ordnung mit Hilfe der weiteren Transformation $w(x) = u'$ erniedrigt werden kann:

$$\sum_{\nu=2}^{n} f_\nu(x)\left[xw^{(\nu-1)} + \nu w^{(\nu-2)}\right] = x^2g(x)w.$$

4.1.37. $\boldsymbol{y^{(n)} = f(x)y + g(x)}$

Die Transformation $x = t^{-1}, y =^{1-n} w(t)$ ergibt folgende DGl vom selben Typ:

$$w^{(n)} = (-1)^nt^{-2n}f\left(\frac{1}{t}\right)w + (-1)^nt^{-n-1}g\left(\frac{1}{t}\right).$$

4.1.38. $\sum_{\nu=0}^{n} f_\nu(x) y^\nu = g(x)$

Lösung:

$$y = \sum_{\nu=1}^{n} C_\nu \varphi_\nu(x) + \sum_{\nu=1}^{n} \varphi_\nu(x) \int \frac{W_\nu(x)\mathrm{d}x}{f_\nu(x) W(x)},$$

wobei die Funktionen $\varphi_1(x), \varphi_2(x), \ldots, \varphi_n(x)$ ein Fundamentalsystem der entsprechenden homogenen (d.h. dem Fall $g \equiv 0$ zugehörigen) DGl bilden,

$$W(x) = \begin{vmatrix} \varphi_1(x) & \cdots & \varphi_n(x) \\ \varphi_1'(x) & \cdots & \varphi_n'(x) \\ \ldots & \ldots & \ldots \\ \varphi_1^{(n-1)}(x) & \cdots & \varphi_n^{(n-1)}(x) \end{vmatrix} \qquad (1)$$

die Wronskische Determinante ist und $W_\nu(x)$ die Determinante bezeichnet, die aus (1) dadurch ensteht, daß die Elemente der ν-ten Spalte durch $0, 0, \ldots, 0, g$ ersetzt.

4.2 Nichtlineare DGl

4.2.1. $y^{(4)} = Ay^{-5/3}$

Multiplizieren wir beide Seiten der DGl mit $y^{5/3}$ und differenzieren wir den erhaltenen Ausdruck [richtig ist: beide Seiten der erhaltenen DGl.] nach x. Als Ergebnis erhalten wir

$$3yy^{(5)} + 5y'y^{(4)} = 0.$$

Wird diese DGl dreimal integriert, so haben wir die Kette von Gleichheiten:

$$3yy^{(4)} + 2y'y''' - (y'')^2 = 2C_0, \qquad (1)$$
$$3yy''' - y'y'' = 2C_0x + C_1, \qquad (2)$$
$$3yy'' - 2(y')^2 = C_0x^2 + C_1x + C_2, \qquad (3)$$

mit den willkürlichen Konstanten C_0, C_1 und C_2. Werden aus (1)-(3) unter Zuhilfenahme der vorgegebenen DGl die Ableitungen der höheren Ordnung eliminiert, so ergibt sich folgende DGl erster Ordnung:

$$(2Py' - 3P'y)^2 = 9(C_1^2 - 4C_0C_2)y^2 - 2P^3 + 54APy^{4/3},$$

mit $P = C_2x^2 + C_1x + C_0$. Die Transformation $y = (P/u)^{3/2}$ führt zu einer DGl mit getrennten Variablen. Integriert man sie, so erhält man endgültig

$$\int \left[9(C_1^2 - 4C_0C_2) + 54Au - 2u^3\right]^{-1/2} \frac{\mathrm{d}u}{u} \pm \int \frac{\mathrm{d}x}{3P} = C_3.$$

4.2.1. a. $sy^{(4)} - \frac{5}{2}by'' + \frac{9}{16}b^2y = ay^{-5/3}$

Die Transformation $\xi = \exp(x\sqrt{b}), u(\xi) = y\xi^{3/2}$ ergibt folgende DGl vom Typ 4.2.1.:

$$u^{(4)} = ab^{-2}u^{-5/3}.$$

4.2.1. b. $xy^{(4)} + 4y''' = Ax^{-5/3}y^{-5/3}$

Die Transformation $w(x) = xy$ ergibt die DGl 4.2.1.:

$$w^{(4)} = Aw^{-5/3}.$$

4.2.2. $y^{(4)} = Ay^n$

Spezialfall der DGl 4.2.8. Substituiert man in 4.2.8. $a = 0, f = Ay^n$, so erhält man die DGl 4.2.2.

4.2.3. $y''y^{(4)} - \frac{1}{2}(y''')^2 = \alpha(xy' - y) + \beta y' + \gamma$

Differenziert man nach x, so ergibt sich

$$y''(y^{(5)} - \alpha x - \beta) = 0.$$

Wenn man den zweiten Faktor gleich Null setzt und [die dadurch erhaltene DGl] integriert, so erhält man die [allgemeine] Lösung:

$$y = \alpha\frac{x^6}{6!} + \beta\frac{x^5}{5!} + C_4x^4 + C_3x^3 + C_2x^2 + C_1x + C_0.$$

Zwischen den Integrationskonstanten und dem Parameter γ besteht die Beziehung

$$48C_2C_4 - 18C_3^2 = \beta C_1 - \alpha C_0 + \gamma.$$

Um sie abzuleiten, genügt es die obige Lösung in die vorgegebene DGl einzusetzen. Außerdem ist die (dem ersten Faktor entsprechende) singuläre Lösung

$$y = \bar{C}_1x + \bar{C}_0 \quad \text{mit} \quad \beta\bar{C}_1 - \alpha\bar{C}_0 + \gamma = 0$$

vorhanden.

4.2.4. $y^{(4)} = Ax^{\frac{3n+5}{2}}y^n$

Spezialfall der DGl 4.2.10.; er entspricht der Funktion $f(\xi) = A\xi^n$.

4.2.5. $\boldsymbol{y^{(4)} = Ax^{-3n-5}y^n}$

Die Transformation $x = t^{-1}, y = t^{-3}w(t)$ ergibt die autonome DGl 4.2.2.:

$$w^{(4)} = Aw^n.$$

4.2.5. a. $\boldsymbol{y^{(4)} = (ax^2 + bx + c)^{\frac{3m+5}{2}} y^m}$

Spezialfall der DGl 4.2.10a; er entspricht der Funktion $f(w) = Aw^m$.

4.2.6. $\boldsymbol{yy^{(4)} + 4y'y''' + 3(y'')^2 = Ax^n}$

Lösung:

$$y^2 = C_3x^3 + C_2x^2 + C_1x + C_0 + \frac{2Ax^{n+1}}{(n+1)(n+2)(n+3)(n+4)}.$$

4.2.7. $\boldsymbol{yy^{(4)} + 4y'y''' + 3(y'')^2 = Ae^{\lambda x}}$

Lösung:

$$y^2 = C_3x^3 + C_2x^2 + C_1x + C_0 + 2A\lambda^{-4}e^{\lambda x}.$$

4.2.8. $\boldsymbol{y^{(4)} + ay'' = f(y)}$

Einmaliges Integrieren ergibt

$$2y'y''' - (y'')^2 + a(y')^2 = 2\int f(y)\,\mathrm{d}y + 2C,$$

dabei ist C eine willkürliche Konstante. Die Transformation $w(y) = |y'|^{3/2}$ ergibt folgende DGl zweiter Ordnung:

$$w'' = \frac{3}{4}aw^{-1/3} + \frac{3}{2}\left[C + \int f(y)\,\mathrm{d}y\right]w^{-5/3}.$$

4.2.9. $\boldsymbol{y^{(4)} = x^{-5}f(x^{-3}y)}$

Die Transformation $x = t^{-1}, y = t^{-3}w(t)$ ergibt die autonome DGl vom Typ 4.2.8.:

$$w^{(4)} = f(w).$$

4.2.10. $\boldsymbol{y^{(4)} = x^{-5/2} f(x^{-3/2} y)}$

Die Transformation $x = e^t, y = x^{3/2} u$ mit $u = u(t)$ ergibt folgende DGl vom Typ 4.2.8.:

$$u^{(4)} - \frac{5}{2} u'' = -\frac{9}{16} u + f(u).$$

Einmaliges Integrieren dieser DGl ergibt

$$u' u''' - \frac{1}{2} (u'')^2 - \frac{5}{4} (u'_t)^2 = -\frac{9}{32} u^2 + \int f(u)\,\mathrm{d}u + C.$$

Mit Hilfe der Transformation $w(u) = |u'_t|^{3/2}$ erhalten wir folgende DGl zweiter Ordnung:

$$w'' = \frac{15}{8} w^{-1/3} + \frac{3}{2} \left[-\frac{9}{32} u^2 + \int f(u)\,\mathrm{d}u + C \right] w^{-5/3}.$$

4.2.10.a. $\boldsymbol{y^{(4)} = (ax^2 + bx + c)^{-5/2} f(\frac{y}{(ax^2 + bx + c)^{3/2}})}$

Die Transformation

$$\xi = \int \frac{\mathrm{d}x}{ax^2 + bx + c}, \quad w = \frac{y}{(ax^2 + bx + c)^{3/2}}$$

ergibt folgende autonome DGl vom Typ 4.2.8. mit der unbekannten Funktion $w = w(\xi)$:

$$w^{(4)} - \frac{5}{2} \Delta w'' + \frac{9}{16} \Delta^2 w = f(w),$$

dabei ist $\Delta = b^2 - 4ac$.

4.2.11. $\boldsymbol{y y^{(4)} + 4 y' y''' + 3 (y'')^2 = f(x)}$

Lösung:

$$y^2 = C_3 x^3 + C_2 x^2 + C_1 x + C_0 + \frac{1}{3} \int (x - t)^3 f(t)\,\mathrm{d}t,$$

mit beliebigem x_0

4.2.12. $\boldsymbol{y y^{(4)} + a y' y''' + (a - 1)(y'')^2 = f(x)}$

Zweimaliges Integrieren ergibt

$$y y'' + \frac{a - 2}{2} (y')^2 = C_1 x + C_0 + \int_{x_0}^{x} (x - t)\, f(t)\,\mathrm{d}t.$$

4.2.13. $\boldsymbol{yy^{(5)} + 5y'y^{(4)} + 10y''y''' = f(x)}$

Lösung:

$$y^2 = C_4x^4 + C_3x^3 + C_2x^2 + C_1x + C_0 + \frac{1}{12}\int_{x_0}^{x}(x-t)^4 f(t)\,\mathrm{d}t,$$

mit beliebigem x_0.

4.2.14. $\boldsymbol{yy^{(5)} + ay'y^{(4)} + (3a-5)y''y''' = f(x)}$

Dreimaliges Integrieren ergibt

$$yy'' + \frac{a-3}{2}(y')^2 = C_2x^2 + C_1x + C_0 + \frac{1}{2}\int_{x_0}^{x}(x-t)^2 f(t)\,\mathrm{d}t.$$

4.2.15. $\boldsymbol{(a+y)y^{(5)} + by'y^{(4)} + cy''y''' = f(x)}$

Einmaliges Integrieren ergibt

$$(a+y)y^{(4)} + (b-1)y'y''' + \frac{1}{2}(1-b+c)(y'')^2 = \int f(x)\,\mathrm{d}x + C.$$

4.2.16. $\boldsymbol{y^{(6)} = Ay^{-7/5}}$

Multiplizieren wir beide Seiten mit $y^{7/5}$. Werden beide Seiten von $y^{7/5}y^{(6)} = A$ nach x differenziert, so erhält man

$$5yy^{(7)} + 7y'y^{(6)} = 0.$$

Dreimaliges Integrieren dieser DGl ergibt die Kette von Gleichheiten:

$$5yy^{(6)} + 2y'y^{(5)} - 2y''y^{(4)} + (y''')^2 = 2C_2, \tag{1}$$
$$5yy^{(5)} - 3y'y^{(4)} + y''y''' = 2C_2x + C_1, \tag{2}$$
$$5yy^{(4)} - 8y'y''' + \frac{9}{2}(y'')^2 = C_2x^2 + C_1x + C_0, \tag{3}$$

mit den willkürlichen Konstanten C_0, C_1 und C_2. Werden aus (1)-(3) unter Zuhilfenahme der vorgegebenen DGl die Ableitungen der höheren Ordnungen eliminiert, so ergibt sich eine DGl dritter Ordnung; man kann diese DGl in eine autonome überführen (man betrachte den Spezialfall $n = 3$ der DGl 4.2.19).

4.2.17. $\boldsymbol{yy^{(6)} + 6y'y^{(5)} + 15y''y^{(4)} + 10(y''')^2 = f(x)}$

Lösung:

$$y^2 = C_5x^5 + C_4x^4 + C_3x^3 + C_2x^2 + C_1x + C_0 + \frac{1}{60}\int_{x_0}^{x}(x-t)^5 f(t)\,\mathrm{d}t.$$

[x_0 ist eine beliebige Zahl.]

4.2.18. $\boldsymbol{y^{(2n)} = Ay^k}$

Einmaliges Integrieren ergibt

$$\sum_{m=1}^{n-1}(-1)^m y^{(m)}y^{(2n-m)} + \frac{1}{2}(-1)^n\left[y^{(n)}\right]^2 = -\frac{A}{k+1}y^{k+1} + C.$$

4.2.19. $\boldsymbol{y^{(2n)} = ay^{\frac{1+2n}{1-2n}}}$

Multiplizieren wir beide Seiten der DGl mit $y^{\frac{2n+1}{2n-1}}$. Wird nachher beiderseits nach x differenziert, so ergibt sich

$$(2n-1)yy^{(2n+1)} + (2n+1)y'y^{(2n)} = 0.$$

Drei Integrale mit willkürlichen Konstanten C_0, C_1 und C_2 findet man unter Nr. 4.2.43; man muß darin $f \equiv 0$ setzen. Werden aus diesen Integralen unter Zuhilfenahme der vorgegebenen DGl die Ableitungen der höheren Ordnung eliminiert, so ergibt sich eine DGl der $(2n-3)$-ten Ordnung. Die Transformation

$$t = \int\frac{\mathrm{d}x}{Q},\ w = yQ^{\frac{1-2n}{2}}$$

mit $Q = C_2x^2 + C_1x + C_0$ und $w = w(t)$ führt diese DGl in eine autonome über. Deshalb ergibt die Transformation $z(w) = w'$ im Endresultat eine DGl $(2n-4)$-ter Ordnung. Im Spezialfall $n = 2$ kann die vorgegebene DGl mittels Quadrieren integriert werden (s. 4.2.1.).

4.2.20. $\boldsymbol{y^{(n)} = Ax^\alpha y^\beta}$

Die Transformation $x = t^{-1}, y = t^{1-n}w(t)$ ergibt folgende DGl vom selben Typ:

$$w^{(n)} = (-1)^n t^{(1-n)\beta-\alpha-n-1}w^\beta.$$

4.2.21. $\boldsymbol{yy^{(2n+1)} = ay'y^{(2n)}}$

Ist $a \neq -1$, so hat die vorgegebene DGl zwei verschiedene erste Integrale

$$y^{(2n)} = \bar{C}_1 y^a \qquad \text{und}$$

$$yy^{(2n)} + (a+1)\sum_{m=1}^{n-1}(-1)^m y^{(m)} y^{(2n-m)} + \frac{1}{2}(-1)^n (a+1)\left[y^{(n)}\right]^2 = \bar{C}_2,$$

mit den willkürlichen Konstanten $\bar{C}_1$ und $\bar{C}_2$.
Wird hieraus die Ableitung $y^{(2n)}$ eliminiert, so ergibt sich folgende DGl $(2n-1)$-ter Ordnung:

$$\sum_{m=1}^{n-1}(-1)^m y^{(m)} y^{(2n-m)} + \frac{1}{2}(-1)^n [y^{(n)}]^2 = C_1 y^{a+1} + C_2,$$

mit $C_1 = -\bar{C}_1/(a+1), C_2 = \bar{C}_2/(a+1)$.
Die Ordnung dieser DGl kann mit Hilfe der Standardtransformation $w(y) = y'$ erniedrigt werden.

4.2.22. $\boldsymbol{y^{(n-2)} y^{(n)} = a[y^{(n-1)}]^2}$

Lösung:

$$y = \begin{cases} C_0 + C_1 x + \ldots + C_{n-3}x^{n-3} + (C_{n-2} + C_{n-1}x)^{n-2+\frac{1}{1-a}} & \text{für } a \neq 1, \\ C_0 + C_1 x + \ldots + C_{n-3}x^{n-3} + C_{n-2}\exp(C_{n-1}x) & \text{für } a = 1. \end{cases}$$

4.2.23. $\boldsymbol{\left(\sqrt{y}\frac{d}{dx}\right)^{n-1}(y') = ax + b}$

Die Transformation $x = x(t), y = (x_t')^2$ ergibt folgende [lineare] DGl mit konstanten Koeffizienten:

$$2x^{(n+1)} = ax + b.$$

4.2.24. $\boldsymbol{2\sum_{m=1}^{n-1}(-1)^m y^{(m)} y^{(2n-m)} + (-1)^n [y^{(n)}]^2 + \lambda (y')^2 = ay^2 + by + c}$

Wird nach x differenziert und nachher durch y' gekürzt, so ergibt sich folgende [lineare] DGl mit konstanten Koeffizienten:

$$2y^{(2n)} - 2\lambda y'' + 2ay + b = 0.$$

4.2.25. $\mathbf{2\sum\limits_{m=1}^{n-2}(-1)^m y^{(m)}y^{(2n-m)}+(-1)^n[y^{(n)}]^2=\alpha(xy'-y)+\beta y'+\gamma}$

Wird nach x differenziert, so ergibt sich

$$y''\left[2y^{(2n-1)}-\alpha x-\beta\right]=0. \tag{1}$$

Wird der zweite Faktor gleich Null gesetzt und nachher [die dadurch erhaltene DGl] integriert, so ergibt sich

$$y=\frac{1}{2}\frac{\alpha x^{2n}}{(2n)!}+\frac{1}{2}\frac{\beta x^{2n-1}}{(2n-1)!}+\sum_{k=0}^{2n-2}C_k x^k.$$

Zwischen den Integrationskonstanten C_k und den Parametern α,β und γ besteht die Beziehung

$$2\sum_{m=1}^{n-1}(-1)^m m!(2n-m)!C_m C_{2n-m}+(-1)^n(n!C_n)^2=\beta C_1-\alpha C_0+\gamma.$$

Man erhält sie, indem man die obige [allgemeine] Lösung in die vorgegebene DGl einsetzt.
Es gibt außerdem eine singuläre Lösung; sie entspricht dem ersten Faktor [der linken Seite] von (1) [und lautet]:

$$y=\bar{C}_1 x+\bar{C}_0,\quad \text{mit}\quad \beta\bar{C}_1-\alpha\bar{C}_0+\gamma=0.$$

4.2.26. $\mathbf{2\sum\limits_{m=2}^{n-1}(-1)^m y^{(m)}y^{(2n-m)}+(-1)^n[y^{(n)}]^2+s(y'')^2}$
$\mathbf{=\alpha(xy'-y)+\beta y'+\gamma,}$ mit $\mathbf{n\geq 3}$

Der Fall $s=0$ ist unter 4.2.25. behandelt. Es sei $s\neq 0$. Durch Differentiation nach x folgt

$$y''\left[2y^{(2n-1)}+2sy'''-\alpha x-\beta\right]=0.$$

Wird der zweite Faktor gleich Null gesetzt und [die dadurch erhaltene DGl] integriert, so ergibt sich

$$y=\frac{\alpha}{s}\frac{x^4}{48}+\frac{\beta}{s}\frac{x^3}{12}+C_2x^2+C_1x+C_0+\int\!\!\int\!\!\int w\,\mathrm{d}x\,\mathrm{d}x\,\mathrm{d}x,$$

dabei ist $w=w(t)$ die allgemeine Lösung der [linearen] DGl vom Typ 4.1.17.:
$w^{2(n-2)}+sw=0$. Zwischen den Integrationskonstanten [und den Parametern α,β und γ] besteht eine Beziehung; man findet sie, indem man die erhaltene [allgemeine] Lösung in dei vorgegebene DGl einsetzt.
Außerdem gibt es die singuläre Lösung: $y=\bar{C}_1+\bar{C}_0$, mit $\beta\bar{C}_1-\alpha\bar{C}_0+\gamma=0$.

4.2.27. $\sum\limits_{m=1}^{n} a_m \left\{ 2 \sum\limits_{\nu=1}^{m-1} (-1)^\nu y^{(\nu)} y^{(2m-\nu)} + (-1)^m [y^{(m)}]^2 \right\} = ay^2 + 2by + c$

Durch Differentiation nach x ergibt sich folgende lineare DGl mit konstanten Koeffizienten:

$$\sum_{m=1}^{n} a_m y^{(2m)} + ay + b = 0.$$

4.2.28. $y^{(2n)} = f(y)$

Das erste Integral dieser DGl lautet:

$$\sum_{m=1}^{n-1} (-1)^m y^{(m)} y^{(2n-m)} + \frac{1}{2}(-1)^n \left[y^{(n)}\right]^2 + \int f(y)\mathrm{d}y = C.$$

Mit Hilfe der Transformation $w(y) = y'$ kann die Ordnung der obigen DGl erniedrigt werden.

4.2.29. $y^{(n)} = x^{-n-1} f(x^{1-n} y)$

Die Transformation $x = t^{-1}$, $y = x^{n-1} w(t)$ ergibt die autonome DGl $w^{(n)} = (-1)^n f(w)$. Ist n gerade, so kann sie auf eine DGl $(n-2)$-ter Ordnung zurückgeführt werden (s. 4.2.28.).

4.2.30. $f(y) y^{(n+1)} = y' g(y^{(n)})$

Einmalige Integration ergibt

$$\int \frac{\mathrm{d}w}{g(w)} = \int \frac{\mathrm{d}y}{f(y)} + C, \quad \text{mit } w = y^{(n)}.$$

Mit Hilfe der Transformation $\nu(y) = y'$ kann die Ordnung dieser DGl erniedrigt werden.

4.2.31. $\sum\limits_{m=1}^{n} a_m y^{(2m)} = f(y)$

Das erste Integral hat die Form

$$\sum_{m=1}^{n} a_m \left\{ \sum_{\nu=1}^{m-1} (-1)^\nu y^{(\nu)} y^{(2m-\nu)} + \frac{1}{2}(-1)^m \left[y^{(m)}\right]^2 \right\} + \int f(u)\,\mathrm{d}y = C,$$

dabei ist C eine willkürliche Konstante. Mit Hilfe der Transformation $w(y) = y'$ kann die Ordnung der erhaltenen DGl erniedrigt werden.

4.2.32. $\boldsymbol{y^{(n)} = f(y^{(n-1)}), \ldots}$

Mit Hilfe der Transformation $w(x) = y^{(n-1)}$ erhalten wir [die DGl] $w' = f(w)$.. Wird aus der Gleichung

$$x = \int \frac{\mathrm{d}w}{f(w)} + C$$

w bestimmt, so erhält man y indem man $n-1$ mal integriert. Die parametrische Form der Lösung lautet:

$$x = \int_C^w \frac{\mathrm{d}w}{f(w)}, \; y = \int_{C_1}^w \frac{\mathrm{d}w_1}{f(w_1)} \int_{C_2}^{w_1} \frac{\mathrm{d}w_2}{f(w_2)} \cdots \int_{C_{n-1}}^{w_{n-2}} \frac{w_{n-1}\mathrm{d}w_{n-1}}{f(w_{n-1})}.$$

4.2.33. $\boldsymbol{y^{(n)} = f(y^{(n-2)})}$

Die Transformation $w(x) = y^{(n-2)}$ ergibt die DGl $w'' = f(w)$, mit der [allgemeinen] Lösung:

$$x = \int \frac{\mathrm{d}w}{\varphi(w)} + C_1, \quad \text{dabei ist} \quad \varphi(w) = \pm\left[C + \int f(w)\,\mathrm{d}w\right]^{1/2}.$$

Nach x auflösen und $n-2$ mal integrieren finden wir die Funktion y. Die parametrische Form der Lösung lautet:

$$x = \int_{C_1}^w \frac{\mathrm{d}w}{\varphi(w)}, \; y = \int_{C_2}^w \frac{\mathrm{d}w_1}{\varphi(w_1)} \int_{C_3}^{w_1} \frac{\mathrm{d}w_2}{\varphi(w_2)} \cdots \int_{C_{n-1}}^{w_{n-3}} \frac{w_{n-2}\mathrm{d}w_{n-2}}{\varphi(w_{n-2})}.$$

4.2.34. $\boldsymbol{y^{(n)} = f(x, y^{(n-2)}, y^{(n-1)})}$

Die Transformation $w(x) = y^{(n-2)}$ ergibt die DGl zweiter Ordnung:

$$w'' = f(x, w, w').$$

4.2.35. $\boldsymbol{y^{(n)} = f(x, y)}$

Die Transformation $x = t^{-1}$, $y = t^{1-n}w(t)$ ergibt die DGl vom selben Typ:

$$w^{(n)} = (-1)^n t^{-n-1} f(t^{-1}, t^{1-n}w).$$

4.2.36. $\boldsymbol{xy^{(n)} + ny^{(n-1)} = f(xy)}$

Die Transformation $w(x) = xy$ ergibt die autonome DGl

$$w^{(n)} = f(w).$$

Mit Hilfe der Transformation $z(w) = w'$ kann ihre Ordnung erniedrigt werden.

4.2.37. $\boldsymbol{x^2y^{(n)} + 2nxy^{(n-1)} + n(n-1)y^{(n-2)} = f(x^2y)}$

Die Transformation $w(x) = x^2y$ ergibt die autonome DGl

$$w^{(n)} = f(w).$$

Mit Hilfe der Transformation $z(w) = w'$ kann ihre Ordnung erniedrigt werden.

4.2.38. $\boldsymbol{xy^{(n)} + ny^{(n-1)} = f(x,\, y)}$

Die Transformation $w(x) = xy$ ergibt die DGl

$$w^{(n)} = f(x, w/x).$$

4.2.39. $\boldsymbol{xy' - y = F(x,\, y'',\, y''',\, \ldots,\, y^{(n)})}$

Die Transformation $y = xw$ ergibt die DGl

$$x^2w' = F(x, xw'' + 2w', xw''' + 3w'', \ldots, xw^{(n)} + nw^{(n-1)};$$

ihre Ordnung kann mit Hilfe der Transformation $\nu(x) = w'$ erniedrigt werden:

$$x^2\nu = F(x, x\nu' + 2\nu, x\nu'' + 3\nu', \ldots, x\nu^{(n-1)} + n\nu^{n-2)}).$$

4.2.40. $\boldsymbol{yy^{(2n+1)} = f(x)}$

Einmaliges Integrieren ergibt

$$2\sum_{i=0}^{n-1}(-1)^i y^{(i)}y^{(2n-i)} + (-1)^n \left[y^{(n)}\right]^2 = 2\int f(x)\,\mathrm{d}x + C,$$

mit $y \equiv y^{(0)}$.

4.2.41. $\boldsymbol{y^{(2n)} = x^{-\frac{1+2n}{2}} f\left(x^{\frac{1-2n}{2}} y\right)}$

Die Transformation $x = e^t, y = x^{\frac{2n-1}{2}} w$, mit $w = w(t)$ ergibt eine DGl vom Typ (4.2.31.); sie kann auf eine DGl der $2(n-1)$-ten Ordnung zurückgeführt werden.

4.2.42. $\boldsymbol{x(x-a)^n y^{(n)} = f(yx^{1-n}),\quad a \neq 0}$

Die Transformation $\xi = \ln\left(\dfrac{x-a}{x}\right)$, $w(\xi) = yx^{1-n}$ ergibt eine autonome DGl. Mit Hilfe der Transformation $z(w) = w'$ kann ihre Ordnung erniedrigt werden.

4.2.43. $\boldsymbol{(2n-1)yy^{(2n+1)} + (2n+1)y'y^{(2n)} = f(x)}$

Einmaliges Inegrieren ergibt

$$(2n-1)yy^{(2n)} + 2\sum_{i=1}^{n-1}(-1)^{i+1}y^{(i)}y^{(2n-i)} + (-1)^{n+1}\left[y^{(n)}\right]^2 = \int f(x)\,\mathrm{d}x + 2C_2.$$

Integrieren wir nochmals, so folgt

$$\sum_{i=0}^{n-1}(2n-1-2i)(-1)^i y^{(i)}y^{(2n-1-i)} = 2C_2x + C_1 + \int_{x_0}^{x}(x-t)f(t)\,\mathrm{d}t.$$

Die dritte Integration ergibt folgende DGl der $(2n-2)$-ten Ordnung:

$$\sum_{i=0}^{n-2}(i+1)(2n-i-1)(-1)^i y^{(i)}y^{(2n-2-i)} + \frac{1}{2}(-1)^{n-1}n^2\cdot\left[y^{(n-1)}\right]^2$$

$$= C_2x^2 + C_1x + C_0 + \frac{1}{2}\int_{x_0}^{x}(x-t)^2 f(t)\,\mathrm{d}t.$$

4.2.44. $\boldsymbol{\sum_{i=0}^{n} a_i y^{(i)} y^{(2n+1-i)} = f(x)}$

Das erste Integral hat die Form

$$2\sum_{i=0}^{n-1} A_i y^{(i)}y^{(2n-i)} + A_n\left[y^{(n)}\right]^2 = 2\int f(x)\,\mathrm{d}x + C,$$

mit

$$A_i = \sum_{m=0}^{i}(-1)^{i+m}a_m = a_i - a_{i-1} + a_{i-2} - a_{i-3} + \ldots$$

Ist

$$A_n = 2\sum_{i=0}^{n-1}(-1)^{n-1+i}A_i,$$

so kann die erhaltene DGl noch zweimal integriert werden (s.4.2.43.).

4.2.45. $\boldsymbol{y^{(2n)} = (ax^2 + bx + c)^{-\frac{1+2n}{2}} f\left((ax^2 + bx + c)^{\frac{1-2n}{2}} y\right)}$

1. Diese DGl hat folgendes erstes Integral:

$$\sum_{m=0}^{n-2}(-1)^m \left[Py^{(m+1)} + \left(m - n + \frac{1}{2}\right) P' y^{(m)} + am(m-2n)y^{(m-1)}\right]$$

$$\times y^{(2n-m-1)} + (-1)^{n-1}\left\{\frac{1}{2}P[y^{(n)}]^2 - \frac{1}{2}P' y^{(n-1)}y^{(n)} + a(1-n^2)y^{(n-2)}y^{(n)} + \frac{an^2}{2}[y^{(n-1)}]^2\right\}$$

$$= \int f(w)\,\mathrm{d}w + C,$$

mit $P = ax^2 + bx + c, \ w = yP^{\frac{1-2n}{2}}$.
2. Die Transformation $\xi = \int \frac{\mathrm{d}x}{ax^2 + bx + c}, \ w = y(ax^2 + bx + c)^{\frac{1-2n}{2}}$ ergibt eine autonome DGl vom Typ 4.2.3. Sie kann auf eine DGl $2(n-1)$-ter Ordnung zurückgeführt werden.

4.2.46. $\boldsymbol{x^2y'' - 2xy' + 2y = F(x, y''', \ldots, y^{(n)})}$

Die Transformation $w(x) = x^2y'' - 2xy' + 2y$ ergibt folgende DGl $(n-2)$-ter Ordnung:

$$w = F\left(x, \frac{w'}{x^2}, \ldots, \frac{\mathrm{d}^{n-3}}{\mathrm{d}x^{n-3}}\left(\frac{w'}{x^2}\right)\right).$$

4.2.47. $\boldsymbol{F\left(x^k y^m, \frac{xy'}{y}, \frac{x^2y''}{y}, \ldots, \frac{x^n y^n}{y}\right) = 0}$

Diese DGl ist eine verallgemeinerte homogene DGl. Die Transformation $t = x^k y^m, \ z = xy'/y$ ergibt eine DGl $(n-1)$-ter Ordnung.

4.2.48. $\boldsymbol{F\left(\frac{xy'}{y}, \frac{x^2y''}{y}, \ldots, \frac{x^n y^{(n)}}{y}\right) = 0}$

Die Transformation $z = xy'/y, \ w = x^2y''/y$ ergibt eine DGl $(n-2)$-ter Ordnung mit der unbekannten Funktion $w = w(z)$.

4.2.49. $\boldsymbol{F\left(x^m e^{\alpha y}, xy', x^2y'', \ldots, x^n y^{(n)}\right) = 0}$

Die Transformation $t = x^m e^{\alpha y}, \ z = xy'$ ergibt eine DGl $(n-1)$-ter Ordnung.

4.2.50. $\boldsymbol{F\left(e^{\alpha x}y^m, \frac{y'}{y}, \frac{y''}{y}, \ldots, \frac{y^{(n)}}{y}\right) = 0}$

Die Transformation $t = e^{\alpha x}y^m,\ z = y'/y$ ergibt eine DGl $(n-1)$-ter Ordnung.

Literaturverzeichnis

[1]. – [3]. BATEMAN, H.; ERDÉLYI, A.: Higher Transcendental Functions I, II, III. - McGraw - Hill, New York/Toronto/London, vol. I - 1953, vol. II - 1953, vol. III - 1955.

[4]. BRONSTEIN, I.N.; SEMENDJAJEW, K.A.; MUSIOL, G.; MÜHLIG, H.: Taschenbuch der Mathematik. - H. Deutsch, Thun/Frankfurt am Main, 1993.

[5]. SAJZEW, W.F.; POLJANIN, A.D.: Nachschlagebuch der nichtlinearen Differentialgleichungen: Anwendungen auf Mechanik, genaue Lösungen (russisch). - Physmathlit, Moskau, 1993.

[6]. KAMKE, E.: Differentialgleichungen: Lösungsmethoden und Lösungen, Bd. 1. - B.G. Teubner, Leipzig, 1977.

[7]. SMIRNOW, W.I.: Lehrbuch der höheren Mathematik, Teil 2. - H. Deutsch, Thun/Frankfurt am Main, 1990.

[8]. ABRAMOWITZ, M.; STEGUN, I.A.: Pocketbook of Mathematical Functions. - H. Deutsch, Thun/Frankfurt am Main, 1984.

[9]. MURPHY, G.M.: Ordinary differential equations and their solutions. - Van Nostrand Comp. Inc. New Jersy, 1960.

[10]. ZWILLINGER, D.: Handbook of differential equations. - Acad. Press Inc., San Diego/NewYork, 1989.

[11]. BELLMAN, R.: Functional equations in the theory of dynamic programming - V: Positivity and quasilinearity, *Proc. Nat. Acad. Sci.* USA, **41** (1955), 743–746.

[12]. BELLMAN, R.; KALABA, R.: Quasilinearisation and nonlinear boundary-value problems. - Elsevier Publ. Comp. Inc., New York, 1965.

[13]. KALABA, R.: On nonlinear differential equations, the maximum operation and monotone convergence, *J. Math. Mech.*, **8** (1959), 519–574.

[14]. CALOGERO, F.: Anote on the Riccati equation, *J. Math. Phys.*, **4** (1963), 427–430.

Aus unserem Verlagsprogramm

H. Stöcker u.a.
Taschenbuch mathematischer Formeln und moderner Verfahren
3., völlig überarbeitete Auflage 1995,
953 Seiten, Plastikeinband,
DM 38,- öS 281,- sFr 37,-
ISBN 3-8171-1461-3
Unabhängig davon, ob die elmentare Schulmathematik gefragt ist, ob Basis- und Aufbauwissen für Abiturienten oder Studenten benötigt wird oder ob es sich um den mathematischen Hintergrund für Ingenieure oder Wissenschaftler handelt, dieser Titel eignet sich hervorragend für alle Belange. Das vorliegende Taschenbuch ist ein Informationspool für Klausuren und Prüfungen, ein Hilfsmittel bei der Lösung von Problemen und Übungsaufgaben sowie ein Nachschlagewerk für den Berufspraktiker. Jedes Kapitel enthält wichtige Begriffe, Formeln, Regeln und Sätze, zahlreiche Beispiele und praktische Anwendungen, Hinweise auf wichtige Fehlerquellen, Tips und Querverweise. Der Anwender gewinnt die benötigten Informationen gezielt und rasch durch die benutzerfreundliche Gestaltung des Taschenbuchs. Ein strukturiertes Inhaltsverzeichnis, Griffleisten sowie ein umfassendes Stichwortverzeichnis erleichtern die Handhabung und ermöglichen einen schnellen Zugriff auf den gewünschten Sachbegriff. In allen Kapiteln sind die wichtigsten Computeranwendungen integriert. Zum Abschluß führt das Nachschlagewerk kurz in die Programmiersprache PASCAL ein.

hades

H. Stöcker
DeskTop Mathematik
1996, mit Animationen, Hyperlinks und zahlreichen Grafiken,
ca. DM 78,- öS 577,- sFr 75,-
ISBN 3-8171-1489-3
"DeskTop Mathematik" ist eine Datenstruktur auf einer CD-ROM, die auf der Printversion "Stöcker, Taschenbuch mathematischer Formeln..." aufbaut. Als HTML-Dokument ist "DeskTop Mathematik" plattformübergreifend (Windows, Unix, Mac) nutzbar, z.B. mit Netscape ab Version 1.2. In ihrer Funktionalität geht "DeskTop Mathematik" nicht nur durch die Fülle von Hypertext-Links, sondern auch durch zahlreiche exportierbare Codierungen für MATHEMATICA und MAPLE sowie durch zahlreiche durchgerechnete Beispiele aus unterschiedlichen Anwendungsgebieten weit über die Printversion hinaus. Aus didaktischer Sicht hervorzuheben sind Animationen (Quick-time) zu mathematischen Zusammenhängen und die durchgängigen Farbgrafiken.

P.K. Raschewski
Riemannsche Geometrie und Tensoranalysis
2. Auflage 1995, 606 Seiten,
32 Abbildungen, kart.,
DM 68,- öS 503,- sFr 65,-
ISBN 3-8171-1366-8
Das vorliegende Lehrbuch bringt das wirklich Grundlegende und Wichtigste der behandelten Gebiete. Ein Charakteristikum des Buches besteht darin, daß es von der Tensor-analysis und der Riemannschen Geometrie ausgehend zur Mechanik und Physik gelangt.

Irrtümer und Preisänderungen vorbehalten

Aus unserem Verlagsprogramm

G.M. Fichtenholz
Differential- und Integralrechnung

Band 1:
Einführung. Die reellen Zahlen - Theorie der Grenzwerte - Funktionen einer Veränderlichen - Ableitungen und Differentiale - Untersuchung von Funktionen mit Hilfe der Ableitungen - Funktionen mehrerer Veränderlicher - Funktionaldeterminanten und ihre Anwendung - Anwendungen der Differentialrechnung in der Geometrie - Erweiterung von Funktionen
13. Auflage 1989, 556 Seiten,
168 Abbildungen, Leinen,
DM 48,- öS 355,- sFr 46,-
ISBN 3-8171-1278-5

Band 2:
Das unbestimmte und bestimmte Integral - Anwendungen der Integralrechnung in Geometrie, Mechanik und Physik - Unendliche Reihen mit konstanten Gliedern - Funktionenfolgen und Funktionenreihen - Uneigentliche Integrale - Integrale, die von einem Parameter abhängen
10. Auflage 1990, 732 Seiten,
64 Abbildungen, Leinen,
DM 58,- öS 429,- sFr 56,-
ISBN 3-8171-1279-3

Band 3:
Kurvenintegrale - Das Stieltjessche Integral - Flächenintegrale - Flächeninhalt. Oberflächenintegrale - Raum- und mehrdimensionale Integrale - Fourierreihen - Allgemeiner Limesbegriff
12. Auflage 1992, 564 Seiten,
145 Abbildungen, Leinen,
DM 58,- öS 429,- sFr 56,-
ISBN 3-8171-1280-7

Satzpreis alle 3 Bände zusammen:
DM 138,- (statt 164,-)
öS 1021,- (statt 1213,-)
sFr 130,- (statt 158,-)
ISBN 3-8171-1418-4

I.S. Gradstein, I.M. Ryshik
Summen-, Produkt- und Integraltafeln / Tables of Series, Products and Integrals
Übersetzt von Ludwig Boll
5. Aufl. 1981, 2 Bände, 1181 Seiten, Leinen,
DM 88,- öS 651,- sFr 84,-
ISBN 3-87144-350-6

Wörterbuch der Mathematik
von G. Eisenreich, R. Sube
Englisch - Deutsch
2. Auflage 1994, 466 Seiten,
34.000 Fachbegriffe, kart.,
DM 59,80 öS 443,- sFr 58,-
ISBN 3-87144-939-3
Das Wörterbuch enthält die Übersetzung von 34.000 englischen mathematischen Begriffen, die alphabetisch aufgeführt sind und wichtigen Teildisziplinen zugeordnet werden.

Irrtümer und Preisänderungen vorbehalten